Parrot Fire Kris Northern

"Rather than zoom into the fractal you can zoom into the edge of it and continually find the same pattern repeating itself much like the shoreline of a lake viewed from a plane." – **Kris Northern**

Investigations
IN NUMBER, DATA, AND SPACE®
en español

Oficinas editoriales: Glenview, Illinois • Parsippany, Nueva Jersey • Nueva York, Nueva York
Oficinas de ventas: Boston, Massachusetts • Duluth, Georgia
Glenview, Illinois • Coppell, Texas • Sacramento, California • Mesa, Arizona

The Investigations curriculum was developed by TERC, Cambridge, MA.

This material is based on work supported by the National Science Foundation ("NSF") under Grant No. ESI-0095450. Any opinions, findings, and conclusions or recommendations expressed in this material are those of the author(s) and do not necessarily reflect the views of the National Science Foundation.

ISBN: 0-328-29622-8

ISBN: 978-0-328-29622-4

3 4 5 6 7 8 9 10-V031-15 14 13 12 11 10 09 08
CC:N2

Parrot Fire Kris Northern

"Rather than zoom into the fractal you can zoom into the edge of it and continually find the same pattern repeating itself much like the shoreline of a lake viewed from a plane." – **Kris Northern**

Investigations
IN NUMBER, DATA, AND SPACE®
en español

Rompecabezas de números y torres de múltiplos

Investigación 3

Rompecabezas de números y torres de múltiplos

Rompecabezas de números: 1 pista
(página 1 de 2)

Resuelve cada uno de los rompecabezas de números siguiendo estos pasos.

a. Halla dos números que correspondan con cada pista.

b. Dibuja rectángulos y marca las dimensiones para mostrar que tus números corresponden con la pista.

c. Haz una lista con otros números que también corresponden con la pista.

1. │ Este número de fichas cuadradas formará un rectángulo de 2 fichas cuadradas de ancho.

Número: _____   Número: _____

Rectángulo: Rectángulo:

¿Qué otros números corresponden con esta pista? _____

2. │ Este número de fichas cuadradas formará un rectángulo de 5 fichas cuadradas de ancho.

Número: _____   Número: _____

Rectángulo: Rectángulo:

¿Qué otros números corresponden con esta pista? _____

3. │ Este número de fichas cuadradas formará sólo un rectángulo.

Número: _____   Número: _____

Rectángulo: Rectángulo:

¿Qué otros números corresponden con esta pista? _____

Rompecabezas de números: 1 pista
(página 2 de 2)

4. | Este número de fichas cuadradas formará un cuadrado. |

Número: _____   Número: _____
Rectángulo: Rectángulo:

¿Qué otros números corresponden con esta pista? _____

5. Hay algunos números que sólo pueden formar un
rectángulo (Problema 3). Halla todos estos números
hasta llegar al 50.

6. Hay algunos números que pueden formar un cuadrado
(Problema 4). Halla todos estos números hasta llegar
al 100.

Factores y múltiplos

NOTA Los estudiantes
hallan factores y múltiplos
de números de 2 dígitos.

 18–19

1. Haz una lista de todos los factores de 42.

2. Haz una lista de cinco múltiplos de 42.

3. Explica la diferencia entre un *factor* y un *múltiplo*.

Repaso continuo

4. ¿Cuál de estos números **no** es un factor de 36?

    A. 4   **B.** 8   **C.** 9   **D.** 12

5. ¿Cuál de estos números es un múltiplo de 36?

    A. 200   **B.** 108   **C.** 76   **D.** 48

Observar patrones punteados

Mira cada una de las ilustraciones de diferentes maneras. Escribe ecuaciones para mostrar diferentes maneras de multiplicar que puedes ver en cada ilustración.

> **NOTA** Los estudiantes comienzan una nueva investigación, un repaso de la multiplicación. Por cada una de las siguientes ilustraciones, escriben ecuaciones de multiplicación que representan diferentes métodos para hallar los números de puntos.
>
> **MME** 23–24

1.  Ejemplo: $5 \times 3 \times 2 = 30$

_____

_____

_____

2.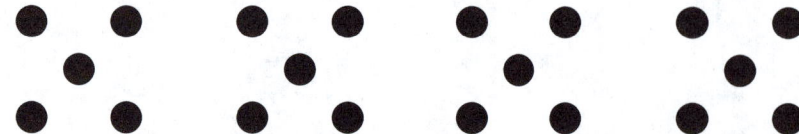

_____

_____

3.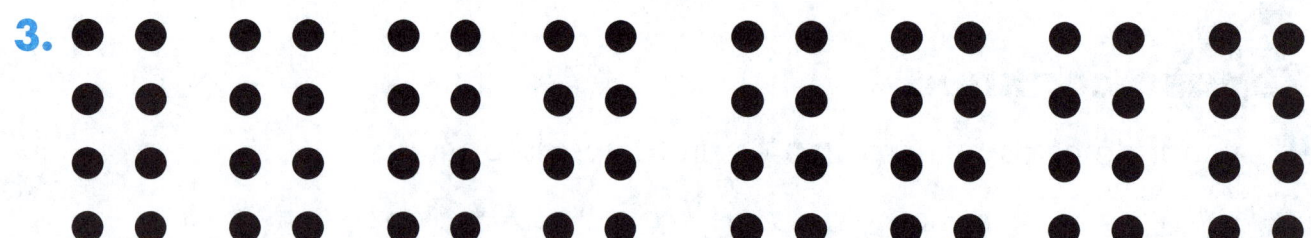

_____

_____

Rompecabezas de números:
2 pistas (página 1 de 2)

Resuelve cada uno de los rompecabezas de números
siguiendo estos pasos.

a. Halla dos números que correspondan con ambas pistas.

b. Dibuja rectángulos y marca las dimensiones para mostrar
que tus números corresponden con ambas pistas.

c. Haz una lista con otros números que también correspondan
con ambas pistas.

1.

Este número de fichas cuadradas formará un rectángulo de 2 fichas cuadradas de ancho.	Este número de fichas cuadradas formará un rectángulo de 4 fichas cuadradas de ancho.

y

Números: _____ _____

Rectángulos:

¿Qué otros números corresponden con esta pista? _____

Rompecabezas de números:
2 pistas (página 2 de 2)

2.

| Este número de fichas cuadradas formará un rectángulo de 3 fichas cuadradas de ancho. | y | Este número de fichas cuadradas formará un rectángulo de 4 fichas cuadradas de ancho. |

Números: _____ _____

Rectángulos:

¿Qué otros números corresponden con esta pista? _____

3.

| Este número de fichas cuadradas formará un rectángulo de 20 fichas cuadradas de ancho. | y | Este número de fichas cuadradas formará un rectángulo de 25 fichas cuadradas de ancho. |

Números: _____ _____

Rectángulos:

¿Qué otros números corresponden con esta pista? _____

Rompecabezas de números y torres de múltiplos

Práctica de cálculo: sumar de dos maneras

Resuelve este problema de dos maneras distintas. Asegúrate de mostrar cómo obtuviste tu respuesta.

NOTA Los estudiantes practican estrategias para resolver problemas de suma. Trabajan en ser eficientes y flexibles resolviendo el mismo problema de dos maneras distintas.

MME 8–9

$$1{,}018 + 879 = \underline{\hspace{3cm}}$$

Primera manera:

Segunda manera:

Rompecabezas de números Hoja de anotaciones

Marca cada rompecabezas que resuelvas. Anota tu respuesta.

Investigación 1 Rompecabezas de números

✓	Rompecabezas	Respuesta
	1	
	2	
	3	
	4	
	5	
	6	
	7	
	8★	
	9★	
	10★	
	11★	
	12★	
	13	
	14	

© Pearson Education **5**

Combinaciones de multiplicación 1

Multiplica cada número de la primera columna de la tabla con el número de arriba. Por ejemplo: la respuesta del primer espacio en blanco de la Tabla A es 14 porque $2 \times 7 = 14$. Encierra en un círculo las combinaciones que no reconozcas inmediatamente y anótalas en la página 10 del *Cuaderno de actividades.*

> **NOTA** Se espera que los estudiantes de quinto grado conozcan las operaciones de multiplicación. Esta página ayuda a los estudiantes a determinar si recuerdan las combinaciones y a identificar cualquier otra combinación que todavía necesiten practicar.
>
> **MME** 25–29

Tabla A

$\times 7$	
2	14
6	
8	
3	
10	
11	
7	
12	
4	
9	
5	

Tabla B

$\times 8$	
2	
9	
4	
11	
8	
10	
6	
5	
3	
12	
7	

Tabla C

$\times 6$	
10	
4	
2	
8	
3	
6	
9	
5	
12	
11	
7	

Tabla D

$\times 9$	
5	
2	
12	
4	
10	
7	
3	
6	
11	
8	
9	

Combinaciones de multiplicación Hoja de anotaciones

Ejemplo: $\underline{7} \times \underline{9} = \underline{63}$ y $\underline{9} \times \underline{7} = \underline{63}$

Pista: $\underline{7 \times 10 = 70 \qquad 70 - 7 = 63}$

> **NOTA** Se espera que los estudiantes de quinto grado conozcan las operaciones de multiplicación. En esta hoja los estudiantes escriben cualquier combinación que todavía necesiten practicar y una pista que los ayude a entender las combinaciones. A la izquierda se muestra un ejemplo.
>
> **MME** 25–29

_____ × _____ = _____ y _____ × _____ = _____

Pista: _____

_____ × _____ = _____ y _____ × _____ = _____

Pista: _____

_____ × _____ = _____ y _____ × _____ = _____

Pista: _____

_____ × _____ = _____ y _____ × _____ = _____

Pista: _____

_____ × _____ = _____ y _____ × _____ = _____

Pista: _____

_____ × _____ = _____ y _____ × _____ = _____

Pista: _____

Rompecabezas de números

> **NOTA** Los estudiantes resuelven y crean rompecabezas de números para aprender sobre la composición de los números.
>
> MME **21–22**

1. Resuelve el siguiente rompecabezas de números.

Pista 1 Este número es un factor de 48.	**Pista 2** Este número es par.
Pista 3 Este número es un múltiplo de 6.	**Pista 4** La suma de los dígitos de este número es igual a 3.

¿Qué número es? _____

2. Haz tu propio rompecabezas de números.

Pista 1	**Pista 2**
Pista 3	**Pista 4**

El número es _____.

Repaso continuo

3. ¿Cuál de estos números corresponde con las siguientes pistas?

Pista 1 Es un número par.
Pista 2 Este número es un factor de 54.

A. 3   **B.** 6   **C.** 9   **D.** 12

Rompecabezas de números y torres de múltiplos

Multiplicar para formar 18 y 180

1. Halla todas las combinaciones de multiplicación que puedas de 18 y 180 usando números enteros. Comienza multiplicando dos factores. Luego, halla otras maneras de multiplicar con más de dos factores.

18	180

2. ¿Cómo hallar diferentes maneras de multiplicar con dos números te ayudó a hallar las maneras de multiplicar con más de dos números?

Factores de números de 2 dígitos

> **NOTA** Los estudiantes hallan factores de números de 2 dígitos.
>
> **18**

1. Halla todos los factores de 36.

2. Halla todos los factores de 72.

3. ¿Cómo se relacionan los factores de 36 con los factores de 72?

Repaso continuo

4. ¿Cuál de estos números **no** es un factor de 124?

     A. 31   **B.** 12   **C.** 4   **D.** 2

Combinaciones de multiplicación 2

Multiplica cada número de la primera columna de la tabla con el número de arriba. Por ejemplo: halla el producto de 3 × 7 y colócalo en el primer espacio en blanco de la Tabla A.

> **NOTA** Se espera que los estudiantes de quinto grado conozcan las operaciones de multiplicación. Esta página ayuda a los estudiantes a determinar si recuerdan las combinaciones y a identificar cualquier otra combinación que todavía necesiten practicar.
>
> **MME** 25–29

Escribe un número en la parte de arriba de las Tablas C y D para un grupo de combinaciones que necesites practicar.

Encierra en un círculo las combinaciones que no reconozcas inmediatamente y anótalas en la página 10 del *Cuaderno de actividades* o en la hoja fotocopiable R30 que tu maestro te dará.

Tabla A		Tabla B		Tabla C		Tabla D	
× 7		× 8		× ____		× ____	
3		2		10		5	
6		7		4		2	
9		3		2		12	
2		5		8		4	
4		6		3		10	
10		10		6		7	
8		8		9		3	
12		11		5		6	
5		12		12		11	
7		4		11		8	
11		9		7		9	

Todas las maneras de multiplicar

Halla todas las maneras de multiplicar para formar
cada producto usando números enteros. Primero, halla
las combinaciones con dos factores. Luego, halla maneras
de multiplicar con más de dos factores.

1.

12	120

2.

21	210

Factores de números de 3 dígitos

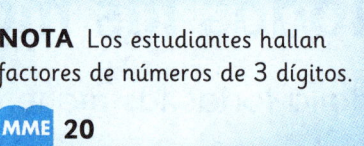

> **NOTA** Los estudiantes hallan factores de números de 3 dígitos.
>
> **MME** 20

1. Halla todos los factores de 100.

2. Halla todos los factores de 200.

3. ¿Usaste los factores de 100 para hallar los factores de 200? Si los usaste, ¿cómo lo hiciste?

Repaso continuo

4. ¿Cuál de estos números **no** es un factor de 150?

A. 3 **B.** 15 **C.** 75 **D.** 125

Combinaciones de multiplicación 3

Multiplica cada número de la primera columna de la tabla con el número de arriba. Por ejemplo: halla el producto de 9 × 6 y colócalo en el primer espacio en blanco de la Tabla A.

Escribe un número en la parte de arriba de las Tablas C y D para un grupo de combinaciones que necesites practicar.

Encierra en un círculo cualquiera de las combinaciones que no reconozcas inmediatamente y anótalas en la página 10 del *Cuaderno de actividades* o en la hoja fotocopiable R30 que tu maestro te dará.

> **NOTA** Se espera que los estudiantes de quinto grado conozcan las operaciones de multiplicación. Esta página ayuda a los estudiantes a determinar si recuerdan las combinaciones y a identificar cualquier otra combinación que todavía necesiten practicar.
>
> **MME** **25–29**

Tabla A		Tabla B		Tabla C		Tabla D	
× 6		× 8		× ___		× ___	
9		4		10		12	
4		5		5		9	
7		3		12		8	
5		2		7		7	
8		6		4		2	
3		10		2		11	
12		7		8		3	
2		12		6		4	
11		8		3		10	
6		4		12		5	
10		9		9		6	

Combinaciones de multiplicación para 120, 180 y 210 (página 1 de 2)

Piensa en estas preguntas y da ejemplos de tu trabajo de las páginas 12 y 15 para explicar tus respuestas.

1. ¿Cómo las combinaciones de multiplicación que escribiste para 12, 18 y 21 te ayudaron a hallar algunas de las combinaciones para 120, 180 y 210? Da ejemplos.

2. ¿Cómo hallaste distintas maneras de multiplicar con números de tres o más factores?

3. ¿Cómo supiste que hallaste todas las posibles combinaciones de multiplicación para cada número?

Combinaciones de multiplicación para 120, 180 y 210 (página 2 de 2)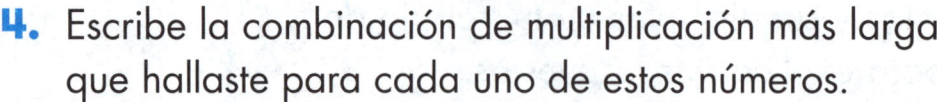

4. Escribe la combinación de multiplicación más larga que hallaste para cada uno de estos números.

120

180

210

5. Mira los números de arriba. ¿Es posible hallar una manera distinta de multiplicar usando el mismo número de factores como lo hiciste en el Problema 4? (Esto no incluye multiplicar los mismos factores en diferente orden.)

_____

¿Cómo lo sabes?

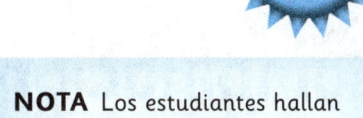

Factores y múltiplos de números de 3 dígitos

NOTA Los estudiantes hallan factores y múltiplos de números de 3 dígitos.

MME 19–20

1. Halla todos los factores de 150.

2. Haz una lista con cinco múltiplos de 150.

_____

Repaso continuo

3. ¿Cuál de estas combinaciones de multiplicación es igual a 300?

A. $2 \times 30 \times 6$

C. $15 \times 2 \times 10$

B. $10 \times 6 \times 20$

D. $2 \times 3 \times 15$

Combinaciones de multiplicación 4

Escribe un número en la parte de arriba de las tablas para un grupo de combinaciones que necesites practicar. Luego, multiplica cada número de la primera columna de la tabla por el número de arriba.

> **NOTA** Se espera que los estudiantes de quinto grado conozcan las operaciones de multiplicación. Esta página ayuda a los estudiantes a determinar si recuerdan las combinaciones y a identificar cualquier otra combinación que todavía necesiten practicar.
>
> **MME** 25–29

Encierra en un círculo cualquiera de las combinaciones que no reconozcas inmediatamente y anótalas en la página 10 del *Cuaderno de actividades* o en la hoja fotocopiable R30 que tu maestro te dará.

Tabla A		Tabla B		Tabla C		Tabla D	
× ____		× ____		× ____		× ____	
2		11		9		5	
4		2		11		9	
6		10		8		2	
8		5		6		12	
10		9		10		3	
12		6		4		8	
3		7		12		6	
5		8		7		4	
7		3		5		7	
9		12		3		11	
11		4		2		10	

Multiplicar para formar 60 y 90

Halla todas las maneras posibles de multiplicar números enteros para formar cada producto.

> **NOTA** Los estudiantes hallan combinaciones de multiplicación con dos factores y con más de dos factores para formar 60 y 90.
>
> **MME** 23–24

1. Multiplicar para formar 60

Maneras de multiplicar con dos factores:	Maneras de multiplicar con más de dos factores:

2. Multiplicar para formar 90

Maneras de multiplicar con dos factores:	Maneras de multiplicar con más de dos factores:

Repaso continuo

3. ¿Cuál de estas combinaciones de multiplicación es igual a 150?

A. $10 \times 5 \times 10$ **C.** $25 \times 2 \times 3$

B. $75 \times 2 \times 10$ **D.** $10 \times 5 \times 5$

Combinaciones de multiplicación 5

Escribe un número en la parte de arriba de las tablas para un grupo de combinaciones que necesites practicar. Luego, multiplica cada número de la primera columna de la tabla por el número de arriba.

Encierra en un círculo cualquiera de las combinaciones que no reconozcas inmediatamente y anótalas en la página 10 del *Cuaderno de actividades* o en la hoja fotocopiable R30 que tu maestro te dará.

> **NOTA** Se espera que los estudiantes de quinto grado conozcan las operaciones de multiplicación. Esta tarea ayuda a los estudiantes a determinar si recuerdan las combinaciones y a identificar cualquier otra combinación que todavía necesiten practicar.
>
> **MME** 25–29

Tabla A		Tabla B		Tabla C		Tabla D	
× ___		× ___		× ___		× ___	
4		6		5		3	
8		10		7		5	
6		2		8		2	
2		11		3		6	
9		4		9		9	
12		12		4		10	
3		9		11		4	
5		8		6		11	
7		5		12		12	
11		7		10		8	
10		3		2		7	

Multiplicar números de 2 dígitos

NOTA Los estudiantes multiplican números de 2 dígitos.

MME 30–32

Resuelve los siguientes problemas.
Muestra tu trabajo.

1. 26×12

2. 18×34

Repaso continuo

3. $12 \times 18 =$ _____

A. más que 400   **C.** aproximadamente 200

B. aproximadamente 300   **D.** menos que 100

Factores de 50 y 72

Halla todas las maneras posibles de multiplicar usando números enteros para formar cada producto.

NOTA Los estudiantes practican para hallar combinaciones de multiplicación con dos factores y con más de dos factores para 50 y 72.

MME 23–24

1. Multiplicar para formar 50

Maneras de multiplicar con dos factores:	Maneras de multiplicar con más de dos factores:

2. Multiplicar para formar 72

Maneras de multiplicar con dos factores:	Maneras de multiplicar con más de dos factores:

Resolver problemas de multiplicación

Escoge tres de los siguientes problemas y resuélvelos.
Muestra tu trabajo. Haz anotaciones claras y precisas.

Después de resolver los problemas, escoge al menos una
de tus soluciones y úsala como ejemplo para mostrar cómo
lo resolviste.

$$27 \times 19 \qquad 42 \times 32 \qquad 76 \times 8 \qquad 82 \times 56 \qquad 65 \times 14$$

Multiplicar de dos maneras

> **NOTA** Los estudiantes multiplican números de 2 dígitos de dos maneras distintas.
>
> **MME** 30–32

1. Resuelve el siguiente problema de dos maneras distintas. Muestra cada solución con claridad.

$$26 \times 19 = \underline{\hspace{2cm}}$$

Primera manera:

Segunda manera:

Repaso continuo

2. $6 \times 3 \times 10 \times 2 =$ _____

A. 120   **B.** 300   **C.** 360   **D.** 630

Práctica de multiplicación

Resuelve los siguientes problemas.
Muestra tu solución con claridad.

1. 24×15

NOTA Los estudiantes resuelven problemas de multiplicación en la clase. Usan los contextos de los cuentos y de las representaciones como ayuda para resolver los problemas y explicar sus soluciones. Mientras resuelven los problemas que aparecen abajo, pregúnteles qué parte del problema resolvieron y qué parte todavía necesitan resolver.

MME **30–32**

2.
$$\begin{array}{r} 49 \\ \times\ 9 \\ \hline \end{array}$$

3. 36×25

Comparar multiplicaciones

Hoja de anotaciones

Completa esta hoja después de jugar varias vueltas de
Comparar multiplicaciones.

Coloca un <, > ó = en el recuadro que aparece entre los problemas.

1. Tu problema: El problema de tu compañero:

_____ × _____ ☐ _____ × _____

¿Cómo decidiste cuál de los dos productos es mayor?
Explica tu razonamiento.

2. Tu problema: El problema de tu compañero:

_____ × _____ ☐ _____ × _____

¿Cómo decidiste cuál de los dos productos es mayor?
Explica tu razonamiento.

3. Tu problema: El problema de tu compañero:

_____ × _____ ☐ _____ × _____

¿Cómo decidiste cuál de los dos productos es mayor?
Explica tu razonamiento.

Más multiplicación de dos maneras

NOTA Los estudiantes multiplican números de 2 dígitos de dos maneras distintas.

MME **30–32**

1. Resuelve el siguiente problema de dos maneras distintas. Muestra cada solución con claridad.

$$36 \times 26 = \text{_____}$$

Primera manera:

Segunda manera:

Encierra en un círculo el problema que tiene el mayor producto. Encierra ambos en un círculo si los dos son iguales.

2. 6×40 5×50

3. 40×20 200×4

4. 300×20 100×40

¿Cuál es mayor?

Encierra en un círculo el problema que tiene
el mayor producto. Escribe < ó > entre
los problemas. (Recuerda que la parte abierta del
símbolo va hacia el número mayor y que la punta
va hacia el número menor.) Escribe = entre
los problemas si los productos son iguales.

NOTA Los estudiantes han
estado resolviendo problemas
de multiplicación con
múltiplos de 10, como por
ejemplo: 20, 30, 40, 100,
200 y así sucesivamente.

MME 30–32

Escribe en el espacio de la derecha de cada problema
cómo decidiste cuál de las respuestas es mayor.

1. 20×50 ☐ 30×40	
2. 7×80 ☐ 70×8	
3. 200×40 ☐ 100×80	
4. 50×60 ☐ 40×70	
5. 300×7 ☐ 30×70	

Grupos de problemas de multiplicación

1. Resuelve los siguientes problemas.

$10 \times 12 =$ _____ $20 \times 12 =$ _____

$20 \times 10 =$ _____ $8 \times 10 =$ _____

$28 \times 2 =$ _____

Resuelve ahora $28 \times 12 =$ _____.
¿Cómo lo resolviste?

2. Resuelve los siguientes problemas.

$35 \times 10 =$ _____ $10 \times 25 =$ _____

$35 \times 20 =$ _____ $20 \times 25 =$ _____

$30 \times 25 =$ _____

Resuelve ahora $35 \times 25 =$ _____.
¿Cómo lo resolviste?

3. Resuelve los siguientes problemas.

$10 \times 21 =$ _____ $20 \times 20 =$ _____

$20 \times 21 =$ _____ $7 \times 20 =$ _____

$5 \times 21 =$ _____

Resuelve ahora $27 \times 21 =$ _____.
¿Cómo lo resolviste?

4. Resuelve los siguientes problemas.

$100 \times 7 =$ _____ $15 \times 7 =$ _____

$40 \times 7 =$ _____ $150 \times 7 =$ _____

Resuelve ahora $146 \times 7 =$ _____.
¿Cómo lo resolviste?

Problemas sobre equipos

Resuelve los siguientes problemas. Tu trabajo debe mostrar claridad para que cualquier persona que lo mire sepa cómo resolviste los problemas.

1. Hay 37 equipos y en cada equipo hay 28 estudiantes. ¿Cuántos estudiantes hay?

2. En un torneo de futbol participan 68 equipos. Cada equipo tiene 16 jugadores. ¿Cuántos jugadores de futbol participan en el torneo?

3. En la liga juvenil de futbol americano participan 49 equipos. Cada equipo tiene 28 jugadores. ¿Cuántos jugadores de futbol americano hay?

4. En una carrera de relevos participan 57 equipos. Cada equipo tiene 32 atletas. ¿Cuántos atletas participan en la carrera de relevos?

5. Hay 44 equipos y 35 personas en cada equipo. ¿Cuántas personas hay en total?

Más multiplicación con números de 2 dígitos

NOTA Los estudiantes multiplican números de 2 dígitos.

MME 30–32

Resuelve los siguientes problemas.
Muestra cada solución con claridad.

1. 48×34

2. 28×21

Repaso continuo

3. ¿Es el producto de 32×28

   A. más que 1,000?

   B. entre 500 y 1,000?

   C. entre 100 y 500?

   D. menos que 100?

Muchas maneras de multiplicar

NOTA Los estudiantes hallan distintas maneras de multiplicar para formar cada producto.

MME 23–24

Halla todas las maneras de multiplicar para formar cada producto. Primero, halla maneras de multiplicar con dos factores. Luego, halla maneras de multiplicar con más de dos factores.

1. 144

2. 300

Más grupos de problemas de multiplicación

1. Resuelve los siguientes problemas.

$10 \times 26 =$ _____ $30 \times 2 =$ _____

$20 \times 26 =$ _____ $30 \times 6 =$ _____

$30 \times 26 =$ _____

$5 \times 26 =$ _____

Resuelve ahora $36 \times 26 =$ _____.

¿Cómo lo resolviste?

2. Resuelve los siguientes problemas.

$49 \times 10 =$ _____ $40 \times 7 =$ _____

$49 \times 20 =$ _____ $40 \times 60 =$ _____

$9 \times 60 =$ _____

Resuelve ahora $49 \times 67 =$ _____.

¿Cómo lo resolviste?

3. Resuelve los siguientes problemas.

$10 \times 15 =$ _____ $125 \times 10 =$ _____

$20 \times 15 =$ _____ $125 \times 5 =$ _____

$100 \times 15 =$ _____

Resuelve ahora $125 \times 15 =$ _____.

¿Cómo lo resolviste?

4. Resuelve los siguientes problemas.

$60 \times 80 =$ _____ $60 \times 90 =$ _____

$2 \times 9 =$ _____ $2 \times 90 =$ _____

$2 \times 80 =$ _____

Resuelve ahora $62 \times 89 =$ _____.

¿Cómo lo resolviste?

Práctica de cálculo: restar de dos maneras

NOTA Los estudiantes practican estrategias para resolver problemas de resta. Trabajan en ser eficientes y flexibles resolviendo el mismo problema de dos maneras distintas.

MME **10–13**

1. Resuelve este problema de dos maneras distintas. Asegúrate de mostrar cómo obtuviste tu respuesta.

$$\$30.50 - \$17.79 = \underline{\hspace{3cm}}$$

Primera manera:

Segunda manera:

Problemas iniciales (página 1 de 2)

1. Resuelve los siguientes problemas.

a. $30 \times 20 =$ _____ **b.** $40 \times 20 =$ _____ **c.** $39 \times 10 =$ _____

Escoge uno de los problemas que aparecen arriba como el primer paso para resolver el siguiente problema. Muestra tu solución.

$39 \times 26 =$ _____

2. Resuelve los siguientes problemas.

a. $33 \times 100 =$ _____ **b.** $30 \times 50 =$ _____ **c.** $10 \times 55 =$ _____

Escoge uno de los problemas que aparecen arriba como el primer paso para resolver el siguiente problema. Muestra tu solución.

$33 \times 55 =$ _____

Problemas iniciales (página 2 de 2)

3. Resuelve los siguientes problemas.

a. $47 \times 10 =$ _____   **b.** $40 \times 30 =$ _____   **c.** $10 \times 36 =$ _____

Escoge uno de los problemas que aparecen arriba como el primer paso para resolver el siguiente problema. Muestra tu solución.

$47 \times 36 =$ _____

4. Resuelve los siguientes problemas.

a. $6 \times 15 =$ _____   **b.** $100 \times 15 =$ _____   **c.** $106 \times 10 =$ _____

Escoge uno de los problemas que aparecen arriba como el primer paso para resolver el siguiente problema. Muestra tu solución.

$106 \times 15 =$ _____

Rompecabezas de números y torres de múltiplos   **Práctica diaria**

Práctica de cálculo: suma y resta

NOTA Los estudiantes practican problemas de suma y de resta.

MME **8–9, 10–13**

Resuelve los siguientes problemas. Muestra tus soluciones. Haz anotaciones claras y precisas.

1. $\begin{array}{r} 536 \\ +247 \\ \hline \end{array}$	**2.** $\begin{array}{r} 724 \\ -243 \\ \hline \end{array}$
3. $551 + 463 =$ _____	**4.** $\begin{array}{r} 620 \\ -125 \\ \hline \end{array}$
5. _____ $+ 840 = 1,600$	**6.** _____ $-$ _____ $= 350$
7. _____ $+$ _____ $= 1,250$	**8.** $800 -$ _____ $= 275$

Nombre   Fecha

Rompecabezas de números y torres de múltiplos

Más problemas iniciales (página 1 de 2)

Termina de resolver los problemas con el primer paso dado.
Luego, resuelve el mismo problema a tu manera. Anota ambas
soluciones. Haz anotaciones claras y precisas.

1. $68 \times 75 =$ _____

a. Comienza con 60×70.

b. Resuelve 68×75 de otra manera.

2. $98 \times 36 =$ _____

a. Comienza con 100×36.

b. Resuelve 98×36 de otra manera.

© Pearson Education **5**

44   **Unidad 1**   **Sesión 2.7**

Más problemas iniciales (página 2 de 2)

3. $16 \times 128 =$ _____

a. Comienza con 4×128.

b. Resuelve 16×128 de otra manera.

4. $207 \times 46 =$ _____

a. Comienza con 207×10.

b. Resuelve 207×46 de otra manera.

Práctica diaria

Problemas de distancia

Resuelve los siguientes problemas y explica cómo hiciste para hallar la distancia entre los números.

> **NOTA** Los estudiantes usan la suma y la resta para resolver los problemas.
>
> **MME** 8–9, 10–13

1. ¿Qué distancia hay de 752 a 1,000?

2. ¿Qué distancia hay de 619 a 2,000?

3. ¿Qué distancia hay de 1,345 a 3,000?

4. ¿Qué distancia hay de 4,658 a 5,000?

Dividir por números de 2 dígitos

NOTA Los estudiantes resuelven un problema de división, muestran la solución y escriben un problema-cuento.

MME 38–39

1. Resuelve los siguientes problemas. Muestra la solución con claridad.

162 ÷ 12

2. Escribe un problema-cuento que represente 162 ÷ 12.

3. ¿Cuál es la respuesta a tu problema-cuento?

Repaso continuo

4. ¿Es el producto de 19 × 45

    A. aproximadamente 500?   **C.** aproximadamente 1,500?

    B. aproximadamente 1,000?   **D.** aproximadamente 2,000?

Resolver de dos maneras distintas

Resuelve el siguiente problema de dos maneras distintas. Muestra tu trabajo con claridad.

$$46 \times 37 = \underline{\hspace{2cm}}$$

NOTA Los estudiantes resuelven problemas de multiplicación de distintas maneras. Resolver un problema de dos maneras distintas ayuda a desarrollar flexibilidad y permite a los estudiantes revisar su trabajo.

MME 30–32

Primera manera:

Segunda manera:

Problemas sobre múltiplos de 21
(página 1 de 2)

Como ayuda, usa la torre de múltiplos de 21 o tu lista de múltiplos de 21 para resolver los siguientes problemas. No olvides usar tus respuestas a los problemas anteriores como ayuda para resolver los próximos problemas.

1. $10 \times 21 = $ _____

2. $105 \div 21 = $ _____

3. $315 \div$ _____ $= 21$

4. _____ $\times 21 = 420$

5. $5 \times 21 = $ _____

6. $210 \div 21 = $ _____

7. $15 \times 21 = $ _____

Rompecabezas de números y torres de múltiplos

Problemas sobre múltiplos de 21
(página 2 de 2)

8. _____ $\times$ 21 = 630

9. 945 $\div$ _____ = 21

10. 441 $\div$ 21 = _____

11. Escribe y resuelve dos problemas de división usando múltiplos de 21.

Problemas-cuento: lectura de un libro largo

NOTA Los estudiantes practican cómo resolver problemas de suma y de resta usando el contexto de un problema-cuento.

MME 8–9, 10–13

1. Noemí sacó prestado un libro de la biblioteca. Como tenía 1,000 páginas, era el libro más largo que había intentado leer. El primer día leyó 115 páginas. ¿Cuántas páginas le faltan por leer a Noemí para terminar el libro?

2. Durante la próxima semana, Noemí leyó 388 páginas. ¿Cuántas páginas había leído en total?

3. Al final de la segunda semana, Noemí había leído 816 páginas. ¿Cuántas páginas le faltan por leer a Noemí para terminar el libro?

Resolver 315 ÷ 21

1. Escribe un problema-cuento para 315 ÷ 21.

> **NOTA** Los estudiantes han estado resolviendo problemas de división. Deben pensar cuáles de las combinaciones de multiplicación que conocen pueden ayudarlos a resolver este problema.
>
> **MME** 14

2. Resuelve 315 ÷ 21.

Problemas de división

Resuelve los siguientes problemas. Procura que cualquier persona que mire tu trabajo pueda decir cómo resolviste el problema.

1. Escribe un problema verbal para $21\overline{)252}$ y resuélvelo.

2. Hay 415 biografías en la biblioteca de la escuela. Si en cada estante hay 27 libros, ¿cuántos estantes están completamente llenos? ¿Cuántos libros quedan?

3. Escribe un problema verbal para la ecuación
$525 \div 21 =$ _____. Luego, resuélvela.

4. Hay 748 estudiantes almorzando en la cafetería de la escuela. Hay 22 mesas y en cada mesa está sentado el mismo número de estudiantes. ¿Cuántos estudiantes están sentados en cada mesa?

Problemas-cuento: útiles escolares

NOTA Los estudiantes practican para resolver problemas de suma y de resta en el contexto de un problema-cuento.

MME 8–9, 10–13

1. El Sr. Mancillas tenía $200 para comprar útiles escolares. Gastó $103.80 en papel para dibujo y $86.35 en pinceles.

     a. ¿Cuánto gastó en materiales para arte?

     b. ¿Cuánto dinero le quedó después de comprar los materiales para arte?

2. La Sra. Kim tenía $300 para comprar materiales para ciencias. Gastó $77.49 en termómetros y $219.99 en un microscopio.

     a. ¿Cuánto gastó en materiales para ciencias?

     b. ¿Cuánto dinero le quedó después de comprar los materiales para ciencias?

Rompecabezas de números y torres de múltiplos

Números fuera de la torre de múltiplos

Usa la torre de múltiplos para resolver los siguientes
problemas. Procura que tu trabajo sea lo suficientemente
claro como para que alguien que lo mire sepa cómo
lo resolviste.

1. $1{,}344 \div 21 =$ _____

2. _____ $\times 21 = 1{,}512$

3. $21\overline{)1{,}275}$

4. $2{,}121 \div$ _____ $= 21$

5. Escribe dos problemas usando múltiplos fuera de la
torre. Resuelve los problemas.

Problemas-cuento: colección de estampillas

> **NOTA** Los estudiantes practican para resolver problemas de suma y de resta en el contexto de un problema-cuento.
>
> **MME** 8–9, 10–13

1. Helena tiene una colección de estampillas. Tiene 734 estampillas sudamericanas y 555 africanas.

   a. ¿Cuántas estampillas tiene Helena?

   b. ¿Cuántas estampillas más necesita para tener 1,500 en total?

2. Kaetwan también tiene una colección de estampillas. Tiene 839 estampillas de África y 472 de América del Norte.

   a. ¿Cuántas estampillas tiene Kaetwan?

   b. ¿Cuántas estampillas más necesita para tener 1,500 en total?

3. ¿Cuántas estampillas más hay en la colección de Kaetwan que en la colección de Helena?

Torre de múltiplos para 15
(página 1 de 2)

NOTA Los estudiantes han estado utilizando una lista de múltiplos (similar a la tira en el lado derecho de esta página) para resolver los problemas de división.

MME 20

1. Completa la torre de múltiplos de la derecha y detente cuando llegues a 480.

2. ¿Cuántos 15 hay en 450? Resuelve el problema sin contar y muestra cómo lo hiciste.

3. Los 10.°, 20.° y 30.° múltiplos de 15 son 150, 300 y 450. ¿Cuáles son los 40.° y 50.° múltiplos de 15? ¿Cómo lo sabes?

90
75
60
45
30
15

Torre de múltiplos para 15
(página 2 de 2)

4. Jean tiene 270 flores y 15 floreros. Si pone un número igual de flores en cada florero, ¿cuántas flores pondrá en cada florero?

5. Resuelve $15\overline{)645}$. Muestra tu solución.

Grupos de problemas de división
(página 1 de 2)

1. Resuelve los siguientes problemas.

$30 \div 15 =$ _____

$60 \div 15 =$ _____

$150 \div 15 =$ _____

Resuelve ahora $190 \div 15 =$ _____.

¿Cómo lo resolviste?

2. Resuelve los siguientes problemas.

$10 \times 18 =$ _____

$5 \times 18 =$ _____

Resuelve ahora $18\overline{)252}$.

¿Cómo lo resolviste?

3. Resuelve los siguientes problemas.

$75 \times 2 =$ _____

$75 \times 4 =$ _____

$75 \times 6 =$ _____

Resuelve ahora $525 \div 75 =$ _____.

¿Cómo lo resolviste?

4. Resuelve los siguientes problemas.

$160 \div 16 =$ _____

$80 \div 16 =$ _____

$320 \div 16 =$ _____

Resuelve ahora $450 \div 16 =$ _____.

¿Cómo lo resolviste?

Grupos de problemas de división
(página 2 de 2)

5. Resuelve los siguientes problemas.

$10 \times 21 =$ _____

$20 \times 21 =$ _____

$30 \times 21 =$ _____

Resuelve ahora $21\overline{)700}$.

¿Cómo lo resolviste?

6. Resuelve los siguientes problemas.

$270 \div 27 =$ _____

$540 \div 27 =$ _____

Resuelve ahora $594 \div 27 =$ _____.

¿Cómo lo resolviste?

7. Resuelve los siguientes problemas.

$10 \times 25 =$ _____

$20 \times 25 =$ _____

$30 \times 25 =$ _____

$40 \times 25 =$ _____

Resuelve ahora $982 \div 25 =$ _____.

¿Cómo lo resolviste?

8. Resuelve los siguientes problemas.

$100 \div 25 =$ _____

$1,000 \div 25 =$ _____

$2,000 \div 25 =$ _____

Resuelve ahora $2,300 \div 25 =$ _____.

¿Cómo lo resolviste?

División

Resuelve los siguientes problemas.
Muestra las soluciones con claridad.

> **NOTA** Los estudiantes resuelven problemas de división y muestran sus soluciones.
>
> **38–39**

1. $288 \div 16 =$ _____

2. $600 \div 15 =$ _____

Repaso continuo

3. $900 \div 20 =$ _____

   A. 450   **B.** 45   **C.** 40   **D.** 20

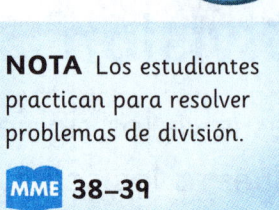

Práctica de división

Resuelve los siguientes problemas de división. Tus anotaciones deben ser lo suficientemente claras y precisas como para que alguien que las mire sepa cómo resolviste el problema.

> **NOTA** Los estudiantes practican para resolver problemas de división.
>
> **MME** 38–39

1. Hay 432 revistas en la biblioteca. En cada estante hay 12 revistas. ¿En cuántos estantes hay revistas?

2. Hay 8 escuelas en el pueblo y 408 libros fueron donados a las bibliotecas de las escuelas. Si los libros son distribuidos equitativamente, ¿cuántos libros recibirá cada biblioteca?

3. $850 \div 25 =$ _____

4. $935 \div 21 =$ _____

Comparar divisiones Hoja de anotaciones

Completa esta hoja después de jugar varias vueltas de
Comparar divisiones.
Coloca un <, > ó = en el recuadro que aparece entre
los problemas.

1. Tu problema: El problema de tu compañero:

_____ ÷ _____   ☐   _____ ÷ _____

¿Cómo decidiste cuál de los problemas tiene el mayor
cociente? Explica tu razonamiento.

2. Tu problema: El problema de tu compañero:

_____ ÷ _____   ☐   _____ ÷ _____

¿Cómo decidiste cuál de los problemas tiene el mayor
cociente? Explica tu razonamiento.

3. Tu problema: El problema de tu compañero:

_____ ÷ _____   ☐   _____ ÷ _____

¿Cómo decidiste cuál de los problemas tiene el mayor
cociente? Explica tu razonamiento.

Problemas sobre *Comparar divisiones*

Dos estudiantes estaban jugando a *Comparar divisiones*.
Éstos son los problemas que tenían que resolver cuando
escogieron sus tarjetas. Coloca un $<$, $>$ ó $=$ signo
entre los problemas y explica cómo decidiste cuál de
los problemas tiene el mayor cociente.

1. Jugador A: Jugador B:

$800 \div 400$ ☐ $900 \div 10$

Explicación:

2. Jugador A: Jugador B:

$200 \div 50$ ☐ $90 \div 50$

Explicación:

3. Jugador A: Jugador B:

$600 \div 70$ ☐ $400 \div 20$

Explicación:

4. Jugador A: Jugador B:

$600 \div 40$ ☐ $70 \div 10$

Explicación:

Resolver problemas de división (página 1 de 2)

Resuelve cada uno de los siguientes problemas. No olvides responder la pregunta en el contexto del cuento.

1. Hay 406 estudiantes en los Grados 3, 4 y 5. Hay 14 clases y en cada una de ellas hay el mismo número de estudiantes. ¿Cuántos estudiantes hay en cada clase?

2. Melissa tiene 880 tarjetas de basquetbol que quiere guardar en sobres. Si en cada sobre caben 35 tarjetas, ¿cuántos sobres necesita?

3. Joel colecciona estampillas y tiene 1,200 estampillas internacionales que quiere colocar en un álbum. En cada hoja del álbum caben 45 estampillas. ¿Cuántas hojas llenará?

Resolver problemas de división (página 2 de 2)

Escribe un problema verbal para cada uno de
los siguientes problemas de división. Tu problema
verbal debe terminar en una pregunta. Resuelve
los problemas y responde las preguntas.

4. $807 \div 7 =$ _____

5. $945 \div 21 =$ _____

6. $620 \div 42 =$ _____

Práctica diaria

Problemas-cuento: venta de frutas

NOTA Los estudiantes practican cómo resolver problemas de suma y de resta en el contexto de un problema-cuento.

MME 8–9, 10–13

1. El lunes, una frutería recibió un envío de 1,000 manzanas. Las manzanas estaban deliciosas y la frutería vendió 346 ese mismo día. ¿Cuántas manzanas quedaron por vender?

2. El miércoles, la frutería recibió un envío de 1,200 naranjas. La frutería vendió 263 naranjas ese mismo día. ¿Cuántas naranjas quedaron por vender?

3. El sábado, la frutería recibió un envío de 2,000 mangos. La frutería vendió 415 mangos ese mismo día y 680 el domingo.

a. ¿Cuántos mangos vendió la frutería durante el fin de semana (sábado y domingo)?

b. ¿Cuántos mangos quedaron por vender?

Práctica de multiplicación y de división (página 1 de 2)

> **NOTA** Los estudiantes continúan practicando para resolver problemas de multiplicación y de división.
>
> **MME** 14

Resuelve los siguientes problemas. Procura que cualquier persona que mire tu trabajo pueda decir cómo resolviste el problema.

1. En un torneo de básquetbol participan 64 equipos. Cada equipo tiene 12 jugadores. ¿Cuántos jugadores participan en el torneo de básquetbol?

2. Escribe un problema verbal para $35\overline{)490}$ y resuélvelo.

3. Michael tenía 275 tarjetas de beisbol que quiere guardar en sobres. Si pone 25 tarjetas en cada sobre, ¿cuántos sobres necesita?

Práctica de multiplicación y de división (página 2 de 2)

4. Hay 118 filas en el teatro. Si en cada fila hay 29 asientos, ¿cuántos asientos hay en el teatro?

5. La Sra. García enseña quinto grado. Tiene 720 bloques de patrón y 24 recipientes plásticos. Si quiere dividir equitativamente los bloques de patrón, ¿cuántos debería poner en cada recipiente?

6. Escribe un problema verbal para 13×42 y muestra tu solución.

Práctica diaria

Frascos de monedas

Halla dos soluciones diferentes para cada uno
de estos problemas.

> **NOTA** Los estudiantes resuelven
> problemas sobre combinaciones
> de monedas.

1. Duante tiene un frasco lleno de monedas de
1¢, de 5¢, de 10¢ y de 25¢. La mayoría de
las monedas del frasco son de 1¢. Sabe que tiene
$7.00 en el frasco. ¿Qué combinaciones de monedas
puede haber en el frasco de Duante que igualen
los $7.00 que tiene?

Primera solución	Segunda solución

2. Úrsula también tiene un frasco de monedas. Hay sólo
dos tipos de monedas en el frasco y sabe que tiene
un total de $3.75. ¿Qué combinaciones de monedas
puede haber en el frasco de Úrsula que igualen
los $3.75 que tiene?

Primera solución	Segunda solución

Torres de múltiplos y tiras de película

NOTA Los estudiantes resuelven problemas de la vida diaria relacionados con el contenido matemático de esta unidad.

MME 20

Como ayuda, usa torres de múltiplos para hallar la respuesta.

1.  Éste es un solo cuadro de una tira de película. En los primeros años de la historia del cine, los cineastas usaban 16 cuadros por segundo para filmar una película muda.

¿Cuántos cuadros hay en 12 segundos de una película muda? Explica cómo obtuviste tu respuesta.

2.  En las películas de hoy en día, los cineastas usan 24 cuadros por segundo.

¿Cuántos cuadros hay en 12 segundos de una película moderna? _____ ¿Y en 25 segundos? _____

¿Y en 1 minuto? _____

A 24 cuadros por segundo, ¿cuántos segundos tomaría mostrar 504 cuadros? _____

3.  Muchas películas de dibujos animados muestran 24 dibujos por segundo.

¿Cuántos dibujos necesita dibujar un dibujante para una secuencia de 30 segundos? _____

4. Imagina que una película muda es proyectada en un equipo moderno de 24 cuadros por segundo. ¿Crees que la acción de la película aparecería proyectada a una velocidad más lenta o más rápida? ¿Por qué?

Parrot Fire Kris Northern

"Rather than zoom into the fractal you can zoom into the edge of it and continually find the same pattern repeating itself much like the shoreline of a lake viewed from a plane."– **Kris Northern**

Investigations
IN NUMBER, DATA, AND SPACE®
en español

Prismas y pirámides

Investigación 1

¿Cuántos cubos? (página 1 de 2)

¿Cuántos cubos caben en cada caja? Primero, determina el número de cubos sin armar la caja. Luego, arma una caja y usa los cubos para comprobar. Comprueba tu primera respuesta con tu respuesta final antes de pasar a la próxima caja.

Piensa en una manera de hallar el número de cubos que cabría en cualquier caja sin armarla.

	Patrón	**Caja**	**Primera respuesta**	**Respuesta comprobada**
1. Caja 1	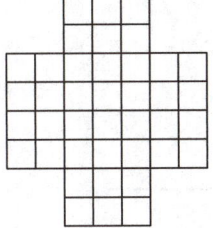	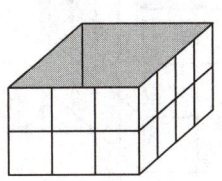	_____	_____
2. Caja 2	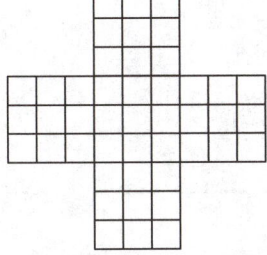	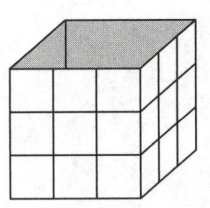	_____	_____
3. Caja 3	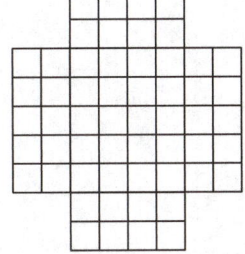	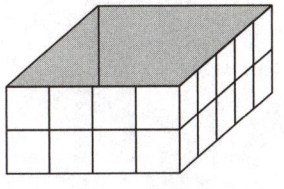	_____	_____

Prismas y pirámides

¿Cuántos cubos? (página 2 de 2)

Patrón	Caja	Primera respuesta	Respuesta comprobada

4.

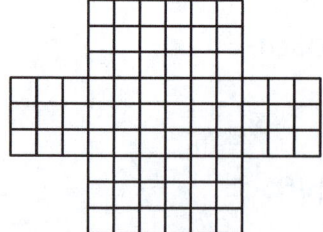

_____   _____

5.

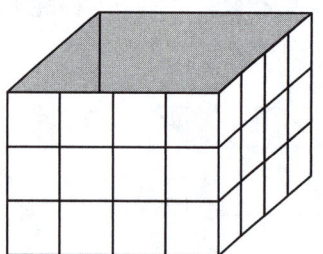

_____   _____

6. La base de la caja mide 4 unidades por 5 unidades y tiene una altura de 3 unidades.

_____   _____

Prismas y pirámides

Una estrategia para hallar volumen ✏️ Escritura

Describe una manera de hallar la cantidad de cubos que cabe en una caja rectangular sin armarla o llenarla con cubos. Tu método debe servir para cualquier caja, ya sea comenzando con un patrón de caja, con un dibujo de la caja o con una descripción verbal de la caja.

¿Cabrán?

Estos cubos de azúcar son
el regalo de Amy a su caballo,
Henrietta.

> **NOTA** Los estudiantes averiguan cuál de los tres
> patrones de cajas pueden usar para empacar algunos
> cubos de azúcar. Deben mostrar los cubos de azúcar con
> bloques u otros cubos si tienen dificultad al responder
> las preguntas.
>
> **MME** 106–107

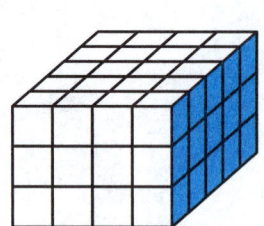

*Estás invitado a la fiesta
de cumpleaños de Henrietta.*

1. ¿Cuántos cubos de azúcar hay en la capa de arriba de
la caja? _____

2. ¿Cuántas capas de cubos de azúcar hay? _____

3. ¿Cuántos cubos de azúcar hay en total? _____

4. ¿Cuál de estos patrones debe usar Amy para hacer
una caja para los cubos de azúcar?

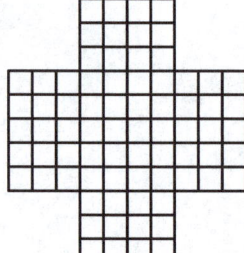  

Repaso continuo

5. Mi número es menor que 32 y es un múltiplo de 3.
Los dígitos de mi número suman 6. ¿Cuál es mi número?

A. 150   **B.** 42   **C.** 24   **D.** 18

Práctica de multiplicación

Resuelve los siguientes problemas de
dos maneras distintas. Muestra tu trabajo
con claridad.

NOTA Los estudiantes
desarrollan flexibilidad
mientras resuelven problemas
de multiplicación.

 30–32

1. $27 \times 62 =$ _____

Primera manera: Segunda manera:

2. $54 \times 48 =$ _____

Primera manera: Segunda manera:

Prismas y pirámides

Volumen de las cajas (página 1 de 2)

¿Cuál es el volumen (el número de cubos que cabe) de cada caja? Primero, determina el número de cubos. Luego, arma la caja y usa los cubos para comprobar.

	Patrón	**Ilustración**	**Primera respuesta**	**Respuesta comprobada**

1.

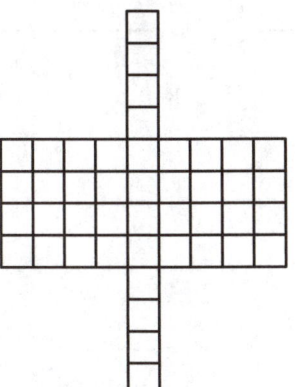 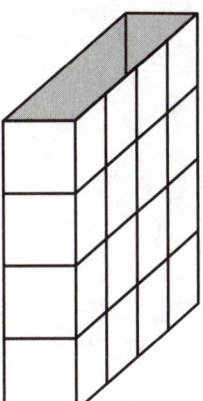

_____   _____

2.

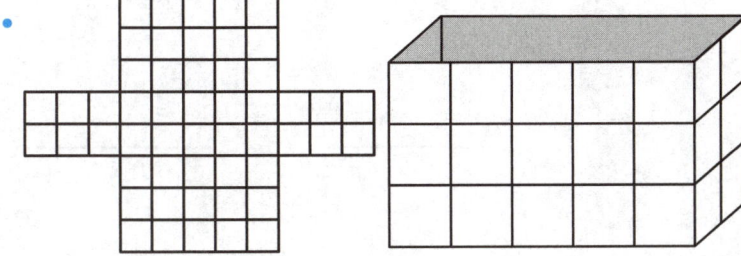

_____   _____

Volumen de las cajas (página 2 de 2)

Dibuja los patrones de la caja en una hoja de papel cuadriculado a $\frac{3}{4}$ de pulgada para resolver los problemas 3–5.

	Primera respuesta	**Respuesta comprobada**
3. 3 por 4 por 3	_____	_____

 4.

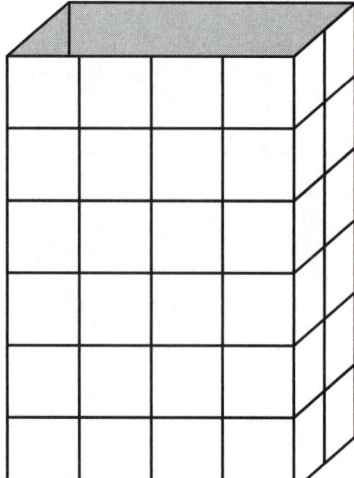

_____   _____

5. La base de la caja mide 5 unidades por 6 unidades y tiene una altura de 2 unidades.

_____   _____

¿Qué debemos hacer con lo que sobra?

Resuelve los siguientes problemas. Muestra tu trabajo con claridad. No olvides responder la pregunta en el contexto del cuento.

> **NOTA** Los estudiantes practican como resolver problemas de división e interpretan residuos en el contexto de los cuentos.
>
> **MME** 37

1. Alicia y su padre fueron al mercado. Las naranjas costaban $0.27 cada una. Alicia y su padre tenían $5.00. ¿Cuántas naranjas podían comprar?

Ecuación de división: _____ ÷ _____ = _____

Respuesta: _____

2. Los envases de leche vienen en cajas de 24. ¿Cuántas cajas necesita comprar la escuela para servir leche a 400 estudiantes?

Ecuación de división: _____ ÷ _____ = _____

Respuesta: _____

3. Dieciséis personas tienen que compartir 200 galletas saladas equitativamente. ¿Cuántas galletas le corresponderán a cada persona?

Ecuación de división: _____ ÷ _____ = _____

Respuesta: _____

Más cajas

1. ¿Cuántos cubos cabrán?

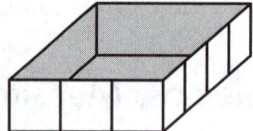

NOTA Los estudiantes determinan cuántos cubos caben en cada caja de las ilustraciones.

MME 106–107

2. ¿Cuántos cubos cabrán?

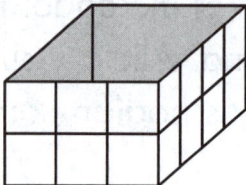

3. ¿Cuántos cubos cabrán?

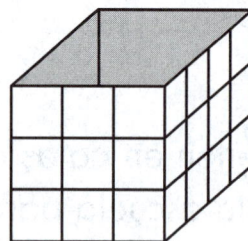

4. ¿Cuántos cubos cabrán?

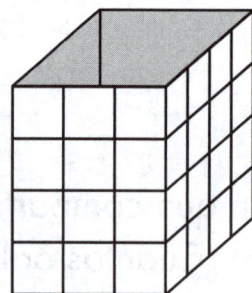

Duplicar el número de cubos

Responde las siguientes preguntas. Usa papel cuadriculado, cubos y cualquier otro material que te ayude a resolver el problema.

1. Tienes una caja que mide 2 por 3 por 5.
¿Cuántos cubos caben en la caja? ¿Cómo lo sabes?

2. Una fábrica quiere que construyas una caja donde quepan el doble de cubos que en la caja del ejercicio anterior. ¿Cuáles deben ser las dimensiones de la caja para que contenga el doble de cubos que caben en la caja que mide 2 por 3 por 5? Escribe las dimensiones y explica cómo obtuviste la respuesta.

3. Dibuja el diseño de la nueva caja en la parte de abajo de esta página o en un papel cuadriculado.

Supérate: Mira cuántas cajas puedes hallar donde quepan el doble de cubos que caben en una caja de 2 por 3 por 5. Anota cada una de las dimensiones.

Práctica de multiplicación: resolver de dos maneras

NOTA Los estudiantes desarrollan flexibilidad mientras resuelven problemas de multiplicación.

MME 30–32

Resuelve los siguientes problemas de dos maneras distintas. Muestra tu trabajo con claridad.

1.

$$42 \times 88 = \underline{\hspace{2cm}}$$

Primera manera:	Segunda manera:

2.

$$57 \times 38 = \underline{\hspace{2cm}}$$

Primera manera:	Segunda manera:

La sinfonía (página 1 de 2)

Resuelve los siguientes problemas. Muestra tu trabajo con claridad. No olvides responder la pregunta en el contexto del cuento.

Ayer los estudiantes de quinto grado fueron a un concierto de la Orquesta Sinfónica Municipal.

> **NOTA** Los estudiantes practican cómo resolver problemas de multiplicación y división en el contexto de los cuentos.
>
> **MME** 30–32, 38–39

1. El distrito escolar de Greendale envió 11 autobuses. Había 45 estudiantes en cada autobús. ¿Cuántos estudiantes de Greendale fueron al concierto?

2. Los estudiantes se sentaron en el balcón del teatro. En cada fila del teatro se sentaron 15 estudiantes. ¿Cuántas filas ocuparon?

Prismas y pirámides

La sinfonía (página 2 de 2)

3. El distrito escolar de Springfield envió 14 autobuses. Había 55 estudiantes en cada autobús. ¿Cuántos estudiantes de Springfield fueron al concierto?

4. Los estudiantes se sentaron en el primer piso del teatro. En cada fila del teatro se sentaron 35 estudiantes. ¿Cuántas filas ocuparon?

¿Cuántos paquetes hay en la Caja 1?

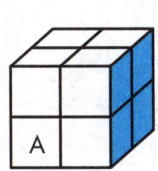 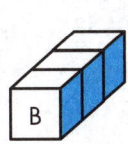 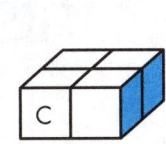 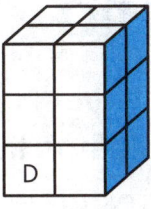 

Estos cinco paquetes serán enviados en la Caja 1. La caja
está empacada con un solo tipo de paquete. ¿Cuántos
paquetes A cabrán en la Caja 1? (No puedes romper
los paquetes.) ¿Cuántos paquetes B cabrán en la Caja 1?
¿Y cuántos paquetes C, D y E cabrán?

Primero, determina cuántos paquetes cabrán en la caja. Luego,
arma la caja y comprueba tu primera respuesta. (Usa los patrones
de las páginas R16 y R17 de los *Recursos de la unidad*.) Anota
ambas respuestas antes y después de empacar la caja.

Caja 1

4 bloques por 6 bloques en
la base y 3 bloques de altura

¿Cuántos paquetes de cada
uno cabrán en la Caja 1?

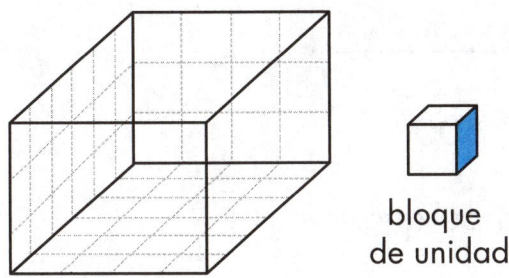

bloque
de unidad

	Primera respuesta	Respuesta comprobada
A	_____	_____
B	_____	_____
C	_____	_____
D	_____	_____
E	_____	_____

Hacer una estimación al valor más cercano

(página 1 de 2)

NOTA Los estudiantes practican estrategias para hacer estimaciones de productos.

MME 30–32

Cada uno de los siguientes problemas tiene tres estimaciones. ¿Cuál de las tres crees que es la más cercana? Escoge y encierra en un círculo la estimación más cercana *sin* resolver el problema. Luego, explica tu razonamiento.

1. La estimación más cercana de 84×19 es _____.

$$1,600 \qquad 1,800 \qquad 2,000$$

Creo que ésta es la estimación más cercana porque:

2. La estimación más cercana de 49×28 es _____.

$$1,400 \qquad 1,500 \qquad 1,600$$

Creo que ésta es la estimación más cercana porque:

Hacer una estimación al valor más cercano (página 2 de 2)

3. La estimación más cercana de 16 × 128 es _____.

       1,500   2,000   2,500

Creo que ésta es la estimación más cercana porque:

4. La estimación más cercana de 207 × 46 es _____.

       6,000   8,000   10,000

Creo que ésta es la estimación más cercana porque:

5. Escoge uno o más de los problemas anteriores. Luego, resuélvelo en una hoja de papel aparte para obtener una respuesta exacta. Muestra tu solución con ecuaciones. ¿Escogiste la estimación más cercana?

Factores de 160 y 240

Halla todas las maneras de multiplicar para formar cada producto usando números enteros. Primero, halla los métodos con dos números. Luego, halla métodos para multiplicar con más de dos números.

NOTA Los estudiantes practican para hallar expresiones de multiplicación con dos números y con más de dos números para 160 y 240.

MME 23–24

1. Multiplica para formar 160

Métodos para multiplicar con dos números: Ejemplo: 16×10	Métodos para multiplicar con más de dos números: Ejemplo: $2 \times 8 \times 10$

2. Multiplica para formar 240

Métodos para multiplicar con dos números:	Métodos para multiplicar con más de dos números:

Hallar volumen

Halla el volumen de los siguientes prismas rectangulares descritos a continuación. Muestra cómo obtuviste la respuesta. Escoge dos de los prismas y dibuja el diseño de la caja en papel cuadriculado a un centímetro.

1. El prisma mide 6 unidades por 4 unidades por 5 unidades.

2. El prisma mide 3 unidades por 10 unidades por 3 unidades.

3. El prisma mide 5 unidades por 7 unidades por 4 unidades.

4. El prisma mide 10 unidades por 4 unidades por 6 unidades.

5. El prisma mide 8 unidades por 9 unidades por 4 unidades.

Prismas y pirámides

Cambiar dimensiones (página 1 de 2)

Resuelve los siguientes problemas usando cualquier
material que te ayude a hallar la respuesta.

1. Halla las dimensiones de una caja donde quepa **el doble**
de cubos que caben en una caja que mide 2 por 6 por 4.

Volumen de la caja original: _____

Volumen de la nueva caja: _____

Dimensiones de la nueva caja: _____

Explica cómo obtuviste las dimensiones de la nueva caja.

2. Halla las dimensiones de una caja donde quepa **el doble**
de cubos que caben en una caja que mide 4 por 2 por 9.

Volumen de la caja original: _____

Volumen de la nueva caja: _____

Dimensiones de la nueva caja: _____

Explica cómo obtuviste las dimensiones de la nueva caja.

3. Halla las dimensiones de una caja donde quepa **el doble**
de cubos que caben en una caja que mide 4 por 5 por 6.

Volumen de la caja original: _____

Volumen de la nueva caja: _____

Dimensiones de la nueva caja: _____

Explica cómo obtuviste las dimensiones de la nueva caja.

Cambiar dimensiones (página 2 de 2)

Ahora la fábrica quiere que halles cajas donde quepan
la mitad de los cubos.

4. Halla las dimensiones de una caja donde quepan
la mitad de cubos que caben en una caja que
mide 2 por 8 por 10.

Volumen de la caja original: _____

Volumen de la nueva caja: _____

Dimensiones de la nueva caja: _____

Explica cómo obtuviste las dimensiones de la nueva caja.

5. Halla las dimensiones de una caja donde quepan
la mitad de cubos que caben en una caja que
mide 6 por 5 por 6.

Volumen de la caja original: _____

Volumen de la nueva caja: _____

Dimensiones de la nueva caja: _____

Explica cómo obtuviste las dimensiones de la nueva caja.

6. Describe una estrategia general para hallar
dimensiones de cualquier caja rectangular cuyo
volumen sea el **doble**. Tu estrategia debe servir
para cualquier caja.

Resolver problemas de división

NOTA Los estudiantes practican cómo resolver problemas de división.

MME 38–39

1. a. Escribe un problema-cuento que represente $252 \div 14$.

b. Resuelve $252 \div 14$. Muestra tu solución con claridad.

2. a. Escribe un problema-cuento que represente $23\overline{)575}$.

b. Resuelve $23\overline{)575}$. Muestra tu solución con claridad.

¿Cuántos paquetes hay en la Caja 2?

Ahora trabaja con los paquetes A, D, E y con
la Caja 2. ¿Cuántos paquetes de cada tipo cabrán
en esta caja? Determina tu respuesta antes de armarla.
Luego, arma la caja y comprueba. Anota tu primera
respuesta y la respuesta final en los espacios en blanco
que aparecen abajo.

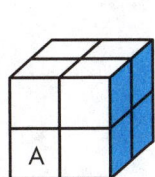

Caja 2

4 bloques por 6 bloques en
la base y 5 bloques de altura

¿Cuántos paquetes de cada tipo
cabrán en la Caja 2?

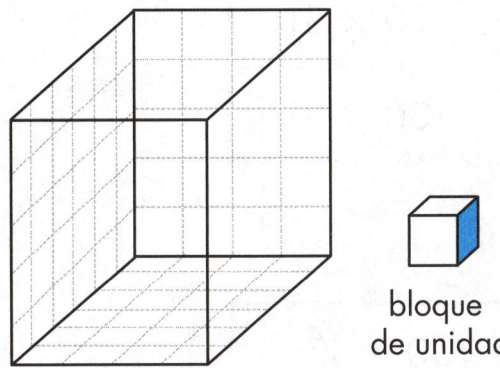

bloque
de unidad

	Primera respuesta	Respuesta comprobada
A	_____	_____
D	_____	_____
E	_____	_____

Grupos de problemas de multiplicación

Como ayuda, usa los grupos de problemas para resolver cada ejercicio. Encierra en un círculo los problemas del grupo que usaste.

> **NOTA** Los estudiantes han estado descomponiendo productos grandes en productos más pequeños. Por ejemplo: 48×24 se puede descomponer en 40×24 y en 8×24. Hay muchas maneras distintas de combinar los productos más pequeños. Pídale a los estudiantes que le muestren más de un método para resolver uno o más problemas.
>
> **MME** 35

1. $48 \times 24 =$ _____

2×24	5×24	10×24	20×24
4×24	8×24	40×24	50×24

2. $73 \times 31 =$ _____

2×31	3×31	10×31	20×31
7×31	8×31	70×31	80×31

3. $58 \times 17 =$ _____

2×17	10×17	5×17	50×17
4×17	8×17	20×17	60×17

Repaso continuo

4. Resuelve 42×8.

A. 3,216   **B.** 1,632   **C.** 336   **D.** 316

Duplicar el número de cubos (página 1 de 2)

> **NOTA** Los estudiantes hallan el volumen de una caja (¿cuántos cubos caben?) y construyen otra caja donde caben el doble de cubos.
>
> **MME** 108

Resuelve los siguientes problemas.

1. Tienes una caja que mide 2 por 3 por 4. ¿Cuántos cubos caben? ¿Cómo lo sabes?

2. Una fábrica quiere que construyas una caja donde quepan el doble de cubos que en la caja del ejercicio anterior. ¿Cuáles deben ser las dimensiones de una caja que contenga el doble de cubos que caben en una caja que mide 2 por 3 por 4? Escribe las dimensiones y explica cómo obtuviste la respuesta.

Duplicar el número de cubos (página 2 de 2)

3. Dibuja el diseño para la caja nueva en la parte de abajo de esta página o en un papel cuadriculado.

Supérate: Mira cuántas cajas puedes hallar donde quepan el doble de cubos que caben en una caja de 2 por 3 por 4. Anota cada una de las dimensiones.

Diseñar una caja

Diseña una caja abierta que se llene completamente
con los paquetes de tamaño A, una que se llene
con los paquetes de tamaño B, otra que se llene con
los paquetes de tamaño C y otra que se llene con
los paquetes de tamaño D. Prepárate para convencer
a la clase de que tu solución es correcta.

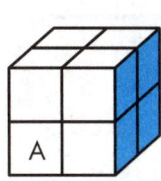 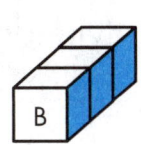 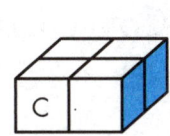 

Cuando hayas construido una caja y comprobado que
sirve, anota sus dimensiones.

Dimensiones: _____

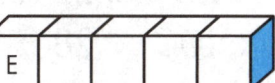

Supérate: Diseña una caja abierta que pueda ser
completamente llenada con los paquetes A, B, C, D y E.
¿Cuáles son las dimensiones de esta caja? ¿Podrías hallar
otras cajas que correspondan con las instrucciones dadas?

Dimensiones: _____

Prismas y pirámides   **Práctica diaria**

Problemas iniciales de multiplicación

Resuelve cada uno de los siguientes problemas de dos maneras distintas. Usa los primeros pasos que aparecen a continuación. Muestra tu trabajo con claridad.

> **NOTA** Los estudiantes practican flexibilidad resolviendo problemas de multiplicación.
>
> **30–32**

1. $49 \times 25 =$ _____

Comienza resolviendo 50×25.	Comienza resolviendo 40×25.

2. $115 \times 28 =$ _____

Comienza resolviendo 100×28.	Comienza resolviendo 115×10.

Resolver problemas de división (página 1 de 2)

NOTA Los estudiantes practican cómo resolver problemas de división.

MME 38–39

Escribe un problema-cuento que represente cada expresión de división. Luego, resuelve el problema.

1. a. Escribe un problema-cuento que represente $528 \div 24$.

b. Resuelve $528 \div 24$. Muestra tu solución con claridad.

Resolver problemas
de división (página 2 de 2)

2. **a.** Escribe un problema-cuento que represente $16\overline{)368}$.

b. Resuelve $16\overline{)368}$. Muestra tu solución con claridad.

Factores de 120 y 210

Halla todas las maneras de multiplicar para formar
cada producto usando números enteros. Primero,
halla los métodos con dos números. Luego, halla
métodos para multiplicar con más de dos números.

> **NOTA** Los estudiantes
> practican para hallar
> expresiones de multiplicación
> con dos números y con más de
> dos números para 120 y 210.
>
> **MME** 23–24

1. Multiplica para formar 120

Métodos para multiplicar con dos números: Ejemplo: 12×10	Métodos para multiplicar con más de dos números: Ejemplo: $2 \times 6 \times 10$

2. Multiplica para formar 210

Métodos para multiplicar con dos números:	Métodos para multiplicar con más de dos números:

División

Resuelve los siguientes problemas de división. Luego, escribe la combinación de multiplicación relacionada.

> **NOTA** Los estudiantes repasan los problemas de división que están relacionados con las combinaciones de multiplicación que conocen.
>
> **MME** 14, 25–29

Problema de división	Combinación de multiplicación
1. $72 \div 8 =$ _____	_____ $\times$ _____ $=$ _____
2. $66 \div 6 =$ _____	_____ $\times$ _____ $=$ _____
3. $56 \div 7 =$ _____	_____ $\times$ _____ $=$ _____
4. $96 \div 12 =$ _____	_____ $\times$ _____ $=$ _____
5. $77 \div 11 =$ _____	_____ $\times$ _____ $=$ _____
6. $54 \div 9 =$ _____	_____ $\times$ _____ $=$ _____
7. $108 \div 12 =$ _____	_____ $\times$ _____ $=$ _____
8. $49 \div 7 =$ _____	_____ $\times$ _____ $=$ _____

Buscar el más grande y el más pequeño

Encierra en un círculo el producto y el cociente más grande de cada fila. Luego, subraya el más pequeño.

NOTA Los estudiantes hacen una estimación de las respuestas de los problemas de multiplicación y de división.

MME 30–32, 38–39

1.	46×77	67×51	39×86
2.	23×97	36×58	69×33
3.	$468 \div 26$	$68 \div 34$	$114 \div 6$
4.	$225 \div 15$	$905 \div 5$	$224 \div 16$

Repaso continuo

5. ¿Qué multiplicación está relacionada con $72 \div 9 = 8$?

A. $8 \times 9 = 72$

C. $7 \times 10 = 70$

B. $72 \div 8 = 9$

D. $80 \div 8 = 10$

Medidas de volumen

Mira dentro y alrededor de tu casa buscando diferentes anotaciones de medidas de volumen. Mira en equipos domésticos (refrigeradores y congeladores), manuales y otros materiales escritos (la cuenta del agua) o en cualquier objeto que tenga anotaciones sobre medidas de volumen (el baúl de un carro).

> **NOTA** Los estudiantes, con la ayuda de uno o más adultos, hallan el volumen de objetos domésticos.
>
> **MME** **109–110**

Anota cualquier medida que esté calculada en unidades **cúbicas**. Escribe el **número** de unidades cúbicas y el **tipo** de unidades cúbicas usadas.

Aquí fue donde encontré mis medidas	Números de unidades cúbicas	Tipos de unidades cúbicas

Recipientes de la casa

Pronto compararemos los volúmenes de diferentes recipientes. Por favor, busca 3 ó 4 recipientes vacíos y limpios en tu casa y tráelos a la escuela. El cesto de basura reciclable es un buen lugar donde buscar.

Los recipientes no deben tener ningún agujero o rendija por donde la arena pueda salirse. Como guía para el tamaño, el recipiente debe caber fácilmente en una bolsa de papel para el almuerzo.

Voleibol

NOTA Los estudiantes practican cómo resolver problemas de multiplicación en el contexto de cuentos.

MME 30–32

Resuelve cada uno de los siguientes problemas. Muestra tu trabajo con claridad. No olvides responder la pregunta en el contexto del cuento.

1. En un torneo de voleibol participan 23 equipos y cada equipo tiene 14 jugadores. ¿Cuántos jugadores participan en el torneo?

2. El centro deportivo donde se celebra el torneo tiene suficientes asientos para que cada uno de los 23 equipos invite a 30 de sus aficionados. ¿Cuántos asientos tiene el centro deportivo?

3. Cada equipo puede gastar $55 en comida y en refrescos. ¿Cuánto dinero en total pueden gastar los equipos?

4. En el torneo del próximo año, el número de equipos se duplicará a 46 y cada equipo tendrá 14 jugadores. ¿Cuántos jugadores participarán en el torneo?

Cajas por centímetros cúbicos
(página 1 de 2)

Tienes una caja que mide 3 por 4 por 6 centímetros.

1. ¿Cuántos centímetros cúbicos caben? _____
¿Cómo lo sabes?

Halla dos cajas donde quepa **el doble** de centímetros
cúbicos que caben en la caja anterior.

2. a. ¿Cuáles son las dimensiones de cada una de las
nuevas cajas?

Dimensiones de la primera caja: _____

Dimensiones de la segunda caja: _____

b. Explica cómo hallaste tu respuesta.

3. Dibuja el diseño de la nueva caja en papel
cuadriculado a un centímetro.

Cajas por centímetros cúbicos
(página 2 de 2)

Halla dos cajas donde quepan **la mitad** de centímetros cúbicos
que caben en la caja de 3 por 4 por 6 centímetros.

4. a. Halla dos cajas donde quepan la mitad de
centímetros cúbicos que caben en la caja de 3 por
4 por 6 centímetros.

Dimensiones de la primera caja: _____

Dimensiones de la segunda caja: _____

b. Explica cómo hallaste tu respuesta.

5. Dibuja el diseño de la nueva caja en papel
cuadriculado a un centímetro.

Supérate: Halla una caja donde quepa **cuatro** veces
la cantidad de centímetros cúbicos que caben en la caja
de 3 por 4 por 6 centímetros. Escribe las dimensiones de
la nueva caja y explica cómo hallaste tu respuesta.

Duplicar el diseño

1. ¿Quién ganó el concurso? Explica tu respuesta.

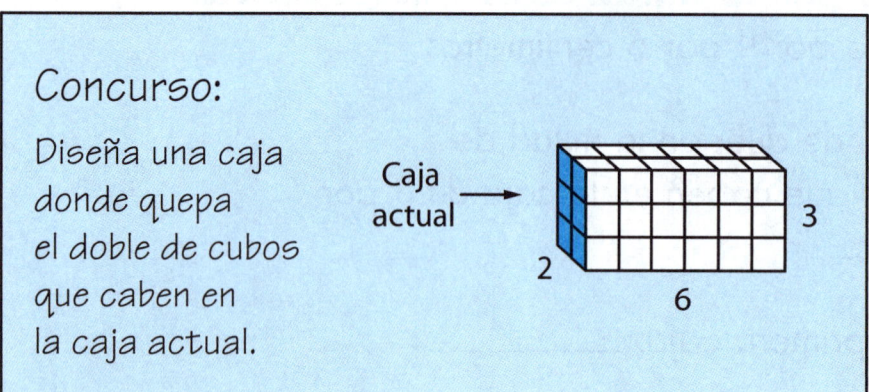

Concurso:

Diseña una caja donde quepa el doble de cubos que caben en la caja actual.

Caja actual →

3

2

6

> **NOTA** Los estudiantes han estado comentando métodos para describir las dimensiones de una caja. Algunas maneras de describirlas son 6 de ancho, 2 de largo y 3 de altura, $6 \times 2 \times 3$ y 6 por 2 por 3. Mientras su niño/a calcula las cajas en este contexto, anímelo a comparar las nuevas dimensiones con las de la caja actual como ayuda para calcular cuántos centímetros cúbicos cabrán en cada una de las nuevas cajas.
>
> **MME** 108

Mi caja mide $6 \times 4 \times 3$.

Mi caja mide $6 \times 8 \times 6$.

Mi caja mide 12 de ancho por 8 de largo por 6 de alto.

Victoria

Ralph

Sandy

¡Y EL GANADOR ES _____!

Repaso continuo

2. En una clase hay 56 cuadernos que son compartidos equitativamente por 28 estudiantes. ¿Cuál de las siguientes divisiones muestra esta situación?

A. $56 \div 28 = 2$

C. $28 \div 56 = 2$

B. $56 - 28 = 28$

D. $28 \div 2 = 14$

Pares de cuerpos geométricos

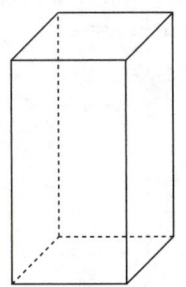 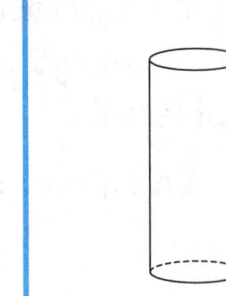 

Par 1

prisma
rectangular A

pirámide
rectangular B

Par 2

cilindro C

cono D

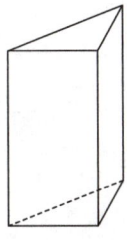 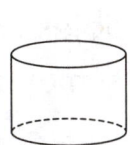 

Par 3

prisma
triangular E

pirámide
triangular F

Par 4

cilindro G

cono H

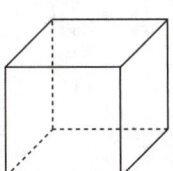 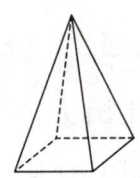 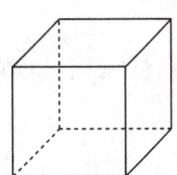 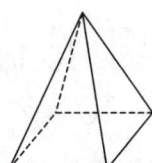

Par 5

prisma
rectangular I

pirámide
rectangular J

Par 6

prisma
rectangular I

pirámide
rectangular K

Monedas

NOTA Los estudiantes practican cómo resolver problemas de división en un contexto de dinero.

Resuelve los siguientes problemas. Procura que cualquier persona que mire tu trabajo pueda decir cómo resolviste el problema.

Álex, Nora y Félix ganaron en un concurso $27.75 cada uno.

1. Álex decidió cobrar su dinero en monedas de 25¢. ¿Cuántas monedas de 25¢ obtuvo?

2. Nora decidió cobrar su dinero en monedas de 10¢ y de 5¢. Muestra 2 posibles combinaciones de monedas de 10¢ y de 5¢ que sumen un total de $27.75.

Primera manera: Segunda manera:

3. Félix decidió cobrar su dinero en monedas de 25¢, de 10¢ y de 5¢. Muestra 2 posibles combinaciones de monedas de 25¢, de 10¢ y de 5¢ que sumen un total de $27.75.

Primera manera: Segunda manera:

Prismas y pirámides   **Tarea**

Adivina mis rompecabezas de números

NOTA Los estudiantes practican con factores y con múltiplos de números.

 **18, 19**

Resuelve los siguientes problemas. Si hallas un solo número que corresponda con las pistas dadas, explica cómo sabes que es el único. Si hallas más de un número que corresponda, explica cómo sabes que hallaste todas las posibilidades.

1. Mi número es un múltiplo de 15.
Mi número también es un múltiplo de 10.
Mi número es mayor que 100.
Mi número es menor que 200.

2. Mi número es un múltiplo de 150.
El 9 es un factor de mi número.
Mi número tiene 3 dígitos.
La suma de los dígitos de mi número es 9.

3. Mi número es cuadrado.
Mi número es par.
Mi número tiene 3 dígitos.
El 3 es un factor de mi número.

Imagínatelo

Imagina que la caja que se muestra abajo tiene cubos de 1 centímetro de ancho, de largo y de alto. Escribe las dimensiones de la caja.

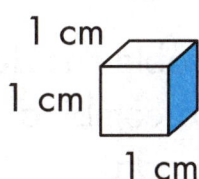

1 cm
1 cm
1 cm

NOTA Los estudiantes hallaron en clase el número de centímetros cúbicos que se necesita para llenar una caja. En un cubo que mide 1 centímetro por cada lado cabe un centímetro cúbico.

MME 106–107

1.

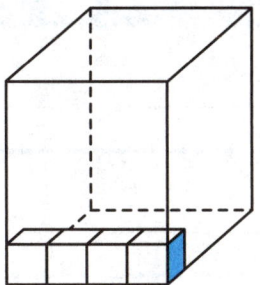   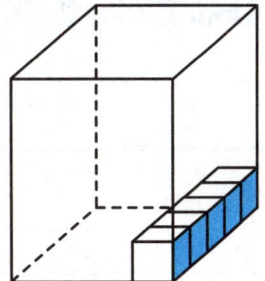   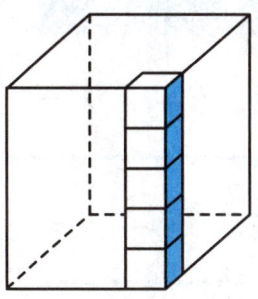

_____ cm de ancho   _____ cm de largo   _____ cm de alto

Averigua cuántos centímetros cúbicos cabrán en la caja.
Di cómo lo hiciste.

Repaso continuo

2. Usa los problemas sobre grupos para hallar 47×60.

A. 2,240

B. 2,640

C. 2,820

D. 3,060

$$7 \times 60 = 420$$

$$4 \times 60 = 240$$

$$40 \times 60 = 2,400$$

$$47 \times 60 = ?$$

Práctica de división

Resuelve los siguientes problemas de división. Luego, escribe la combinación de multiplicación relacionada.

NOTA Los estudiantes repasan los problemas de división relacionados con combinaciones de multiplicación estudiadas previamente.

MME 14, 25–29

Problemas de división	Combinación de multiplicación
1. $54 \div 9 =$ _____	_____ × _____ = _____
2. $55 \div 5 =$ _____	_____ × _____ = _____
3. $56 \div 8 =$ _____	_____ × _____ = _____
4. $84 \div 12 =$ _____	_____ × _____ = _____
5. $63 \div 9 =$ _____	_____ × _____ = _____
6. $96 \div 8 =$ _____	_____ × _____ = _____
7. $72 \div 9 =$ _____	_____ × _____ = _____
8. $64 \div 8 =$ _____	_____ × _____ = _____
9. $81 \div 9 =$ _____	_____ × _____ = _____
10. $108 \div 12 =$ _____	_____ × _____ = _____

¿En cuál cabe más?

Busca dos recipientes en la casa que creas que tengan la misma capacidad. Los recipientes deben tener distintas formas.

Describe tus recipientes. Puedes dibujarlos, explicar de qué están llenos usualmente o describir sus formas.

Recipiente 1	Recipiente 2

Halla la manera de comparar los dos recipientes para averiguar cuál tiene mayor volumen.

¿Cuál tiene mayor volumen?

Describe el método que usaste para comparar los dos recipientes.

Libros de la biblioteca

Resuelve los siguientes problemas. Muestra tu
trabajo con claridad. No olvides responder
las preguntas en el contexto del cuento.

> **NOTA** Los estudiantes practican
> cómo resolver problemas de división
> en el contexto de los cuentos.
>
>  **MME** 38–39

1. Hay 288 revistas en la biblioteca. La sección de
revistas tiene 12 estantes. ¿Cuántas revistas caben
en cada uno?

2. El bibliotecario de la escuela escoge 384 libros para
exhibirlos en los estantes. Necesita escoger un estante
para ponerlos y exhibirlos.

a. Si escoge un estante con 8 divisiones, ¿cuántos
libros pondrá en cada división?

b. Si escoge un estante con 16 divisiones, ¿cuántos
libros pondrá en cada división?

c. Si escoge un estante con 13 divisiones, ¿cuántos
libros pondrá en cada división? ¿Cuántos quedarán
por colocar?

Problemas iniciales de multiplicación

NOTA Los estudiantes practican flexibilidad resolviendo problemas de multiplicación.

MME 30–32

Resuelve los siguientes problemas de dos maneras distintas. Usa los primeros pasos dados a continuación. Muestra tu trabajo con claridad.

1. $39 \times 45 =$ _____

Comienza resolviendo $40 \times 45 =$ _____.

Comienza resolviendo $30 \times 45 =$ _____.

2. $125 \times 32 =$ _____

Comienza resolviendo $100 \times 32 =$ _____.

Comienza resolviendo $125 \times 10 =$ _____.

Las pirámides de Giza
(página 1 de 2)

> **NOTA** Los estudiantes calculan y comparan el volumen de pirámides egipcias, el perímetro de sus bases y demuestran la relación de 3 a 1 que existe entre los prismas rectangulares y las pirámides cuando ambos tienen la misma base y altura.
>
> **MME** 114

Cerca del año 2550 a.C., el faraón egipcio Keops, construyó en la antigua ciudad de Giza lo que hoy conocemos como la Gran Pirámide. Esta pirámide se construyó con una altura de 481 pies y una base cuadrada de 756 pies de longitud por cada uno de sus lados. Años más tarde (cerca de 2490 a.C), el faraón Mikerinos comenzó a construir otra pirámide muy cerca de la pirámide de Keops. Al terminarla, la pirámide medía 215 pies de altura y 344 pies de longitud por cada uno de los lados de su base cuadrada.

1. Compara el volumen de la Gran Pirámide con el volumen de la pirámide del faraón Mikerinos y luego, halla la diferencia entre los dos volúmenes. Muestra tu trabajo en los espacios en blanco de abajo.

Gran Pirámide: _____ pies cúbicos

Pirámide de Mikerinos: _____ pies cúbicos

Diferencia de volumen: _____ pies cúbicos

Las pirámides de Giza (página 2 de 2)

2. Imagina que visitaste Giza y que caminaste alrededor de la base de la Gran Pirámide. Al día siguiente, caminaste alrededor de la base de la pirámide del faraón Mikerinos. ¿Qué distancia total recorriste en estas dos caminatas?

3. Imagina que diseñaste un edificio moderno que tenía la figura de un prisma rectangular. Si tu diseño tenía la misma altura y las mismas longitudes de la base de la Gran Pirámide, ¿cuál sería el volumen (en pies cúbicos) de tu edificio? ¿Cuál sería el volumen si hubieras usado las dimensiones de la pirámide de Mikerinos?

"Rather than zoom into the fractal you can zoom into the edge of it and continually find the same pattern repeating itself much like the shoreline of a lake viewed from a plane." – **Kris Northern**

Investigations

IN NUMBER, DATA, AND SPACE®
en español

Miles de millas, miles de asientos

Investigación 1

Investigación 2

Investigación 3

Problemas de suma y de resta

> **NOTA** Los estudiantes resuelven problemas de suma y de resta en los que múltiplos de 10, 100 y 1,000 se suman y se restan a números de 4 dígitos.
>
> **MME** 6

1. 3,267 + 10 = _____

2. 3,267 − 10 = _____

3. 3,267 + 50 = _____

4. 3,267 − 50 = _____

5. 3,267 + 100 = _____

6. 3,267 − 100 = _____

7. 3,267 + 500 = _____

8. 3,267 − 500 = _____

9. 9,702 − 10 = _____

10. 9,702 + 300 = _____

11. 9,702 − 20 = _____

12. 9,702 + 500 = _____

13. 9,702 − 200 = _____

14. 9,702 + 5,000 = _____

15. 9,702 − 2,000 = _____

16. 9,702 + 10,000 = _____

17. Escoge uno de los problemas de arriba y explica cómo hallaste tu respuesta.

Repaso continuo

18. 8,003 − 600 = _____

A. 5,003   **B.** 7,400   **C.** 7,403   **D.** 8,403

Números en la tabla de 10,000 (página 1 de 2)

1. Clasifica los siguientes cuadrados en la tabla de 10,000:

9,970	3,770	1,508	5,020	8,854
7,305	2,965	6,351	7,642	2,020
9,033	4,139	1,215	3,290	6,897
4,786	115	490	8,460	5,645

Halla cada uno de los números descritos a continuación y escribe la ecuación que muestra la suma o la resta para los problemas 2–16. Clasifica el nuevo cuadrado en la tabla de 10,000. Trabaja en grupos pequeños y completa estas páginas.

Ejemplo:

¿Qué número está 3 filas debajo de 1,250? __1,550__

Ecuación: __1,250 + 300 = 1,550__

¿Qué número está:

2. 1 fila debajo de 750? _____   Ecuación: _____

3. 5 filas debajo de 750? _____   Ecuación: _____

4. 12 filas debajo de 750? _____   Ecuación: _____

5. 4 filas debajo de 750? _____   Ecuación: _____

6. 40 filas debajo de 750? _____   Ecuación: _____

Miles de millas, miles de asientos

Números en la tabla de 10,000 (página 2 de 2)

¿Qué número está:

7. 15 filas debajo de 5,275?    Ecuación:

8. 30 filas debajo de 5,275? _____   Ecuación: _____

9. 25 filas debajo de 5,275? _____   Ecuación: _____

10. 42 filas debajo de 5,275? _____   Ecuación: _____

11. 17 filas debajo de 5,275? _____   Ecuación: _____

¿Qué número está:

12. 2 filas encima de 10,000? _____   Ecuación: _____

13. 34 filas encima de 10,000? _____   Ecuación: _____

14. 11 filas encima de 10,000? _____   Ecuación: _____

15. 44 filas encima de 10,000? _____   Ecuación: _____

16. 80 filas encima de 10,000? _____   Ecuación: _____

Resolver de dos maneras

Resuelve cada problema de dos maneras.
Anota tu estrategia para cada solución.

NOTA Los estudiantes practican flexibilidad resolviendo problemas de multiplicación.

 30–32

1. 46×39

Primer método:	Segundo método:

2. 63×34

Primer método:	Segundo método:

Repaso continuo

3. ¿Cuál de estos números de fichas cuadradas formará un rectángulo que mide 6 fichas cuadradas de ancho?

A. 36   **B.** 26   **C.** 22   **D.** 3

Sumar en los millares

Resuelve los siguientes problemas de suma y muestra tus soluciones.

NOTA Los estudiantes practican cómo resolver problemas de suma. Anímelos a usar una estrategia y a comprobar con una estrategia diferente.

MME 8–9

1. 4,658 + 320 = _____

2.   1,956
       +6,504
       ‾‾‾‾‾‾

3. 8,300 + 2,527 = _____

¿Cuántos pasos hasta 10,000? (página 1 de 2)

Para resolver los siguientes problemas, halla cuántos pasos
hay del número dado al 10,000 en la tabla de 10,000. Usa
la tabla de 10,000 si crees que te sirve de ayuda. Muestra
cómo averiguaste la respuesta. Escoge tu propio número
para resolver el Problema 5.

Ejemplo:
Comienza en 8,500. ¿Cuántos pasos hay hasta 10,000?
___1,500___

A continuación se muestran dos estrategias diferentes para
resolver el problema:

$8,500 + 500 = 9,000$

$9,000 + 1,000 = 10,000$

$500 + 1,000 = 1,500$

$$\begin{array}{r} 10,000 \\ -\ 1,000 \\ \hline 9,000 \\ -\ 500 \\ \hline 8,500 \end{array}$$

$$\begin{array}{r} 1,000 \\ +\ 500 \\ \hline 1,500 \end{array}$$

1. Comienza en 73. ¿Cuántos pasos hay hasta 10,000? _____

2. Comienza en 3,498. ¿Cuántos pasos hay hasta 10,000? _____

Miles de millas, miles de asientos

¿Cuántos pasos hasta 10,000? (página 2 de 2)

3. Comienza en 8,006. ¿Cuántos pasos hay hasta 10,000? _____

4. Comienza en 450. ¿Cuántos pasos hay hasta 10,000? _____

5. Comienza en _____. ¿Cuántos pasos hay hasta 10,000? _____

Cerca de 1,000 Hoja de anotaciones

Juego 1   **Puntaje**

Vuelta 1:

_____ _____ _____   +   _____ _____ _____   =   _____   _____

Vuelta 2:

_____ _____ _____   +   _____ _____ _____   =   _____   _____

Vuelta 3:

_____ _____ _____   +   _____ _____ _____   =   _____   _____

Vuelta 4:

_____ _____ _____   +   _____ _____ _____   =   _____   _____

Vuelta 5:

_____ _____ _____   +   _____ _____ _____   =   _____   _____

Puntaje final: _____

Juego 2   **Puntaje**

Vuelta 1:

_____ _____ _____   +   _____ _____ _____   =   _____   _____

Vuelta 2:

_____ _____ _____   +   _____ _____ _____   =   _____   _____

Vuelta 3:

_____ _____ _____   +   _____ _____ _____   =   _____   _____

Vuelta 4:

_____ _____ _____   +   _____ _____ _____   =   _____   _____

Vuelta 5:

_____ _____ _____   +   _____ _____ _____   =   _____   _____

Puntaje final: _____

Problemas iniciales de multiplicación

NOTA Los estudiantes practican flexibilidad resolviendo problemas de multiplicación.

 **30–32**

Resuelve los siguientes problemas de dos maneras. Anota tu estrategia para cada solución.

1. $38 \times 42 =$ _____

Comienza resolviendo 30×40.   Comienza resolviendo 38×10.

2. $207 \times 15 =$ _____

Comienza resolviendo 207×10.   Comienza resolviendo 200×15.

Repaso continuo

3. ¿Cuál de los siguientes números **no** es un factor de 56?

A. 6   **B.** 7   **C.** 8   **D.** 14

¿Qué número falta?

Resuelve los siguientes problemas y muestra tus soluciones.

NOTA Los estudiantes hallan la diferencia entre los números dados y múltiplos de 1,000.

MME 6

1. $4{,}991 + \underline{\hspace{2cm}} = 5{,}000$

2. $4{,}991 + \underline{\hspace{2cm}} = 6{,}000$

3. $4{,}991 + \underline{\hspace{2cm}} = 8{,}000$

4. $4{,}991 + \underline{\hspace{2cm}} = 10{,}000$

5. $1{,}212 + \underline{\hspace{2cm}} = 2{,}000$

6. $1{,}212 + \underline{\hspace{2cm}} = 5{,}000$

7. $1{,}212 + \underline{\hspace{2cm}} = 9{,}000$

8. $1{,}212 + \underline{\hspace{2cm}} = 10{,}000$

9. $3{,}485 + \underline{\hspace{2cm}} = 5{,}000$

10. $3{,}485 + \underline{\hspace{2cm}} = 6{,}000$

11. $3{,}485 + \underline{\hspace{2cm}} = 8{,}000$

12. $3{,}485 + \underline{\hspace{2cm}} = 10{,}000$

© Pearson Education **5**

Problemas relacionados (página 1 de 2)

Resuelve estos conjuntos de problemas. Piensa cómo cada problema está relacionado con el anterior.

1. $5{,}050 + 450 =$ _____

$5{,}050 + 453 =$ _____

$5{,}053 + 453 =$ _____

$5{,}053 + 463 =$ _____

2. $7{,}000 - 30 =$ _____

$8{,}000 - 30 =$ _____

$8{,}010 - 30 =$ _____

$8{,}010 - 38 =$ _____

3. $10{,}175 - 25 =$ _____

$10{,}175 - 125 =$ _____

$10{,}175 - 128 =$ _____

4. $15{,}560 + 1{,}200 =$ _____

$15{,}560 + 1{,}250 =$ _____

$15{,}560 + 1{,}259 =$ _____

5. $25{,}530 + 300 =$ _____

$25{,}530 + 410 =$ _____

$25{,}530 + 520 =$ _____

$25{,}530 + 526 =$ _____

6. $9{,}040 - 100 =$ _____

$9{,}040 - 110 =$ _____

$9{,}040 - 120 =$ _____

$9{,}040 - 130 =$ _____

Miles de millas, miles de asientos

Problemas relacionados (página 2 de 2)

7. $8{,}474 - 500 = $ _____

$8{,}474 - 499 = $ _____

$8{,}474 - 489 = $ _____

$8{,}474 - 479 = $ _____

8. $134{,}560 + 3{,}000 = $ _____

$134{,}560 + 3{,}500 = $ _____

$134{,}565 + 3{,}500 = $ _____

$134{,}575 + 3{,}500 = $ _____

9. $2{,}000 + 1{,}265 = $ _____

$1{,}900 + 1{,}265 = $ _____

$1{,}800 + 1{,}265 = $ _____

$1{,}800 + 1{,}275 = $ _____

10. $90{,}945 - 1{,}000 = $ _____

$90{,}945 - 1{,}200 = $ _____

$90{,}945 - 1{,}210 = $ _____

$90{,}945 - 1{,}310 = $ _____

Más problemas de cuántos pasos

Para resolver los siguientes problemas, halla cuántos pasos hay del número dado al 10,000 en la tabla de 10,000. Usa la tabla de 10,000 si crees que te sirve de ayuda. Muestra cómo averiguaste la respuesta. Escoge tu propio número para resolver los problemas 4 y 5.

1. Comienza en 852. ¿Cuántos pasos hay hasta 10,000? _____

2. Comienza en 6,105. ¿Cuántos pasos hay hasta 10,000? _____

3. Comienza en 7,001. ¿Cuántos pasos hay hasta 10,000? _____

4. Comienza en _____. ¿Cuántos pasos hay hasta 10,000? _____

5. Comienza en _____. ¿Cuántos pasos hay hasta 10,000? _____

Práctica de división 1

Resuelve los siguientes problemas de división. Luego, escribe la combinación de multiplicación relacionada.

NOTA Los estudiantes repasan los problemas de división que están relacionados con las combinaciones de multiplicación que ya conocen.

MME 14, 25–29, 38–39

Problema de división	Combinación de multiplicación
1. $63 \div 7 =$ _____	_____ × _____ = _____
2. $72 \div 9 =$ _____	_____ × _____ = _____
3. $56 \div 8 =$ _____	_____ × _____ = _____
4. $42 \div 6 =$ _____	_____ × _____ = _____
5. $121 \div 11 =$ _____	_____ × _____ = _____
6. $84 \div 7 =$ _____	_____ × _____ = _____
7. $48 \div 8 =$ _____	_____ × _____ = _____
8. $36 \div 9 =$ _____	_____ × _____ = _____
9. $7\overline{)42}$	_____ × _____ = _____
10. $9\overline{)54}$	_____ × _____ = _____

Más problemas relacionados

Resuelve estos conjuntos de problemas. Piensa cómo cada problema está relacionado con el anterior.

1. $4{,}580 + 250 =$ _____

$4{,}580 + 253 =$ _____

$4{,}590 + 253 =$ _____

2. $7{,}800 - 50 =$ _____

$7{,}800 - 60 =$ _____

$7{,}800 - 70 =$ _____

3. $11{,}398 + 2{,}000 =$ _____

$11{,}398 + 2{,}100 =$ _____

$11{,}398 + 2{,}150 =$ _____

4. $24{,}356 + 400 =$ _____

$24{,}356 + 410 =$ _____

$24{,}356 + 419 =$ _____

5. $14{,}532 - 3{,}000 =$ _____

$14{,}532 - 2{,}999 =$ _____

$14{,}532 - 2{,}989 =$ _____

6. $55{,}436 - 20{,}000 =$ _____

$55{,}436 - 19{,}000 =$ _____

$55{,}436 - 19{,}100 =$ _____

Sumas de 1,000

Usa estos dígitos para crear problemas de suma en los que cada uno sume 1,000.

NOTA Los estudiantes usan un conjunto de dígitos para crear problemas de suma en los que cada uno suma 1,000.

MME 8–9

6 5 8 3 1 2 4

1. $387 +$ ____ ____ ____ $= 1,000$

2. $185 +$ ____ ____ ____ $= 1,000$

3. ____ ____ ____ $+ 517 = 1,000$

4. $1,000 = 584 +$ ____ ____ ____

5. $1,000 =$ ____ ____ ____ $+ 369$

6. Escoge uno de los problemas de arriba y explica cómo hallaste tu respuesta.

Repaso continuo

7. ¿Qué diferencia hay entre 7,769 y 10,000?

A. 3,331   **B.** 3,231   **C.** 2,231   **D.** 2,031

Problemas de resta (página 1 de 2)

Resuelve cada problema de dos maneras. Anota tu estrategia para cada solución.

1.
$$1{,}569 - 275 = \underline{\hspace{3cm}}$$

Primer método: | Segundo método:

2. Hay 813 estudiantes en la escuela de Talisha. Hoy, 768 están presentes. ¿Cuántos están ausentes?

Primer método: | Segundo método:

Problemas de resta (página 2 de 2)

3. Mitch tenía $10.13 en su cartera. Luego, en el camino de la escuela a la casa gastó $5.79. ¿Cuánto dinero le queda?

Primer método:	Segundo método:

4.

$$\begin{array}{r} 1{,}205 \\ -625 \\ \hline \end{array}$$

Primer método:	Segundo método:

Práctica de división 2

Resuelve los siguientes problemas de división.
Luego, escribe la combinación de multiplicación
relacionada.

NOTA Los estudiantes repasan
los problemas de división que están
relacionados con las combinaciones
de multiplicación que ya conocen.

MME 14, 25–29

Problema de división	Combinación de multiplicación
1. 32 ÷ 4 = _____	_____ × _____ = _____
2. 72 ÷ 8 = _____	_____ × _____ = _____
3. 28 ÷ 7 = _____	_____ × _____ = _____
4. 42 ÷ 7 = _____	_____ × _____ = _____
5. 88 ÷ 11 = _____	_____ × _____ = _____
6. 84 ÷ 12 = _____	_____ × _____ = _____
7. 45 ÷ 5 = _____	_____ × _____ = _____
8. 81 ÷ 9 = _____	_____ × _____ = _____
9. 3)‾18	_____ × _____ = _____
10. 8)‾96	_____ × _____ = _____

Práctica de resta

Resuelve los siguientes problemas de resta y muestra tus soluciones.

> **NOTA** Los estudiantes practican cómo resolver problemas de resta presentados de distintas maneras.
>
> **MME** 10–13

1. 734 − 566 = _____

2.   2,462
   − 1,269

3. Nora tenía $12.75. Luego, gastó $4.95 en tarjetas de basquetbol. ¿Cuánto dinero le queda?

4. Hay 524 estudiantes en la Escuela Adams. Hoy, 47 están ausentes. ¿Cuántos están presentes?

Mapa continental de los Estados Unidos

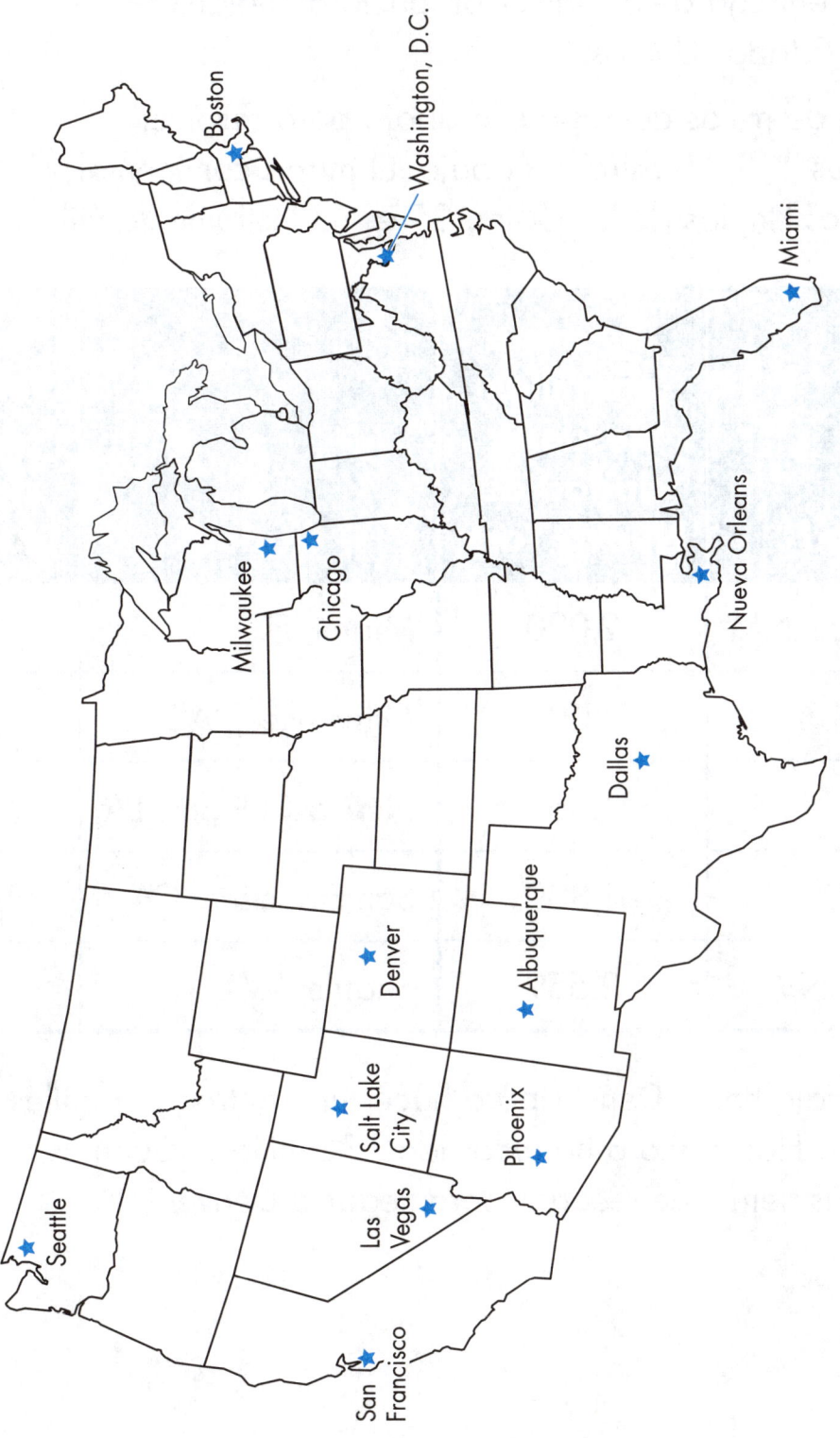

Distancias (página 1 de 2)

La sede central de la compañía de camiones Descartes está ubicada en la ciudad de Nueva York. Esta compañía garantiza la entrega de cualquier producto a cualquier lugar de los Estados Unidos.

Usa la tabla de millas que aparece abajo para resolver los problemas 1–5. Muestra tu trabajo. El mapa continental de los Estados Unidos de la página 25 es un instrumento útil.

Ciudad	Distancia (en millas) desde la ciudad de Nueva York	Ciudad	Distancia (en millas) desde la ciudad de Nueva York
Albuquerque, NM	2,020	Miami, FL	1,281
Chicago, IL	821	Milwaukee, WI	914
Dallas, TX	1,565	Nueva Orleans, LA	1,324
Denver, CO	1,809	San Francisco, CA	2,946
Las Vegas, NV	2,559	Seattle, WA	2,894

1. Walter viaja hacia Denver para hacer una entrega de útiles escolares. Hasta ahora ha recorrido 872 millas. ¿Cuántas millas más tiene que recorrer para llegar a Denver?

© Pearson Education **5**

Distancias (página 2 de 2)

2. Rachel viaja hacia Dallas para hacer una entrega de carros nuevos. Está a 480 millas de distancia de Dallas. ¿Cuántas millas ha recorrido?

3. En otro viaje, Rachel maneja un camión de mudanzas hacia San Francisco. Ha recorrido 1,389 millas. ¿Cuántas millas más tiene que recorrer para llegar a San Francisco?

4. Walter viaja hacia Nueva Orleans para hacer la entrega de un camión lleno de productos enlatados. El primer día recorre 489 millas y el segundo día recorre 616 millas. ¿Cuántas millas más tiene que recorrer para llegar a Nueva Orleans?

5. En su último viaje, Rachel viaja hacia Seattle y Walter viaja hacia Milwaukee. ¿Cuántas millas más que Walter tiene que recorrer Rachel?

Resolver problemas
de división

NOTA Los estudiantes practican
cómo resolver problemas de división.

MME 38–39

1. **a.** Escribe un problema-cuento que represente
704 ÷ 22.

b. Resuelve 704 ÷ 22. Muestra tu solución con claridad.

2. **a.** Escribe un problema-cuento que represente $18\overline{)450}$.

b. Resuelve $18\overline{)450}$.

Repaso continuo

3. ¿Cuál de los siguientes números es un múltiplo de 24?

A. 58   **B.** 76   **C.** 84   **D.** 96

Distancias desde la ciudad de Nueva York (página 1 de 2)

> **NOTA** Los estudiantes resuelven problemas de resta sobre distancias entre ciudades.
>
> **MME** 10–13

La sede central de la compañía de camiones Descartes está ubicada en la ciudad de Nueva York. Esta compañía garantiza la entrega de cualquier producto a cualquier lugar de los Estados Unidos. Usa la tabla de millas que aparece abajo para resolver los problemas 1–4. Muestra tu trabajo. El mapa continental de los Estados Unidos de la página 25 es un instrumento útil. Recuerda que todos los viajes empiezan en la ciudad de Nueva York.

Ciudad	Distancia (en millas) desde la ciudad de Nueva York	Ciudad	Distancia (en millas) desde la ciudad de Nueva York
Albuquerque, NM	2,020	Las Vegas, NV	2,559
Chicago, IL	821	Miami, FL	1,281

1. Charles viaja hacia Chicago para hacer una entrega de carros nuevos. Ha recorrido 395 millas. ¿A cuántas millas de distancia está de Chicago?

Distancias desde la ciudad de Nueva York (página 2 de 2)

2. Lourdes viaja hacia Miami para hacer una entrega de muebles nuevos y usados. Está a 350 millas de su destino. ¿Cuántas millas ha recorrido?

3. Charles maneja un camión hacia Las Vegas. El primer día recorre 620 millas y el segundo día recorre 585 millas. ¿Cuántas millas le quedan por recorrer?

4. Lourdes manejó hasta Albuquerque. En el próximo viaje manejó hasta Las Vegas. ¿Cuántas millas más manejó en el segundo viaje?

Miles de millas, miles de asientos

Problemas iniciales (página 1 de 2)

A continuación se muestran tres maneras distintas para comenzar a resolver los problemas 1–4. Resuelve cada comienzo. Luego, escoge dos de estas maneras para comenzar y resuelve el resto de los problemas. (Si comienzas de una manera distinta o si tu clase usa una estrategia diferente, puedes contarla como una de tus dos maneras.)

1. $2{,}168 - 455 =$

   a. $2{,}168 - 400 =$ **b.** $455 + 45 =$ **c.** $2{,}168 - 460 =$

2. $\begin{array}{r} 1{,}208 \\ -\ 297 \\ \hline \end{array}$

   a. $1{,}208 - 200 =$ **b.** $297 + 3 =$ **c.** $1{,}208 - 300 =$

Problemas iniciales (página 2 de 2)

3.   6,563
   −1,418

     a. $6{,}563 - 1{,}400 =$ **b.** $1{,}418 + 82 =$ **c.** $6{,}563 - 1{,}500 =$

4. $9{,}711 - 3{,}825 =$

     a. $9{,}711 - 3{,}000 =$ **b.** $3{,}825 + 75 =$ **c.** $9{,}711 - 4{,}000 =$

Más problemas de resta

Resuelve cada problema de resta y muestra tus soluciones.

NOTA Los estudiantes practican cómo resolver problemas de resta.

MME 10–13

1. $1{,}205 - 732 =$ _____

2. $1{,}486 - 650 =$ _____

3.
$$
\begin{array}{r}
2{,}550 \\
-67 \\
\hline
\end{array}
$$

Repaso continuo

4. Cecilia tenía $36.00 y luego gastó $19.86. ¿Cuánto le queda?

A. $26.14   **B.** $17.16   **C.** $16.26   **D.** $16.14

El algoritmo usual (página 1 de 3)

Resuelve los siguientes problemas usando el algoritmo usual. (Puedes resolver los problemas usando diferentes estrategias para asegurarte de que tu respuesta es correcta.)

A continuación se muestran los pasos del algoritmo usual para los problemas 1 y 2. Completa los espacios en blanco con los números correspondientes.

1.

$$\begin{array}{r} 863 \\ -247 \\ \hline \end{array}$$

$$\begin{array}{ccccc} 800 & + & 60 & + & 3 \\ -\ (200 & + & 40 & + & 7) \\ \hline \end{array}$$

$$\begin{array}{r} 5 \\ 8\cancel{6}^{1}3 \\ -247 \\ \hline \end{array}$$

$$\begin{array}{ccccc} 800 & + & \underline{} & + & \underline{} \\ -\ (200 & + & 40 & + & 7) \\ \hline \underline{} & + & \underline{} & + & \underline{} \end{array}$$

2.

$$\begin{array}{r} 325 \\ -164 \\ \hline \end{array}$$

$$\begin{array}{ccccc} 300 & + & 20 & + & 5 \\ -\ (100 & + & 60 & + & 4) \\ \hline \end{array}$$

$$\begin{array}{r} 2 \\ \cancel{3}^{1}25 \\ -164 \\ \hline \end{array}$$

$$\begin{array}{ccccc} \underline{} & + & \underline{} & + & 5 \\ -\ (100 & + & 60 & + & 4) \\ \hline \underline{} & + & \underline{} & + & \underline{} \end{array}$$

El algoritmo usual (página 2 de 3)

Resuelve los problemas 3 y 4 usando el algoritmo usual.
Escribe los números correspondientes en los espacios en
blanco y muestra cómo descompones los números originales.

3. 498   400 + 90 + 8
      −279   − (200 + 70 + 9)

     4 9 8   _____ + _____ + _____
   −2 7 9   − (_____ + _____ + _____)

                     _____ + _____ + _____

4. 523   500 + 20 + 3
      −292   − (200 + 90 + 2)

     5 2 3   _____ + _____ + _____
   −2 9 2   − (_____ + _____ + _____)

                     _____ + _____ + _____

El algoritmo usual (página 3 de 3)

Usa el algoritmo usual para resolver el problema 5. Escribe los números correspondientes en los espacios en blanco y muestra cómo descompones los números originales.

5.

$$
\begin{array}{r}
720 \\
-499 \\
\hline
\end{array}
$$

$$
\begin{array}{r}
700 \;+\; 20 \;+\; 0 \\
-(400 \;+\; 90 \;+\; 9) \\
\hline
\end{array}
$$

$$
\begin{array}{r}
7\;2\;0 \\
-4\;9\;9 \\
\hline
\end{array}
$$

_____ + _____ + _____

−(_____ + _____ + _____)

_____ + _____ + _____

Más problemas iniciales (página 1 de 2)

A continuación se muestran tres maneras distintas para comenzar a resolver los problemas 1–4. Resuelve cada comienzo. Luego, escoge dos de estas maneras para comenzar y resuelve el resto de los problemas. (Si comienzas de una manera distinta o si tu clase usa una estrategia diferente, puedes contarla como una de tus dos maneras.)

1. 3,402
   −1,618

   a. $3,402 - 1,000 =$ **b.** $1,618 + 82 =$ **c.** $3,404 - 1,620 =$

2. $6,847 - 2,272 =$

   a. $6,847 - 2,200 =$ **b.** $2,272 + 28 =$ **c.** $6,847 - 2,300 =$

Más problemas iniciales (página 2 de 2)

3.   4,103
       − 867

    a. $4{,}103 - 800 =$ **b.** $867 + 33 =$ **c.** $4{,}103 - 900 =$

4. $11{,}697 - 4{,}225 =$

    a. $11{,}697 - 4{,}000 =$ **b.** $4{,}225 + 75 =$ **c.** $11{,}700 - 4{,}225 =$

Miles de millas, miles de asientos

Distancias desde Chicago (página 1 de 2)

La compañía de mudanzas Pascal ayuda a mudarse a personas de Chicago a otras ciudades de los Estados Unidos. Usa la tabla de millas que aparece abajo para responder las siguientes preguntas. El mapa continental de los Estados Unidos de la página 25 es un instrumento útil. Muestra tu trabajo. Recuerda que todos los viajes comienzan en Chicago.

Ciudad	Distancia (en millas) desde Chicago, IL	Ciudad	Distancia (en millas) desde Chicago, IL
Albuquerque, NM	1,335	Phoenix, AZ	1,800
Boston, MA	1,015	Salt Lake City, UT	1,403
Las Vegas, NV	1,761	San Francisco, CA	2,148
Miami, FL	1,377	Seattle, WA	2,072
Nueva Orleans, LA	929	Washington, DC	715

1. Avery maneja un camión hacia Phoenix. Ha recorrido 552 millas. ¿A cuántas millas de distancia está de Phoenix?

Miles de millas, miles de asientos

Distancias desde Chicago (página 2 de 2)

2. Olivia viaja hacia San Francisco. Si está a 1,674 millas de distancia de San Francisco, ¿cuántas millas ha recorrido?

3. Avery viajó hasta Salt Lake City. El primer día recorrió 325 millas y el segundo día recorrió 459 millas. ¿Cuántas millas le quedaron por recorrer para llegar a Salt Lake City?

4. Una semana, Olivia viajó a Boston. En su próximo viaje manejó hasta Seattle. ¿Cuántas millas más manejó en el segundo viaje?

5. Olivia viaja hasta Las Vegas y Avery viaja hasta Albuquerque. ¿Cuántas millas más que Avery tiene que recorrer Olivia?

Práctica de división 3

Resuelve los siguientes problemas de división.
Luego, escribe la combinación de multiplicación
que está relacionada.

NOTA Los estudiantes repasan
los problemas de división que están
relacionados con las combinaciones
de multiplicación que ya conocen.

MME 14, 25–29

Problema de división	Combinación de multiplicación
1. 144 ÷ 12 = _____	_____ × _____ = _____
2. 32 ÷ 8 = _____	_____ × _____ = _____
3. 28 ÷ 4 = _____	_____ × _____ = _____
4. 56 ÷ 7 = _____	_____ × _____ = _____
5. 110 ÷ 11 = _____	_____ × _____ = _____
6. 64 ÷ 8 = _____	_____ × _____ = _____
7. 63 ÷ 9 = _____	_____ × _____ = _____
8. 27 ÷ 3 = _____	_____ × _____ = _____
9. $7\overline{)49}$	_____ × _____ = _____
10. $9\overline{)81}$	_____ × _____ = _____

Repaso continuo

11. ¿Cuál de los siguientes números **no** está en la torre
de múltiplos de 18?

A. 54   **B.** 108   **C.** 180   **D.** 192

Práctica de resta

Resuelve los siguientes problemas de resta y muestra tus soluciones.

> **NOTA** Los estudiantes han estado practicando distintas maneras de resolver los problemas de resta y escribir sus soluciones con anotaciones claras y precisas.
>
> **MME** 10–13

1. $4{,}835 - 2{,}540 =$ _____

2. Tavon tiene 773 tarjetas de beisbol en su colección. Janet tiene 1,215 en la suya. ¿Cuántas tarjetas más necesita coleccionar Tavon para tener la misma cantidad que tiene Janet?

3.
$$\begin{array}{r} 6{,}789 \\ -\ 2{,}199 \\ \hline \end{array}$$

4. $2{,}205 - 1{,}789 =$ _____

Equipos

Resuelve cada uno de los siguientes problemas.
Muestra tu trabajo con claridad. No olvides
responder la pregunta del contexto del
problema-cuento.

> **NOTA** Los estudiantes practican
> cómo resolver problemas de
> multiplicación representados en
> los problemas-cuento.
>
> **MME** 30–32

1. En la liga de beisbol escolar hay 38 equipos. En cada
   equipo hay 26 estudiantes. ¿Cuántos estudiantes hay
   en la liga?

2. Hay 56 equipos en el torneo de futbol local. Cada
   uno tiene 16 jugadores. ¿Cuántos jugadores hay en
   el torneo de futbol?

3. Hay 67 equipos en la liga juvenil de futbol americano.
   Cada uno tiene 28 jugadores. ¿Cuántos jugadores de
   futbol americano hay en la liga?

4. En una carrera de relevos compiten 59 equipos. Cada
   equipo tiene 32 corredores. ¿Cuántos corredores
   compiten en la carrera de relevos?

Repaso continuo

5. $18 \times 57 =$ _____

   A. 1,026   **B.** 970   **C.** 556   **D.** 513

Problemas de distancias
(página 1 de 2)

NOTA Los estudiantes resuelven problemas de resta sobre distancias entre ciudades.

 MME 10–13

La compañía de mudanzas Pascal ayuda a mudarse a personas de Chicago a otras ciudades de los Estados Unidos. Usa la tabla de millas que aparece abajo para responder las siguientes preguntas. El mapa continental de los Estados Unidos de la página 25 es un instrumento útil. Muestra tu trabajo. Recuerda que todos los viajes comienzan en Chicago.

Ciudad	Distancia (en millas) desde Chicago, IL	Ciudad	Distancia (en millas) desde Chicago, IL
Miami, FL	1,377	Seattle, WA	2,072
Phoenix, AZ	1,800	San Francisco, CA	2,148

1. Tyler viaja hacia Miami. Ha recorrido 888 millas. ¿A cuántas millas de distancia está de Miami?

Problemas de distancias (página 2 de 2)

2. Tyler viaja hacia San Francisco. El primer día recorrió 426 millas, el segundo día recorrió 645 millas y el tercer día recorrió 580 millas. ¿A cuántas millas de distancia está ahora de San Francisco?

3. Alicia viaja hacia Seattle. Si está a 439 millas de distancia de Seattle, ¿cuántas millas ha recorrido?

4. Alicia viaja hacia Phoenix y Tyler viaja hacia Miami. ¿Cuántas millas más que Tyler tiene que recorrer Alicia?

Cerca de *7,500* Hoja de anotaciones

Juego 1   **Puntaje**

Vuelta 1:

—— —— ——   +   —— —— ——   =   ——— ———   ————

Vuelta 2:

—— —— ——   +   —— —— ——   =   ——— ———   ————

Vuelta 3:

—— —— ——   +   —— —— ——   =   ——— ———   ————

Vuelta 4:

—— —— ——   +   —— —— ——   =   ——— ———   ————

Vuelta 5:

—— —— ——   +   —— —— ——   =   ——— ———   ————

Puntaje final: ————

Juego 2   **Puntaje**

Vuelta 1:

—— —— ——   +   —— —— ——   =   ——— ———   ————

Vuelta 2:

—— —— ——   +   —— —— ——   =   ——— ———   ————

Vuelta 3:

—— —— ——   +   —— —— ——   =   ——— ———   ————

Vuelta 4:

—— —— ——   +   —— —— ——   =   ——— ———   ————

Vuelta 5:

—— —— ——   +   —— —— ——   =   ——— ———   ————

Puntaje final: ————

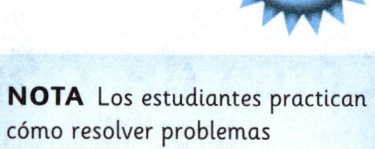

Libros de la biblioteca

Resuelve cada uno de los siguientes problemas.
Muestra tu trabajo con claridad. No olvides
responder la pregunta del problema-cuento.

NOTA Los estudiantes practican cómo resolver problemas de división en el contexto de los problemas-cuento.

 38–39

1. Hay 512 biografías en la biblioteca de la escuela.
Si en cada estante caben 26 libros, ¿cuántos estantes
están completamente ocupados? ¿Cuántos libros quedan?

2. Hay 462 revistas en la biblioteca. En cada estante
caben 14 revistas. ¿En cuántos estantes hay revistas?

3. La gente donó 378 libros para las bibliotecas de
las escuelas locales. Hay 9 escuelas en el pueblo.
Si los libros son distribuidos equitativamente, ¿cuántos
libros recibirá cada biblioteca?

4. Donaron 374 revistas a una escuela primaria. Hay
22 clases en la escuela. Si las revistas son distribuidas
equitativamente, ¿cuántas revistas recibirá cada clase?

Repaso continuo

5. ¿Cuál de las siguientes respuestas es igual a 18×50?

A. 36×100 **B.** 9×25 **C.** 9×100 **D.** 180×500

¿Más o menos que 7,500?

Los estudiantes están jugando a un juego llamado *Cerca de 7,500* y forman estos números con sus tarjetas de dígitos. ¿Cuál es la suma de sus tarjetas? ¿Cuál es su puntaje? Muestra tu trabajo.

NOTA Los estudiantes practican la suma en el contexto de un juego llamado *Cerca de 7,500*. El puntaje es la diferencia entre la suma de los números y 7,500.

MME 8–9

1. $6{,}821 + 894 =$ _____ Puntaje _____

2. $4{,}207 + 2{,}845 =$ _____ Puntaje _____

3. $2{,}415 + 5{,}097 =$ _____ Puntaje _____

4. $3{,}780 + 3{,}749 =$ _____ Puntaje _____

Capacidad de estadios y centros deportivos

Las siguientes tablas muestran cuántas personas sentadas caben en un número de estadios ficticios. Necesitarás estos datos para completar las páginas 52–55 y 59–62.

Estadios de futbol americano y de beisbol		
Estadio Grand Canyon	Tempe, AZ	73,521
Estadio Garden Estate	East Rutherford, NJ	78,741
Gopherdome	Minneapolis, MN	64,035 (futbol americano) 55,883 (beisbol) 40,000 (básquetbol, conciertos)
Estadio Empire	Nueva York, NY	57,545
Estadio Sunshine	Los Angeles, CA	56,000
Canjundome	Nueva Orleans, LA	69,703 (futbol americano) 20,000 (conciertos) 55,675 (básquetbol) 63,525 (beisbol)
Parque Patriot	Boston, MA	33,993

Centros deportivos		
Centro Deportivo Copper State	Phoenix, AZ	19,023
Centro Deportivo de Jersey	East Rutherford, NJ	20,049
Centro Deportivo Big Apple	Nueva York, NY	19,763
Centro Deportivo Minutemen	Boston, MA	18,624 (básquetbol) 19,600 (conciertos)
Centro Deportivo Badger	Milwaukee, WI	18,600 (básquetbol) 20,000 (conciertos)
Centro Deportivo Golden State	Los Angeles, CA	20,000

Llegada y salida del estadio (página 1 de 4)

Usa los datos de la página 51 sobre la capacidad de
los estadios para resolver los problemas 1–13 de las páginas
52–55. Recuerda mostrar las ecuaciones que usaste para
resolver los problemas. Deberías ser capaz de resolver
la mayoría de estos problemas mentalmente.

En los problemas 1–3, los espectadores van a ver un
partido de basquetbol al Centro Deportivo Golden State,
donde todas las entradas ya están vendidas.

1. El partido comienza a las 7:30 P.M. A las 7:00 P.M. 9,000
espectadores están en sus asientos. ¿Cuántos espectadores
no han llegado todavía al centro deportivo?

2. **a.** A las 7:45 P.M., han llegado 5,000 espectadores
más y ya están en sus asientos. ¿Cuántos
espectadores hay ahora en el centro deportivo?

b. ¿Cuántos espectadores no han llegado todavía
al centro deportivo?

3. A las 8:00 P.M., sólo quedan por llegar 1,500 espectadores.
¿Cuántos espectadores hay ahora en el centro deportivo?

Miles de millas, miles de asientos

Llegada y salida del estadio (página 2 de 4)

En los problemas 4–6, los espectadores van a ver un partido de futbol americano al Estadio Gopherdome.

4. Todas las entradas ya estaban vendidas. Al final del tercer tiempo, la diferencia en el marcador era tan grande, que 10,000 espectadores se fueron a casa. ¿Cuántos espectadores quedaban en el estadio?

5. Cuando faltaban 10 minutos para el final del partido, otros 20,000 espectadores se fueron a casa. ¿Cuántos espectadores quedaban en el estadio?

6. Al final del partido, otros 25,000 espectadores abandonaron el estadio. Los demás se quedaron esperando a que el tráfico mejorara. ¿Cuántos espectadores quedaban entonces en el estadio?

Llegada y salida del estadio (página 3 de 4)

En los problemas 7–10, los espectadores van a ver un partido de futbol americano al Estadio Cajundome.

7. El partido comienza a las 7:00 P.M. Han quedado 2,500 entradas por vender. ¿Cuántas personas irán al estadio?

8. A las 6:00 P.M., 10,000 espectadores están en el Estadio Cajundome. ¿Cuántos espectadores no han llegado todavía? (Recuerda que no todos los asientos fueron vendidos.)

9. a. A las 7:00 P.M., han llegado 37,800 espectadores más. ¿Cuántos espectadores hay ahora en el estadio? (Recuerda que no todos los asientos fueron vendidos.)

b. ¿Cuántos espectadores no han llegado todavía al estadio?

10. A las 7:15 P.M. todos los espectadores que tienen entradas están viendo el partido. En el medio tiempo, 25,000 espectadores no están en sus asientos. ¿Cuántos espectadores están en sus asientos?

Llegada y salida del estadio (página 4 de 4)

Escoge uno de los estadios o centros deportivos para resolver
los problemas 11–13: _____

11. Se celebra un concierto allí. Todas las entradas están
vendidas. Treinta minutos antes de comenzar, 15,000
espectadores ya están allí. ¿Cuántos espectadores no
han llegado todavía?

12. Aproximadamente a la hora de comenzar
el concierto, todos los espectadores menos 1,300 ya
están allí. ¿Cuántas personas hay en ese momento
viendo el concierto?

13. Todas las personas con entrada han asistido al
concierto, pero 3,200 se han ido antes del final.
¿Cuántos espectadores hay ahora viendo el concierto?

Práctica de suma y de resta

Resuelve los siguientes problemas. Muestra tu trabajo con claridad.

> **NOTA** Los estudiantes practican cómo resolver problemas de suma y de resta.
>
> **MME** 8–9, 10–13

1. 34,500 + 964 = _____

2. 34,500 − 1,255 = _____

3. 15,465 + 3,223 = _____

Repaso continuo

4. Una sala de conciertos tiene capacidad para 12,655 personas. Se vendieron 10,443 entradas. ¿Cuántas entradas quedaron por vender?

A. 2,212 **B.** 2,213 **C.** 2,222 **D.** 3,222

Resta de millares

Resuelve los siguientes problemas. Haz anotaciones
claras y precisas para mostrar cómo resolviste
cada problema.

NOTA Los estudiantes practican cómo resolver problemas con números más grandes.

MME 10–13

1. $7,249 - 4,832 =$ _____

2. $16,207 - 8,112 =$ _____

3. $21,462$
        $- 8,993$
        _____

Miles de millas, miles de asientos

¡A ritmo de rock! (página 1 de 4)

Usa los datos sobre la capacidad de los estadios de la página 51 para resolver los problemas 1–13 de las páginas 59–62. Explica cómo resolviste los problemas haciendo anotaciones claras y precisas.

Números Compuestos, la banda de rock más popular de los Estados Unidos, ha decidido iniciar una gira musical. Otra banda, Raíces Cuadradas, se encargará de empezar los conciertos durante la gira.

1. Números Compuestos tiene que decidir si tocará en el Centro Deportivo Jersey o en el Centro Deportivo Big Apple. ¿Cuántos asientos más hay en el Centro Deportivo Jersey que en el Centro Deportivo Big Apple?

2. La banda decide tocar en ambos centros deportivos. Se han vendido todas las entradas para los dos conciertos. ¿Cuántas entradas han vendido?

3. La banda quiere averiguar cuántas entradas más vendería si tocara en el Estadio Garden State en vez de tocar en el Estadio Grand Canyon.

4. Números Compuestos y Raíces Cuadradas tocaron en los estadios Gopherdome y Sunshine y en el Centro Minutemen. ¿Cuántas entradas vendieron para estos tres conciertos si se agotaron las entradas?

¡A ritmo de rock! (página 2 de 4)

En los problemas 5–8, Números Compuestos y Raíces Cuadradas tocan un concierto en el Estadio Empire para recaudar fondos. El concierto comenzó a las 3:00 P.M.

5. A las 2:00 P.M., 40,895 espectadores ya estaban en el estadio. ¿Cuántas personas más cabían en el estadio?

6. a. A las 3:00 P.M., tan pronto como Raíces Cuadradas comenzó a tocar, llegaron 12,472 espectadores más. ¿Cuántas personas había entonces en el estadio?

b. ¿Cuántos espectadores más cabían en el estadio?

7. Sobre las 4:00 P.M., todos los asientos estaban ocupados. Mientras Números Compuestos estaba preparándose para tocar, 49,083 espectadores estaban en sus asientos y los demás estaban comprando refrescos y comida. ¿Cuántas personas estaban comprando refrescos y comida?

8. 38,012 personas compraron recuerdos del concierto. ¿Cuántas personas no compraron recuerdos?

¡A ritmo de rock! (página 3 de 4)

9. Números Compuestos y Raíces Cuadradas tocaron un concierto en el Parque Patriot y otro en el Centro Deportivo Copper State. Todas las entradas de ambos conciertos se vendieron. ¿Cuántas entradas se vendieron?

10. Las bandas vendieron todas las entradas menos 500 para el concierto que se celebró en el Centro Deportivo Badger a las 8:00 P.M. A las 7:30 P.M. 18,777 espectadores ya estaban en sus asientos. ¿Cuántos espectadores no habían llegado todavía al centro deportivo?

11. a. Las bandas tocaron en un concierto celebrado en el Centro Minutemen. Todas las entradas fueron vendidas. A las 7:00 P.M. 11,456 espectadores ya estaban en el centro. A las 7:30 P.M. habían llegado otros 6,845 espectadores. ¿Cuántos espectadores no habían llegado todavía?

b. Cuando comenzó el concierto, todos los espectadores habían llegado al centro deportivo. Después de tocar Raíces Cuadradas, 4,219 espectadores se levantaron de sus asientos para comprar refrescos y recuerdos. ¿Cuántos espectadores permanecieron en sus asientos?

¡A ritmo de rock! (página 4 de 4)

En los problemas 12 y 13, Números Compuestos y Raíces Cuadradas tocan en un concierto celebrado en el Estadio Grand Canyon. El concierto comenzó a las 5:00 P.M. Se vendieron todas las entradas.

12. a. A las 4:00 P.M. había 62,106 espectadores en el estadio. ¿Cuántos espectadores no habían llegado todavía?

b. A las 4:30 P.M. llegaron 10,500 espectadores más. ¿Cuántos espectadores había entonces en el estadio?

c. ¿Cuántos espectadores no habían llegado todavía?

13. Cuando Números Compuestos comenzó a tocar, todos los espectadores habían llegado. 64,086 espectadores estaban en sus asientos y los demás estaban comprando refrescos y comida. ¿Cuántos espectadores estaban comprando refrescos y comida?

Escribe tu propio cuento

Durante los últimos días has estado trabajando con los datos sobre la capacidad de los estadios de la página 51. Ésta es tu oportunidad de escribir tu propio cuento sobre cómo los espectadores llegan y se van de un evento celebrado en uno de esos estadios o centros deportivos. No debes demorarte más de 15 minutos escribiendo tu cuento.

1. Escoge el tipo de evento (concierto, partido o cualquier otro tipo de evento). _____

2. Escoge el estadio o centro deportivo donde tendrá lugar el evento. _____

3. Escribe de 3 a 5 problemas sobre tu evento.

4. Resuelve tus propios problemas en una hoja de papel aparte.

Banda de marcha

Resuelve los siguientes problemas. Muestra tu
trabajo con claridad. No olvides responder
la pregunta en el contexto de los problemas.

> **NOTA** Los estudiantes practican
> cómo resolver problemas de
> multiplicación y de división en
> el contexto de los problemas-cuento.
>
> **MME** 30–32, 38–39

Hay 216 estudiantes en la banda de marcha
de la escuela.

1. El director quiere que la banda desfile en filas de
12 estudiantes cada una. ¿Cuántas filas tienen que formar?

2. La banda tiene que hacer un ensayo dentro del teatro
de la escuela. Para que todos quepan en el escenario,
necesitan formar filas de 24 estudiantes. ¿Cuántas filas
tienen que formar ahora?

3. La banda está recaudando fondos para uniformes
nuevos. Si cada miembro de la banda vende 12 boletos
para la rifa, ¿cuántos boletos venderán?

4. Las camisetas nuevas cuestan $24 cada una. ¿Cuánto
costará comprar una camiseta nueva para cada miembro
de la banda?

Repaso continuo

5. $189 \div 27 =$ _____

A. 9   **B.** 7   **C.** 6 R17   **D.** 5 R14

© Pearson Education 5

Práctica de suma y de resta

Resuelve los siguientes problemas. Muestra tu trabajo con claridad.

NOTA Los estudiantes practican cómo resolver problemas de suma y de resta.

MME 8–9, 10–13

1. $9{,}124 + 4{,}279 =$ _____

2.
$$\begin{array}{r} 8{,}569 \\ -2{,}895 \\ \hline \end{array}$$

3. $9{,}201 - 7{,}225 =$ _____

4. $4{,}550 + 8{,}872 =$ _____

Torre misteriosa

A continuación se muestra la parte superior de
la torre de múltiplos de Félix. Responde las preguntas
sobre su torre.

NOTA En esta página
los estudiantes practican
cómo resolver problemas de
multiplicación y de división.

MME 20

1. ¿De cuánto en cuánto cuenta Félix?
¿Cómo lo sabes?

```
594
567
540
513
486
```

2. ¿Cuántos números hay en la torre de Félix hasta ahora?
¿Cómo lo sabes?

3. Escribe una ecuación de multiplicación que represente
los números que hay en la torre de Félix.

_____ × _____ = _____

4. ¿Cuál es el décimo múltiplo de la torre de Félix? _____

5. Imagina que Félix le añade más múltiplos a su torre.
a. ¿Cuál sería el vigésimo múltiplo de su torre? _____
¿Cómo lo sabes?

b. ¿Cuál sería el vigésimo quinto múltiplo de su torre? _____
¿Cómo lo sabes?

Hora de concierto

Resuelve los siguientes problemas y anota tus soluciones haciendo anotaciones claras y precisas.

NOTA Los estudiantes practican cómo resolver problemas de suma y de resta.

MME 8–9, 10–13

Números Compuestos está tocando en el Estadio Gopherdome, que tiene capacidad para 40,000 personas. Se vendieron todas las entradas. El concierto comenzó a las 8:00 P.M. Responde las siguientes preguntas y muestra tu trabajo.

1. A las 7:00 P.M., 28,175 personas ya estaban en el estadio. ¿Cuántas personas no habían llegado todavía?

2. a. Sobre las 7:30 P.M. llegaron 9,590 espectadores más. ¿Cuántos espectadores había entonces en el estadio?

b. ¿Cuántos espectadores no habían llegado todavía?

3. Sobre las 8:00 P.M. faltaban por llegar al estadio 1,642 personas. ¿Cuántos espectadores había entonces en el estadio?

Vamos a escalar una montaña

NOTA Los estudiantes resuelven problemas de la vida diaria utilizando el contenido matemático de esta unidad.

 MME 10–13

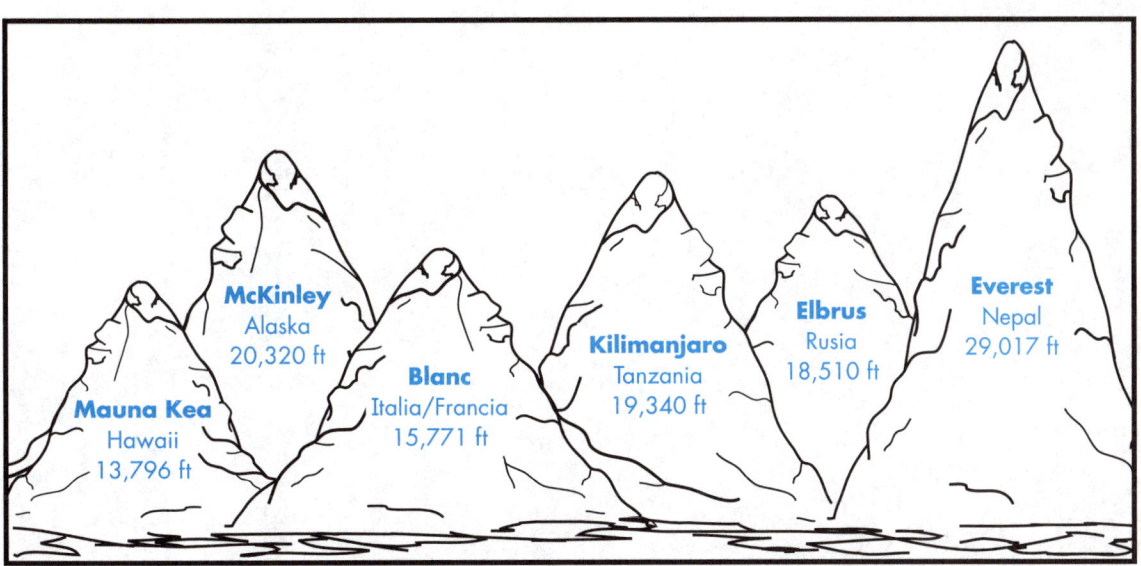

El diagrama muestra la altura en pies de algunas de las montañas más altas del mundo. Responde las siguientes preguntas. Resuelve mentalmente tantos problemas como puedas.

1. El Monte Everest fue medido por primera vez en 1856. La altura que quedó anotada fue de 29,000 pies. La medida del Monte Everest que aparece arriba fue hecha en el 2005. ¿Cuánto mayor que la primera medida es la segunda medida?

2. ¿Cuál es la diferencia en altura entre el Monte McKinley y el Monte Kilimanjaro?

3. Mauna Kea es la montaña más alta del mundo si se mide desde la base cubierta por la superficie oceánica. 16,000 pies de la montaña se encuentran debajo del agua. ¿Cuál es la altura total de Mauna Kea medida desde la base oceánica hasta la cima sobre la tierra?

Parrot Fire Kris Northern

"Rather than zoom into the fractal you can zoom into the edge of it and continually find the same pattern repeating itself much like the shoreline of a lake viewed from a plane." – **Kris Northern**

Investigations
IN NUMBER, DATA, AND SPACE®
en español

¿Cuánto es esa porción?

Investigación 1

Investigación 2

¿Qué sabes ya? (página 1 de 2)

Responde las siguientes preguntas.

1. En un grupo, 2 de 5 estudiantes llevan gafas.

  a. ¿Cuál es la fracción?

  b. ¿Qué fracción no lleva gafas?

2. a. Tyler cortó una pizza en seis porciones y se
  la comió toda. ¿Cuántas porciones se comió?

  b. Alicia cortó una pizza en ocho porciones y se comió
  la mitad. ¿Cuántas porciones se comió?

3. En una clase, $\frac{1}{6}$ de los estudiantes limpiaron un patio
  mientras el resto recogió la basura. ¿Qué fracción de
  estudiantes recogió la basura?

4. En un examen de práctica de deletreo había 14 palabras.

  a. Cecilia deletreó el 100% de las palabras correctamente.
  ¿Cuántas palabras deletreó correctamente?

  b. Yumiko sólo deletreó correctamente 7 de las 14 palabras.
  ¿Qué porcentaje de las palabras deletreó correctamente?

¿Qué sabes ya? (página 2 de 2)

Responde las siguientes preguntas.

5. **a.** Avery ganó $\frac{1}{3}$ de estas canicas.
Dibuja un círculo alrededor de ellas.

b. Hana ganó $\frac{2}{3}$ de estas canicas.
¿Cuántas canicas ganó?

6. De los 8 niños que fueron a un picnic, $\frac{6}{8}$ vistieron jeans.

a. ¿Cuántos niños vistieron jeans?

b. ¿Qué fracción de los niños no vistieron jeans?

7. ¿Verdadero o falso? Encierra en un círculo V o F.
Explica cómo lo sabes. Usa un dibujo si te sirve de
ayuda.

a. $\frac{2}{3} > \frac{2}{6}$ V   F

b. $\frac{1}{4} < \frac{2}{8}$ V   F

c. $1 = \frac{1}{3} + \frac{1}{2} + \frac{1}{6}$ V   F

¿A qué distancia de 10,000?

Imagina que tienes una recta muy larga que va desde 0 hasta 10,000. Halla las siguientes distancias en la recta numérica.

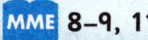

NOTA Los estudiantes suman y restan para resolver problemas sobre la diferencia entre algunos números y 10,000.

MME 8–9, 11

0   10,000

1. ¿Qué distancia hay entre 4,590 y 10,000 en la recta numérica?

2. ¿Qué distancia hay entre 7,002 y 10,000 en la recta numérica?

3. ¿Qué distancia hay entre 648 y 10,000 en la recta numérica?

4. ¿Qué distancia hay entre 5,151 y 10,000 en la recta numérica?

5. ¿Qué distancia hay entre 93 y 10,000 en la recta numérica?

Uso diario de fracciones, decimales y porcentajes

NOTA Los estudiantes buscan usos diarios de las fracciones, los decimales y los porcentajes para añadirlos a una lista que hoy se comenzó en la clase.

MME 40

Haz una lista en los espacios en blanco de los usos diarios que encuentres de las fracciones, los decimales y los porcentajes. Recorta y pega en esta hoja los ejemplos que encuentres en revistas usadas y en periódicos.

Usos diarios de fracciones   Usos diarios de decimales

Usos diarios de porcentajes

Nombra la porción coloreada

Escribe debajo de cada cuadrícula el porcentaje y algunas fracciones para describir la porción que está coloreada.

Cuadrícula 1

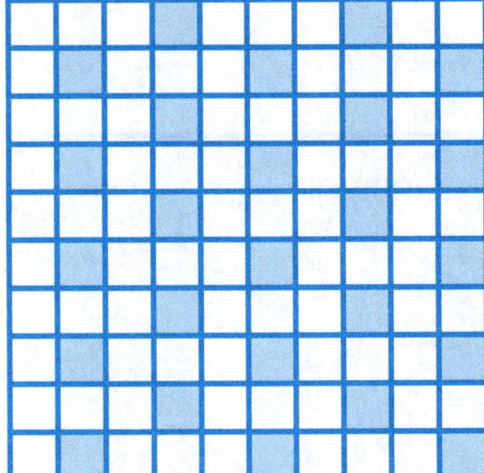

Porcentaje: _____

Fracciones: _____

Cuadrícula 2

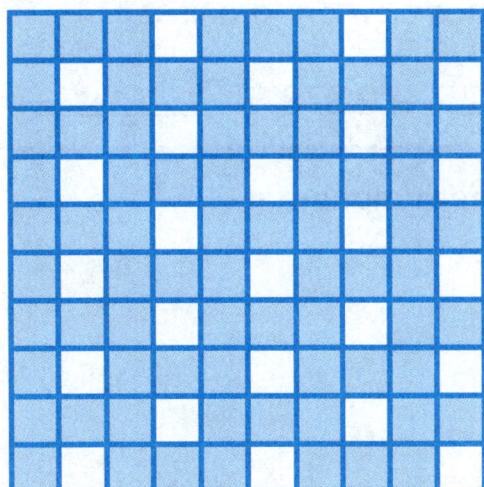

Porcentaje: _____

Fracciones: _____

Cuadrícula 3

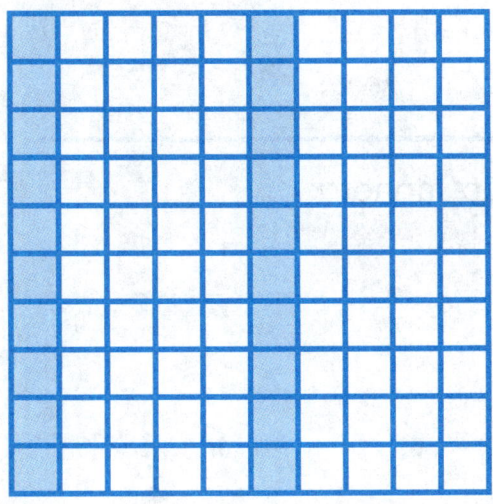

Porcentaje: _____

Fracciones: _____

Cuadrícula 4

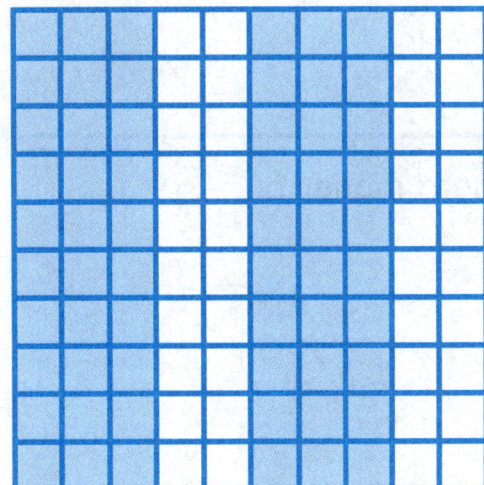

Porcentaje: _____

Fracciones: _____

Resolver sumas de dos maneras

Resuelve los siguientes problemas de dos maneras. Expresa tus soluciones con anotaciones claras y precisas.

NOTA Los estudiantes practican la flexibilidad eligiendo estrategias de soluciones para resolver problemas de suma.

MME 8–9

1. 6,725 + 2,373 = _____

Primera manera:	Segunda manera:

2. $143.85
   + 66.37

Primera manera:	Segunda manera:

¿Qué fracciones ves?

Escribe afirmaciones sobre un pequeño grupo de personas, por ejemplo tu familia o amigos, tal como lo hicimos en la clase. Dibuja el grupo y la característica que estás describiendo. Anota la fracción que representa cada afirmación. Luego, escribe fracciones equivalentes que conozcas.

> **NOTA** Los estudiantes identifican partes fraccionarias de un grupo y escriben las fracciones equivalentes que representan cada parte. Pueden escoger a sus familias, a un grupo de amigos o a cualquier otro grupo.
>
> **MME** 42, 44

Ejemplo: $\underline{2}$ de $\underline{6}$ personas tienen cabello negro. Fracción: $\dfrac{2}{6} = \dfrac{1}{3}$

Éste es el grupo que estoy describiendo:

_____ de _____ personas _____. Fracción: _____

_____ de _____ personas _____. Fracción: _____

_____ de _____ personas _____. Fracción: _____

_____ de _____ personas _____. Fracción: _____

_____ de _____ personas _____. Fracción: _____

Cuadrículas de 10 × 10

1.

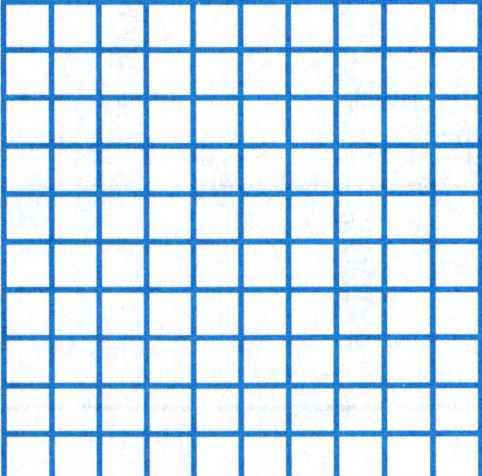

Fracción: $\dfrac{}{100}$

Porcentaje: _____ %

2.

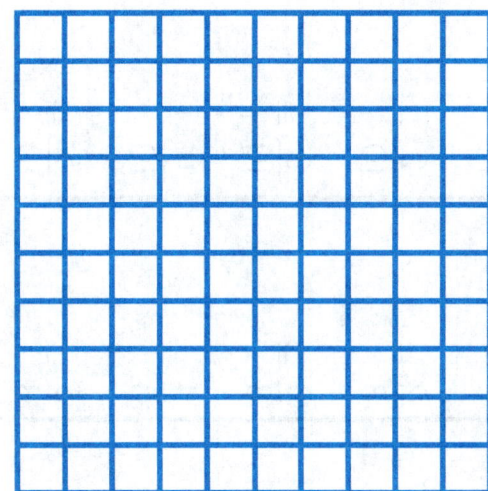

Fracción: $\dfrac{}{100}$

Porcentaje: _____ %

3.

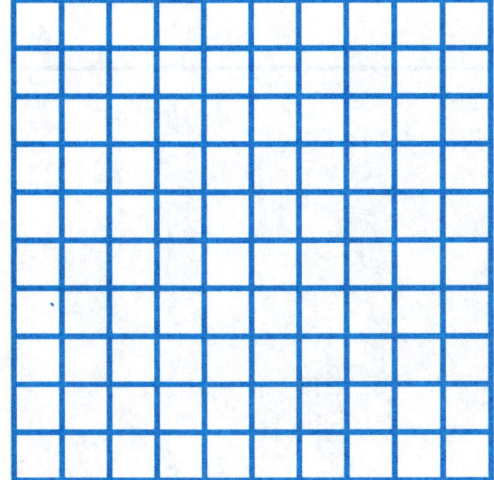

Fracción: $\dfrac{}{100}$

Porcentaje: _____ %

4.

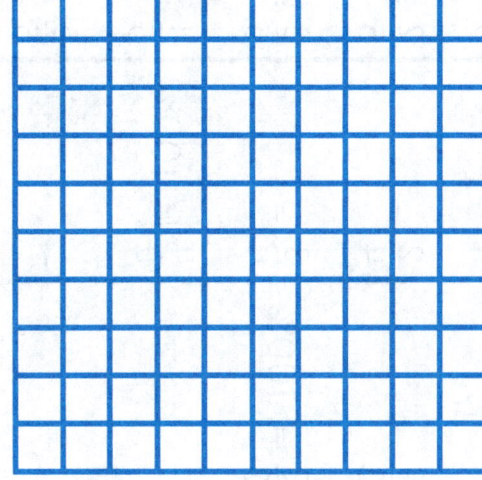

Fracción: $\dfrac{}{100}$

Porcentaje: _____ %

Fracciones y porcentajes equivalentes

$\frac{1}{10} = $ $\frac{2}{10} = $ $\frac{3}{10} = $ $\frac{4}{10} = $ $\frac{5}{10} = $ $\frac{6}{10} = $ $\frac{7}{10} = $ $\frac{8}{10} = $ $\frac{9}{10} = $ $\frac{10}{10} = 100\%$

$\frac{1}{8} = $ $\frac{2}{8} = $ $\frac{3}{8} = $ $\frac{4}{8} = $ $\frac{5}{8} = $ $\frac{6}{8} = $ $\frac{7}{8} = $ $\frac{8}{8} = 100\%$

$\frac{1}{6} = $ $\frac{2}{6} = $ $\frac{3}{6} = $ $\frac{4}{6} = $ $\frac{5}{6} = $ $\frac{6}{6} = 100\%$

$\frac{1}{5} = $ $\frac{2}{5} = $ $\frac{3}{5} = $ $\frac{4}{5} = $ $\frac{5}{5} = 100\%$

$\frac{1}{4} = $ $\frac{2}{4} = $ $\frac{3}{4} = $ $\frac{4}{4} = 100\%$

$\frac{1}{3} = $ $\frac{2}{3} = $ $\frac{3}{3} = 100\%$

$\frac{1}{2} = $ $\frac{2}{2} = 100\%$

Fracciones de 100

Escribe la fracción que represente la parte
coloreada de cada cuadrícula. Luego,
escribe el porcentaje.

> **NOTA** Los estudiantes identifican
> las partes fraccionarias de un cuadrado
> coloreado y lo representan con una
> fracción y un porcentaje.
>
> **MME** 47–49

1.

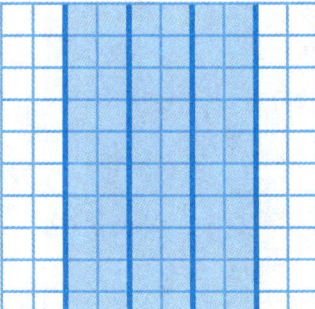

Fracción: _____

Porcentaje: _____

2.

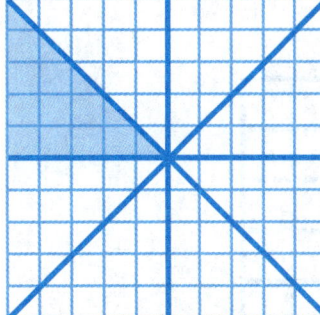

Fracción: _____

Porcentaje: _____

3.

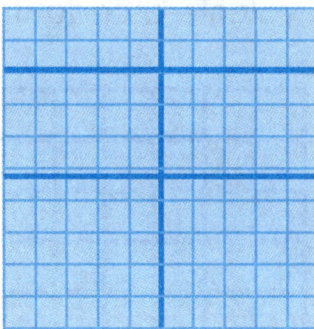

Fracción: _____

Porcentaje: _____

Repaso continuo

4. Beth tiene 60 carritos de juguetes. El 75% son azules.
¿Cuántos carritos son azules?

A. 75   **B.** 45   **C.** 30   **D.** 15

Observar fracciones y porcentajes en cuadrículas

NOTA Los estudiantes usan cuadrículas de 10 × 10 para hallar fracciones y porcentajes equivalentes.

MME 47–49

Elije una fracción para cada una de las siguientes cuadrículas y colorea la porción que representa la fracción. Escribe la fracción y el porcentaje equivalente a cada una.

1.

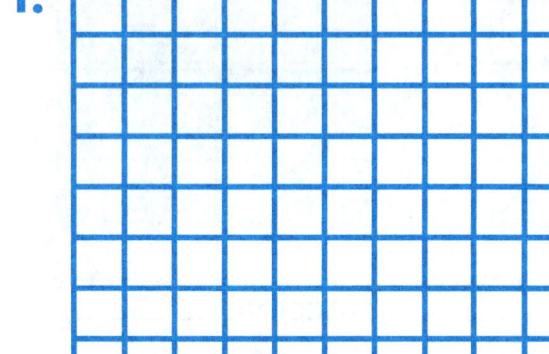

_____ = _____ = _____%
              100

2.

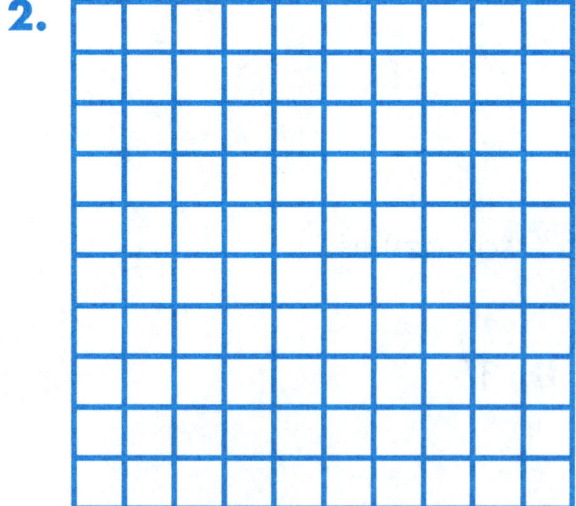

_____ = _____ = _____%
              100

Empareja la fracción y el porcentaje

NOTA Los estudiantes emparejan fracciones y porcentajes con las partes coloreadas del cuadrado.

MME **47–49**

Escribe la letra de cada cuadrícula al lado de la fracción o porcentaje que describe la parte coloreada de la cuadrícula.

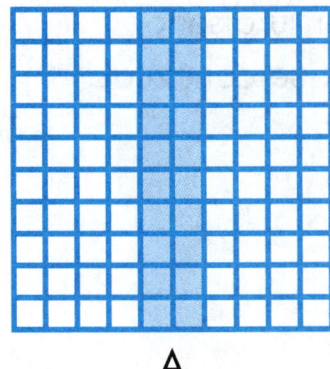

A

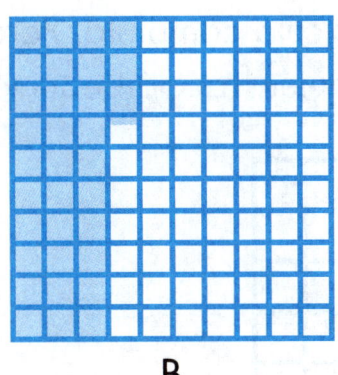

B

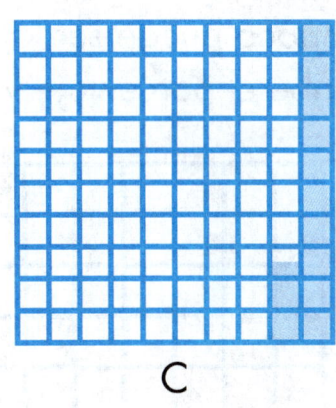

C

1. $\frac{2}{10}$ _____

2. $\frac{1}{3}$ _____

3. $33\frac{1}{3}\%$ _____

4. $\frac{1}{8}$ _____

5. $12\frac{1}{2}\%$ _____

6. $\frac{1}{5}$ _____

7. $\frac{20}{100}$ _____

8. 20% _____

Repaso continuo

9. Sharon y Fred compraron un pastel de arándano. Sharon se comió un $\frac{4}{6}$ del pastel y Fred se comió $\frac{1}{3}$. ¿Qué porción del pastel se comieron entre los dos?

A. $\frac{1}{3}$ del pastel

C. $\frac{5}{9}$ del pastel

B. $\frac{1}{2}$ del pastel

D. $\frac{3}{3}$ del pastel

Diseñar en cuadrículas

Dibuja y colorea un diseño en cada una de las siguientes cuadrículas. Luego, determina la parte fraccionaria y el porcentaje de la cuadrícula que coloreaste. Tu diseño no puede ser $\frac{1}{2}$, $\frac{1}{4}$, $\frac{3}{4}$, ni cualquier otro número de los décimos de la cuadrícula. Tampoco puede ser la cuadrícula completa. Para hacer tu diseño, escribe el porcentaje y cualquier fracción equivalente que conozcas.

NOTA Los estudiantes usan cuadrículas de 10 × 10 para hallar fracciones y porcentajes equivalentes.

MME 47–49

1.

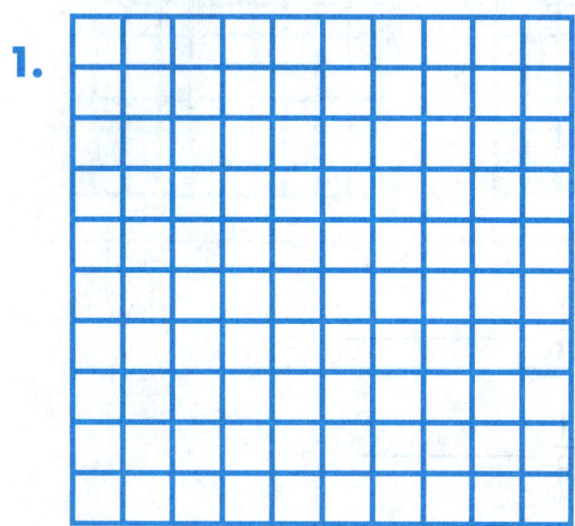

_____ = _____ = _____%
                100

2.

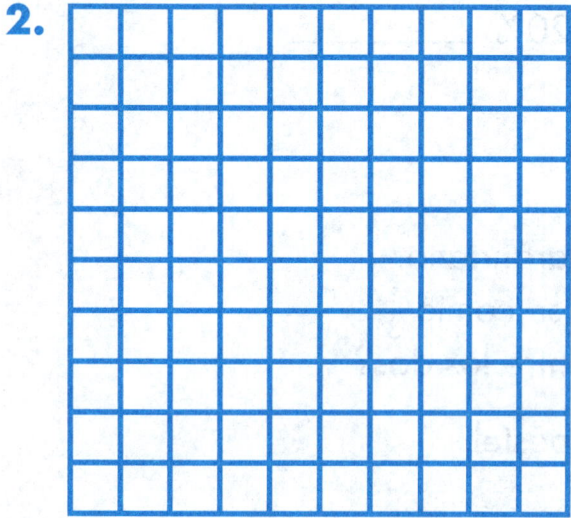

_____ = _____ = _____%
                100

Días de escuela (página 1 de 2)

Resuelve los siguientes problemas.

1. a. En una clase hay 30 estudiantes. El 50% fue a la biblioteca. ¿Cuántos estudiantes fueron a la biblioteca?

b. Al mismo tiempo, 10 estudiantes contribuyeron en una campaña para recolectar productos enlatados.

¿Qué parte fraccionaria de la clase recolectó productos enlatados? _____

¿A qué porcentaje equivale? _____

c. El resto de los estudiantes se quedó en la clase para acabar sus tareas.

¿Qué fracción de los estudiantes se quedó en la clase? _____

¿A qué porcentaje equivale? _____

d. Al día siguiente, el $66\frac{2}{3}\%$ de los estudiantes llevó latas de comida para contribuir a la campaña. ¿Cuántos estudiantes llevaron latas de comida?

2. a. En un examen de práctica de deletreo había 20 palabras. Janet deletreó 10 palabras correctamente. ¿Qué porcentaje de palabras deletreó correctamente?

b. Benito deletreó el 75% de las palabras correctamente. ¿Cuántas palabras deletreó correctamente?

Días de escuela (página 2 de 2)

Resuelve los siguientes problemas.

3. Hay 50 estudiantes de quinto grado en la Escuela Clark. Un día, el 20% no asistió a la escuela. ¿Cuántos estudiantes de quinto grado asistieron a la escuela ese día? Muestra cómo hallaste tu respuesta.

4. a. Hay 64 estudiantes de quinto grado en la Escuela Parks. $\frac{3}{8}$ lleva su propio almuerzo a la escuela. ¿Cuántos estudiantes llevan su almuerzo a la escuela? Muestra cómo hallaste tu respuesta.

b. ¿Qué porcentaje de los estudiantes de quinto grado lleva su propio almuerzo a la escuela?

Resolver restas de dos maneras

NOTA Los estudiantes practican la flexibilidad eligiendo estrategias de soluciones para resolver problemas de resta.

 10–13

Resuelve los siguientes problemas de dos maneras. Expresa tus soluciones con anotaciones claras y precisas.

1.
$$\begin{array}{r} 8{,}593 \\ -2{,}748 \\ \hline \end{array}$$

Primera manera:	Segunda manera:

2. $12{,}500 - 3{,}670 =$ _____

Primera manera:	Segunda manera:

Hallar fracciones equivalentes

NOTA Los estudiantes hallan fracciones y porcentajes equivalentes. Recordarán fácilmente algunos de estos equivalentes y pueden usar dibujos para hallar otros.

MME **47–49**

Haz una lista de todas las fracciones que recuerdes que sean iguales al porcentaje dado.

Ejemplo: $50\% = \dfrac{1}{2}, \dfrac{2}{4}, \dfrac{3}{6}, \dfrac{4}{8}, \dfrac{5}{10}, \dfrac{50}{100}, \dfrac{100}{200}$

1. $33\dfrac{1}{3}\% = $ _____

2. $25\% = $ _____

3. $40\% = $ _____

4. $75\% = $ _____

5. $80\% = $ _____

El camino del porcentaje

Las fichas de juego muestran en qué parte del camino se encuentran estas fracciones.

NOTA Los estudiantes ordenan en un "camino" fracciones y porcentajes. Este camino proporciona una imagen visual de equivalentes fraccionarios y porcentuales como ésos con los que están trabajando en la clase.

MME 46–51

$$\frac{1}{2} \quad \frac{1}{3} \quad \frac{2}{3} \quad \frac{1}{4} \quad \frac{3}{4} \quad \frac{2}{5} \quad \frac{3}{5} \quad \frac{4}{5} \quad \frac{1}{6} \quad \frac{1}{8} \quad \frac{5}{8}$$

1. Completa las fichas de juego escribiendo dentro de éstas las fracciones correspondientes.

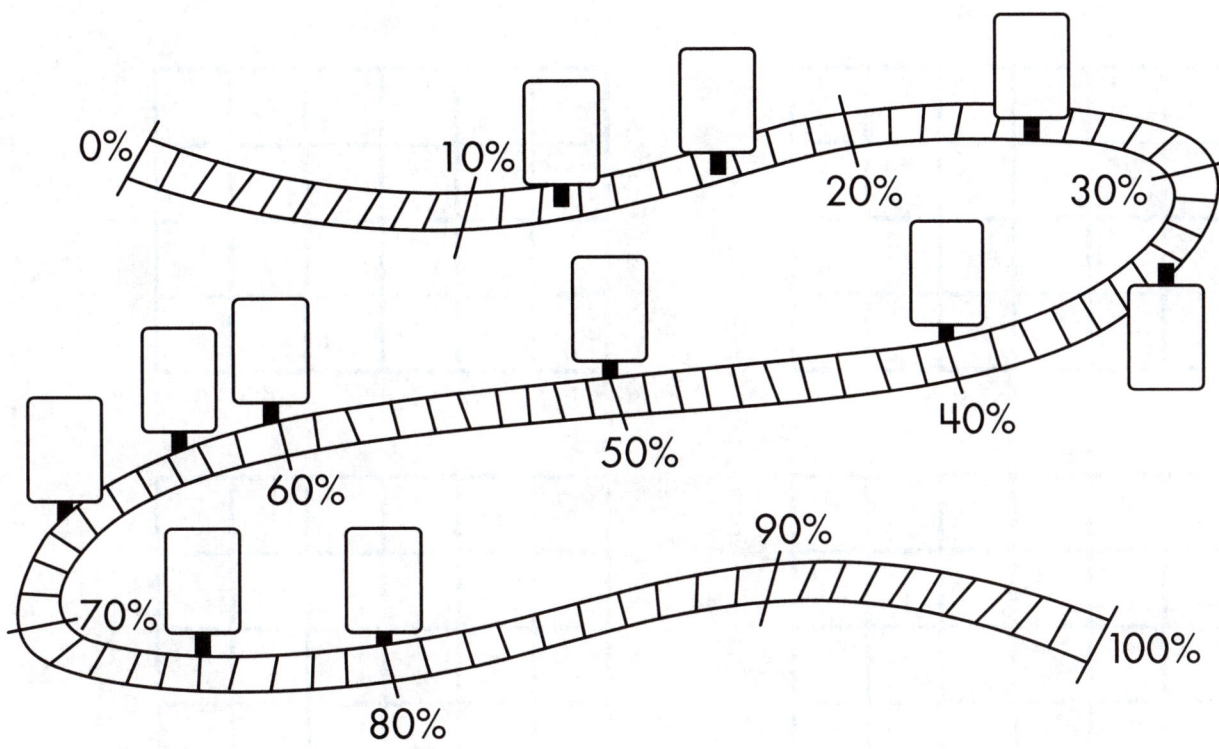

Repaso continuo

2. Tacha la ecuación que **no** es verdadera.

A. $50\% = \frac{1}{2}$ **C.** $75\% = \frac{3}{4}$

B. $30\% = \frac{1}{3}$ **D.** $\frac{1}{10} = 10\%$

© Pearson Education 5

Colorear rectángulos de 4 × 6

Colorea $\frac{7}{8}$ del primer rectángulo y
$\frac{5}{6}$ del segundo rectángulo.

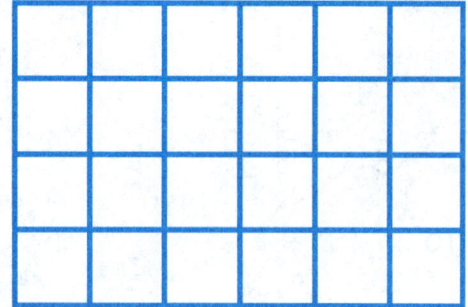

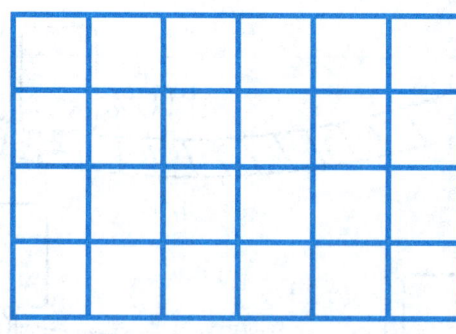

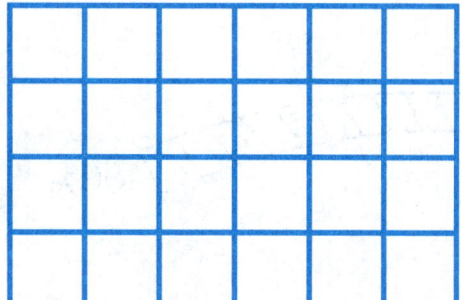

¿Cuál es mayor? (página 1 de 2)

Resuelve los siguientes problemas y explica o muestra
cómo hallaste tu respuesta.

1. ¿Cuál es mayor? $\frac{7}{10}$ ó $\frac{3}{5}$

2. ¿Cuál es mayor? $\frac{7}{8}$ ó $\frac{9}{10}$

3. ¿Cuál es mayor? $\frac{4}{3}$ ó $\frac{3}{4}$

4. ¿Cuál es mayor? $\frac{3}{8}$ ó $\frac{1}{3}$

¿Cuál es mayor? (página 2 de 2)

Resuelve los siguientes problemas. Explica o muestra cómo hallaste tu respuesta.

5. ¿Cuál es mayor? $\dfrac{3}{5}$ ó $\dfrac{1}{2}$

6. En el almuerzo, Janet y Martín compraron cada uno una pizza del mismo tamaño. Janet cortó la suya en 3 porciones y se comió 1. Martín cortó la suya en 5 porciones y se comió 2. ¿Quién comió más pizza?

7. Charles y Rachel compraron una pizza del mismo tamaño para cada uno. Charles cortó la suya en 8 porciones. En el almuerzo se comió $\dfrac{1}{2}$ de la pizza y en la merienda se comió 1 porción más. Rachel cortó su pizza en 10 porciones. En el almuerzo se comió 4 porciones y en la merienda se comió 2 porciones más. ¿Quién de los dos comió más pizza?

8. Mercedes y Nora compraron cada una un yogur para la merienda. Mercedes se comió $\dfrac{3}{8}$ de su yogur y Nora se comió $\dfrac{3}{4}$ del suyo. Ambas dicen que comieron la misma cantidad de yogur. Di si estás de acuerdo y explica por qué. Usa un dibujo o un diagrama para mostrar tus ideas.

Problemas relacionados

Resuelve los siguientes conjuntos de
problemas relacionados. Mientras solucionas
estos problemas, piensa cómo te ayudó
resolver el primer problema de cada conjunto
a resolver los demás problemas.

NOTA Los estudiantes practican cómo
resolver problemas de suma y de resta
en conjuntos relacionados. Pregúnteles
qué observan sobre el valor de posición
de los dígitos en las sumas o restas de
cada conjunto.

1. $3{,}040 + 260 =$ _____

$3{,}040 + 263 =$ _____

$3{,}140 + 263 =$ _____

2. $6{,}600 - 20 =$ _____

$7{,}600 - 20 =$ _____

$7{,}610 - 20 =$ _____

3. $9{,}532 - 3{,}000 =$ _____

$9{,}532 - 2{,}999 =$ _____

$9{,}532 - 2{,}989 =$ _____

4. $12{,}420 + 600 =$ _____

$12{,}420 + 1{,}600 =$ _____

$12{,}420 + 1{,}637 =$ _____

5. $34{,}740 + 200 =$ _____

$34{,}740 + 300 =$ _____

$34{,}740 + 330 =$ _____

$34{,}740 + 333 =$ _____

6. $15{,}030 - 100 =$ _____

$15{,}030 - 120 =$ _____

$15{,}030 - 140 =$ _____

$15{,}030 - 145 =$ _____

Comparar $\frac{2}{3}$ y $\frac{3}{4}$ ✏️ Escritura

NOTA Los estudiantes escriben lo que conocen sobre $\frac{2}{3}$ y $\frac{3}{4}$ y explican cuál es mayor.

MME 50–51

1. Escribe al menos tres enunciados que muestren qué conoces sobre la fracción $\frac{2}{3}$. Piensa en fracciones equivalentes, en porcentajes, en cómo esta fracción está relacionada con 1 o con $\frac{1}{2}$, o en otras cosas que conoces.

2. Escribe al menos tres enunciados que muestren qué conoces sobre la fracción $\frac{3}{4}$.

3. Halla dos maneras distintas de mostrar cómo sabes que $\frac{3}{4}$ es mayor que $\frac{2}{3}$.

¡Gol!

1. Dibuja líneas para poner cada balón en la portería correspondiente.

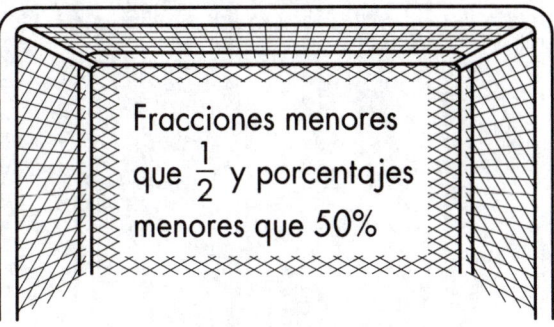

Fracciones menores que $\frac{1}{2}$ y porcentajes menores que 50%

Fracciones entre $\frac{1}{2}$ y 1 y porcentajes entre 50% y 100%

$\frac{3}{4}$ 80% $\frac{7}{8}$ 30% $\frac{3}{8}$

4%   69%   95% $\frac{1}{6}$ 43%

2. ¿Es 70% mayor o menor que $\frac{1}{2}$?
¿Cómo lo sabes?

Repaso continuo

3. Encierra en un círculo la ecuación que **no** es verdadera.

A. $75\% = \frac{3}{4}$

C. $30\% = \frac{1}{3}$

B. $50\% = \frac{3}{6}$

D. $100\% = \frac{12}{12}$

Comparar $\frac{7}{8}$ y $\frac{5}{6}$

Halla tres maneras distintas de mostrar que $\frac{7}{8}$ es mayor que $\frac{5}{6}$. Usa dibujos, números o palabras.

NOTA Los estudiantes comparan dos fracciones y explican cómo saben cuál es mayor.

MME **50–51**

1.

2.

3.

¿Cuánto es esa porción?

Problemas de fracciones y de porcentajes (página 1 de 2)

Resuelve los siguientes problemas.

1. Renaldo, Mitch y Hana hornearon sus propias pizzas. Las tres pizzas eran del mismo tamaño.

a. Renaldo cortó su pizza en 3 porciones iguales y se comió 2. ¿Qué fracción de la pizza se comió? _____

b. Mitch cortó su pizza en 8 porciones iguales y se comió 5. ¿Qué fracción de la pizza se comió? _____

c. Hana cortó su pizza en 6 porciones iguales y se comió 3. ¿Qué fracción de la pizza se comió? _____

d. ¿Quién fue el que más pizza comió? ¿Quién comió menos? Muestra cómo hallaste tus respuestas.

2. En una carrera de relevos, cada corredor tiene que correr $\frac{1}{8}$ de kilómetro. ¿Cuántos corredores serán necesarios para recorrer $\frac{3}{4}$ de kilómetro? Explica tu solución.

3. Zachary and Nora quieren saber quién bateó mejor en un juego de beisbol. De 10 veces al bate, Zachary bateó 3 hits. De 12 veces al bate, Nora bateó 4 hits. ¿Cuál de los dos bateó mejor en el juego? Explica tu respuesta.

Problemas de fracciones y de porcentajes (página 2 de 2)

Resuelve los siguientes problemas.

4. Georgia y Shandra prepararon jugo de frutas y lo sirvieron equitativamente en 2 vasos del mismo tamaño. Georgia se bebió el 75% de su jugo. Shandra se bebió $\frac{5}{6}$ del suyo. ¿Quién bebió más jugo? Explica cómo lo sabes.

5. a. Una clase tiene 32 estudiantes. La mitad está en la cafetería terminando de almorzar. ¿Cuántos estudiantes hay en la cafetería? _____

b. Al mismo tiempo, $\frac{1}{4}$ de los estudiantes están jugando al básquetbol. ¿Cuántos estudiantes están jugando al básquetbol? _____

c. Al mismo tiempo, $12\frac{1}{2}$% de los estudiantes están ayudando en el Merendero. ¿Cuántos estudiantes están ayudando en el Merendero? _____

d. El resto de los estudiantes está en la clase trabajando en un proyecto. ¿Qué fracción de los estudiantes está en la clase? Explica o muestra cómo lo sabes.

Problemas de suma

Resuelve los siguientes problemas.
Haz anotaciones claras y precisas para
mostrar cómo resolviste cada problema.

NOTA Los estudiantes practican
cómo resolver problemas de suma
con números de varios dígitos.

MME 8–9

1.
$$\begin{array}{r} 5,531 \\ +2,487 \\ \hline \end{array}$$

2. $4,485 + 6,223 = \underline{\hspace{2cm}}$

3. $13,416 + 772 = \underline{\hspace{2cm}}$

4.
$$\begin{array}{r} 31,379 \\ +48,013 \\ \hline \end{array}$$

Problemas *En el medio*

Hana y Martín trabajan juntos para jugar un juego perfecto de *En el medio,* en el cual colocan todas las cartas. Cada uno ha jugado una carta. Escribe las fracciones de Hana y Martín en las cartas en blanco para mostrar cómo se pueden colocar todas.

> **NOTA** Los estudiantes han comparado fracciones jugando a *En el medio*. En esta tarea, los estudiantes intentan colocar todas las cartas en una vuelta del juego.
>
> MME **50–51, J10**

Las cartas de Hana:

| $\frac{3}{4}$ | $\frac{2}{5}$ | $\frac{5}{6}$ | $\frac{9}{10}$ | $\frac{7}{10}$ |

Las cartas de Martín:

| $\frac{1}{3}$ | $\frac{3}{10}$ | $\frac{1}{4}$ | $\frac{4}{5}$ | $\frac{1}{2}$ |

Juego:

| 10% | $\frac{1}{8}$ | | | | | 50% | $\frac{5}{8}$ | | | | | 90% |

Ordenar fracciones (página 1 de 2)

> **NOTA** Los estudiantes practican cómo comparar y ordenar fracciones.
>
> **50–51**

$$\frac{3}{10} \quad \frac{1}{2} \quad \frac{7}{8} \quad \frac{4}{5} \quad \frac{1}{6} \quad \frac{3}{4} \quad \frac{9}{10} \quad \frac{1}{3} \quad \frac{3}{5} \quad \frac{3}{8} \quad \frac{1}{4} \quad \frac{1}{10}$$

1. Escribe las fracciones de arriba en orden. Algunas ya están ordenadas.

$$\frac{1}{10} \quad \frac{1}{6} \quad \frac{3}{10} \quad \frac{3}{8} \quad \qquad \frac{3}{4} \quad \frac{4}{5}$$

Ordenar fracciones (página 2 de 2)

2. Escribe las fracciones de arriba en orden. Algunas ya están ordenadas.

¿Verdadero o falso?

Resuelve los siguientes problemas.

Determina si los siguientes enunciados son verdaderos o falsos. Encierra en un círculo VERDADERO o FALSO. Explica tu razonamiento.

Recuerda: > quiere decir mayor que: 3 > 2
              < quiere decir menor que: 2 < 3

1. $\frac{2}{3}$ de 60 > $\frac{1}{3}$ de 120   VERDADERO   FALSO

2. $\frac{1}{4}$ de 32 = $\frac{1}{2}$ de 16   VERDADERO   FALSO

3. 75% de 100 < 75% de 120   VERDADERO   FALSO

Problemas de resta

Resuelve los siguientes problemas. Haz anotaciones claras y precisas para mostrar cómo resolviste cada problema.

1.
$$\begin{array}{r} 7{,}348 \\ -6{,}552 \\ \hline \end{array}$$

2. $36{,}814 - 23{,}653 =$ _____

3. $8{,}376 +$ _____ $= 45{,}791$

4.
$$\begin{array}{r} 10{,}000 \\ -\ 3{,}671 \\ \hline \end{array}$$

Más problemas
En el medio

Janet y Deon trabajan juntos para jugar un juego perfecto de *En el medio,* en el cual colocan todas las cartas. Cada uno ha jugado una carta. Escribe las fracciones de Janet y Deon en las cartas en blanco para mostrar cómo se pueden colocar todas.

> **NOTA** Los estudiantes han estado comparando fracciones mientras juegan a *En el medio.* En esta tarea, los estudiantes intentan colocar todas las cartas en una vuelta del juego.
>
> **MME** 50–51, J10

Las cartas de Janet:

$\dfrac{3}{8}$	$\dfrac{5}{6}$	$\dfrac{2}{3}$	$\dfrac{7}{10}$	$\dfrac{3}{10}$

Las cartas de Deon:

$\dfrac{7}{8}$	$\dfrac{1}{3}$	$\dfrac{4}{5}$	$\dfrac{1}{4}$	$\dfrac{1}{5}$

Juego:

10%	$\dfrac{1}{6}$					50%	$\dfrac{3}{5}$					90%

Fracciones del reloj

1.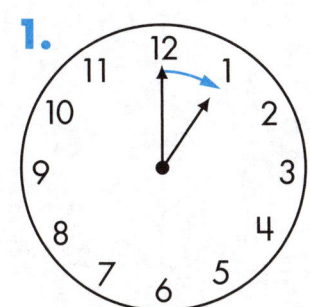

2.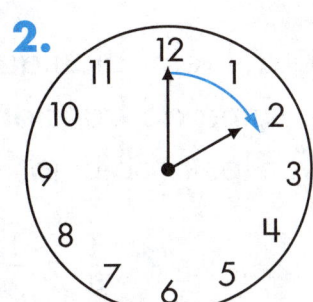

3.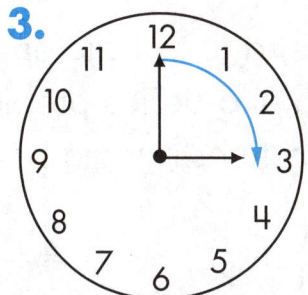

4.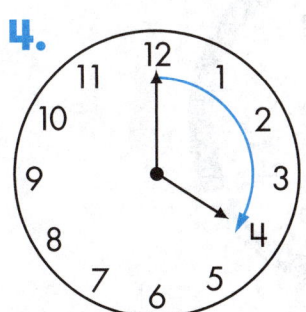

5.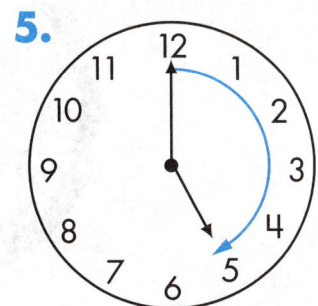

6.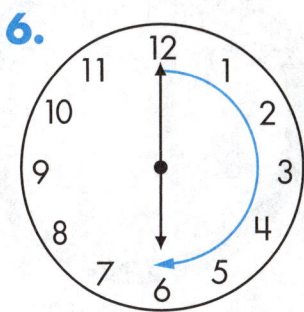

7.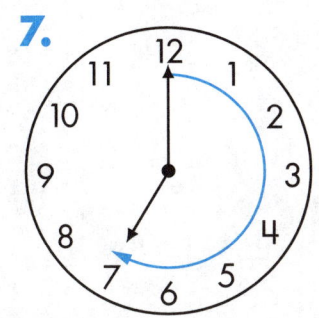

8.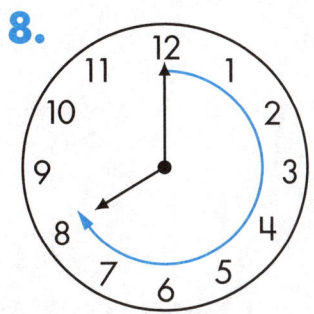

9.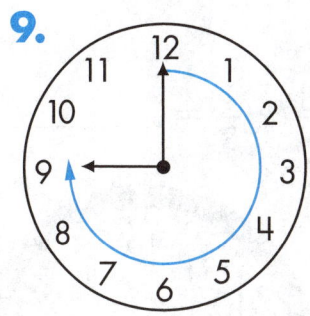

10.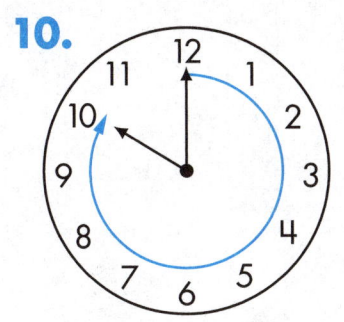

11.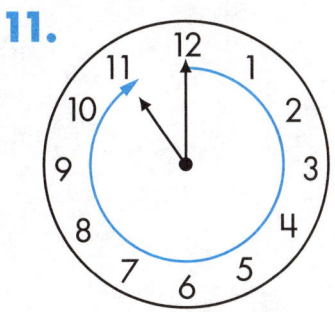

12.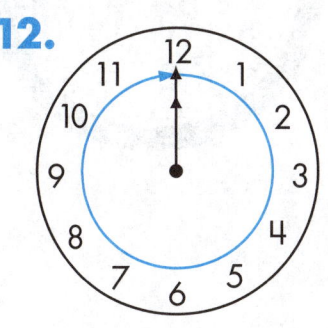

Problemas de suma de fracciones del reloj (página 1 de 2)

Muestra tu trabajo en la esfera del reloj dibujado para cada uno de los problemas de suma de fracciones. Luego, anota tu estrategia para resolver los problemas.

1. $\frac{1}{4} + \frac{1}{2} =$ _____

2. $\frac{1}{4} + \frac{1}{3} =$ _____

3. $\frac{3}{4} + \frac{1}{3} =$ _____

Problemas de suma de fracciones del reloj (página 2 de 2)

Haz tu propia ecuación de suma de fracciones para resolver los problemas 4 y 5.

4. _____ + _____ = _____

5. _____ + _____ = _____

¿Verdadero o falso?

Resuelve los siguientes problemas.

> **NOTA** Los estudiantes hallan partes fraccionarias y porcentajes de una cantidad.
>
> **MME** 40–41

Determina si los siguientes enunciados son verdaderos o falsos. Encierra en un círculo VERDADERO o FALSO. Explica tu razonamiento.

Recuerda: > quiere decir mayor que: 3 > 2
           < quiere decir menor que: 2 < 3

1. $\frac{2}{5}$ de 50 = $\frac{1}{5}$ de 100   VERDADERO   FALSO

2. $\frac{1}{4}$ de 200 > $\frac{1}{2}$ de 100   VERDADERO   FALSO

3. $12\frac{1}{2}$% de 800 < 25% de 400   VERDADERO   FALSO

Comparar fracciones

Escoge dos pares de fracciones de la siguiente lista.
Usa dibujos, números o palabras para hallar dos
maneras de mostrar cuál de las fracciones es mayor
y explica cómo lo sabes.

> **NOTA** Los estudiantes comparan fracciones para determinar cuál es mayor y explican cómo lo saben.
>
> MME **50–51**

$\dfrac{1}{3}$ y $\dfrac{1}{4}$ $\dfrac{1}{2}$ y $\dfrac{3}{5}$ $\dfrac{5}{8}$ y $\dfrac{7}{10}$ $\dfrac{3}{2}$ y $\dfrac{4}{3}$

$\dfrac{9}{5}$ y $\dfrac{7}{4}$ $\dfrac{2}{3}$ y $\dfrac{5}{6}$ $\dfrac{1}{8}$ y $\dfrac{2}{10}$ $\dfrac{3}{4}$ y $\dfrac{4}{5}$

Par 1: _____ y _____

1.

2.

Par 2: _____ y _____

1.

2.

Entradas de conciertos

Resuelve cada uno de los siguientes problemas.
Muestra tu trabajo con claridad. No olvides responder
la pregunta del problema-cuento.

NOTA Los estudiantes practican cómo resolver problemas de resta en el contexto de los problemas-cuento.

MME **10–13**

1. a. Números Compuestos dio un concierto en
   el Estadio Sunshine. A las 10:00 A.M. se pusieron
   a la venta 56,000 entradas. Después de 20 minutos
   de haber comenzado la venta de entradas,
   quedaban 18,493 por vender. ¿Cuántas se
   vendieron en los primeros 20 minutos?

   b. Después de 45 minutos de haber comenzado la
   venta de entradas, sólo quedaban 3,728 entradas
   por vender. De las 56,000 entradas que se pusieron
   a la venta, ¿cuántas se vendieron en 45 minutos?

2. a. Raíces Cuadradas dio un concierto en el Palm Dome.
   En la tarde se pusieron a la venta 64,500 entradas.
   Después de una hora de haber comenzado la venta
   de entradas, se habían vendido 27,483. ¿Cuántas
   entradas quedaban por vender?

   b. Después de dos horas de haber comenzado la venta
   de entradas, se habían vendido 43,893 entradas.
   De las 64,500 que se pusieron a la venta, ¿cuántas
   quedaban por vender?

Problemas de *Alrededor del reloj*

Nora y Alexander están jugando a *Alrededor del reloj.* Por cada vuelta, halla la suma de los dados y encierra en un círculo el nombre de quién ganó el punto. Si quedan empatados, escribe "empate" al lado de la vuelta.

NOTA Usando como modelo la distancia alrededor de un reloj, los estudiantes practican cómo sumar fracciones con denominadores relacionados.

 **52–53, J12–J13**

Nora: Alexander:

Vuelta 1:

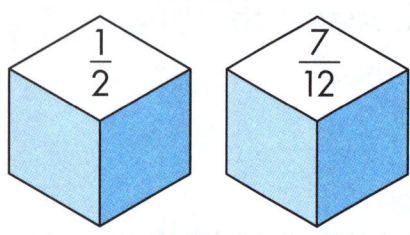

suma: _____

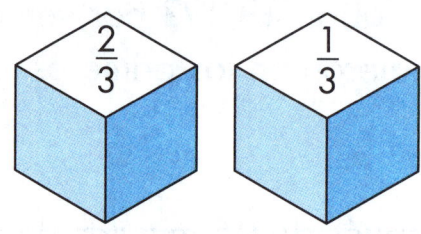

suma: _____

Vuelta 2:

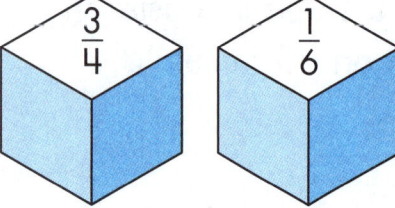

suma: _____

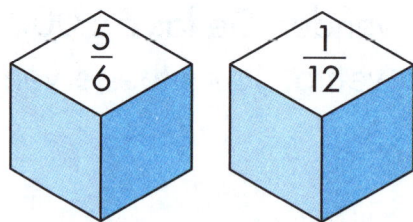

suma: _____

Vuelta 3:

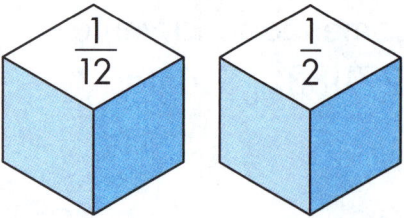

suma: _____

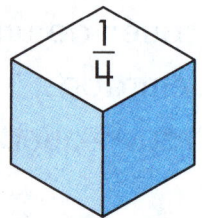

suma: _____

Vuelta 4:

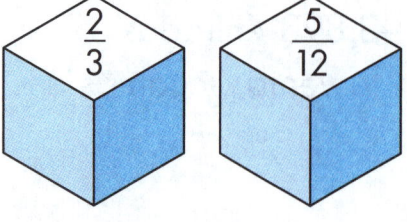

suma: _____

suma: _____

Usar rectángulos para sumar fracciones

Escoge el rectángulo que mide 4×6 o el que mide 5×12 para mostrar cómo resolver $\frac{1}{3} + \frac{5}{12} =$ _____ .

Rectángulos 4×6

 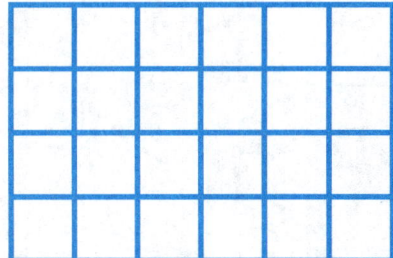

Rectángulos 5×12

Sumar y restar fracciones

Resuelve los siguientes problemas. Explica cómo
hallaste tu respuesta.

1. $\dfrac{1}{4} + \dfrac{2}{3} =$ _____

2. $\dfrac{1}{6} + \dfrac{1}{2} + \dfrac{1}{4} =$ _____

3. Una pizza fue dividida en 12 porciones iguales.
Alexander se comió $\dfrac{1}{3}$ de la pizza, Rachel se comió $\dfrac{1}{4}$ y
Charles se comió $\dfrac{1}{12}$. ¿Qué fracción de la pizza sobró?

4. Georgia es carpintera y tiene un pedazo de madera
que mide 10 pies de largo. Para construir un estante de
libros utilizó $\dfrac{1}{2}$ de la madera y para construir un estante
de cocina utilizó $\dfrac{1}{4}$. ¿Cuántos pies de madera sobraron?
¿Qué fracción de toda la madera representa el pedazo
que sobró?

5. $\dfrac{3}{12} + \dfrac{1}{2} + \dfrac{2}{3} =$ _____

Problemas de *Alrededor del reloj*

Escoge una vuelta del juego *Alrededor del reloj* en la que hayas lanzado los dados de fracciones sólo **dos veces** durante tu turno. Luego, anota el resultado que obtuviste como una ecuación de suma.

Ejemplo: $1\frac{1}{12} = \frac{1}{3} + \frac{3}{4}$ $\frac{5}{12} + \frac{7}{12} = 1$

1. La fracción que obtuve fue: _____.

   Ecuación de suma: _____

2. La fracción que obtuve fue: _____.

   Ecuación de suma: _____

3. La fracción que obtuve fue: _____.

   Ecuación de suma: _____

Escoge una vuelta del juego *Alrededor del reloj* en la que hayas lanzado los dados de fracciones **más de dos veces**. Luego, anota el resultado que obtuviste como una ecuación de suma.

Ejemplo: $1 = \frac{2}{3} + \frac{1}{4} + \frac{1}{12}$ $\frac{7}{12} + \frac{1}{3} + \frac{1}{6} = 1\frac{1}{12}$

4. La fracción que obtuve fue: _____.

   Ecuación de suma: _____

5. La fracción que obtuve fue: _____.

   Ecuación de suma: _____

¿Cuál está más cerca de 1?
Parte 1

NOTA Los estudiantes suman fracciones y comparan las sumas.

 **50–53**

Halla los dos totales. Luego, encierra en un círculo la respuesta que esté más cerca de 1. Muestra cómo hallaste las sumas.

1. $\frac{1}{2} + \frac{7}{12} =$ _____ $\frac{1}{6} + \frac{2}{3} =$ _____

2. $\frac{1}{4} + \frac{1}{3} =$ _____ $\frac{1}{6} + \frac{1}{2} =$ _____

Repaso continuo

3. Samantha ganó 8 de los 10 partidos de tenis que jugó. ¿Qué porcentaje de los partidos ganó?

A. 8%   **B.** 80%   **C.** $\frac{8}{10}$%   **D.** 10%

Practicar suma de fracciones

NOTA Los estudiantes usan diferentes modelos (incluidos el reloj o rectángulos) y sus conocimientos sobre fracciones equivalentes para sumar fracciones.

 MME 52–53

Resuelve los siguientes problemas y explica tu trabajo.

Alexander, Rachel y Olivia organizaron una fiesta y ordenaron una pizza de pepperoni, una de verduras y una de queso. Las tres pizzas eran del mismo tamaño.

1. Alexander se comió $\frac{1}{6}$ de la pizza de pepperoni y $\frac{5}{12}$ de la pizza de queso. ¿Cuántas porciones de una pizza se comió Alexander?

2. Rachel se comió $\frac{1}{8}$ de la pizza de verduras y $\frac{1}{4}$ de la pizza de queso. ¿Cuántas porciones de una pizza se comió Rachel?

3. Olivia se comió $\frac{1}{6}$ de la pizza de pepperoni, $\frac{1}{3}$ de la pizza de verduras y $\frac{1}{6}$ de la pizza de queso. ¿Cuántas porciones de una pizza se comió Olivia?

4. $\frac{1}{5} + \frac{3}{10} =$ _____

5. $\frac{2}{3} + \frac{5}{6} =$ _____

¿Cuánto es esa porción?

Pistas de fracciones (página 1 de 2)

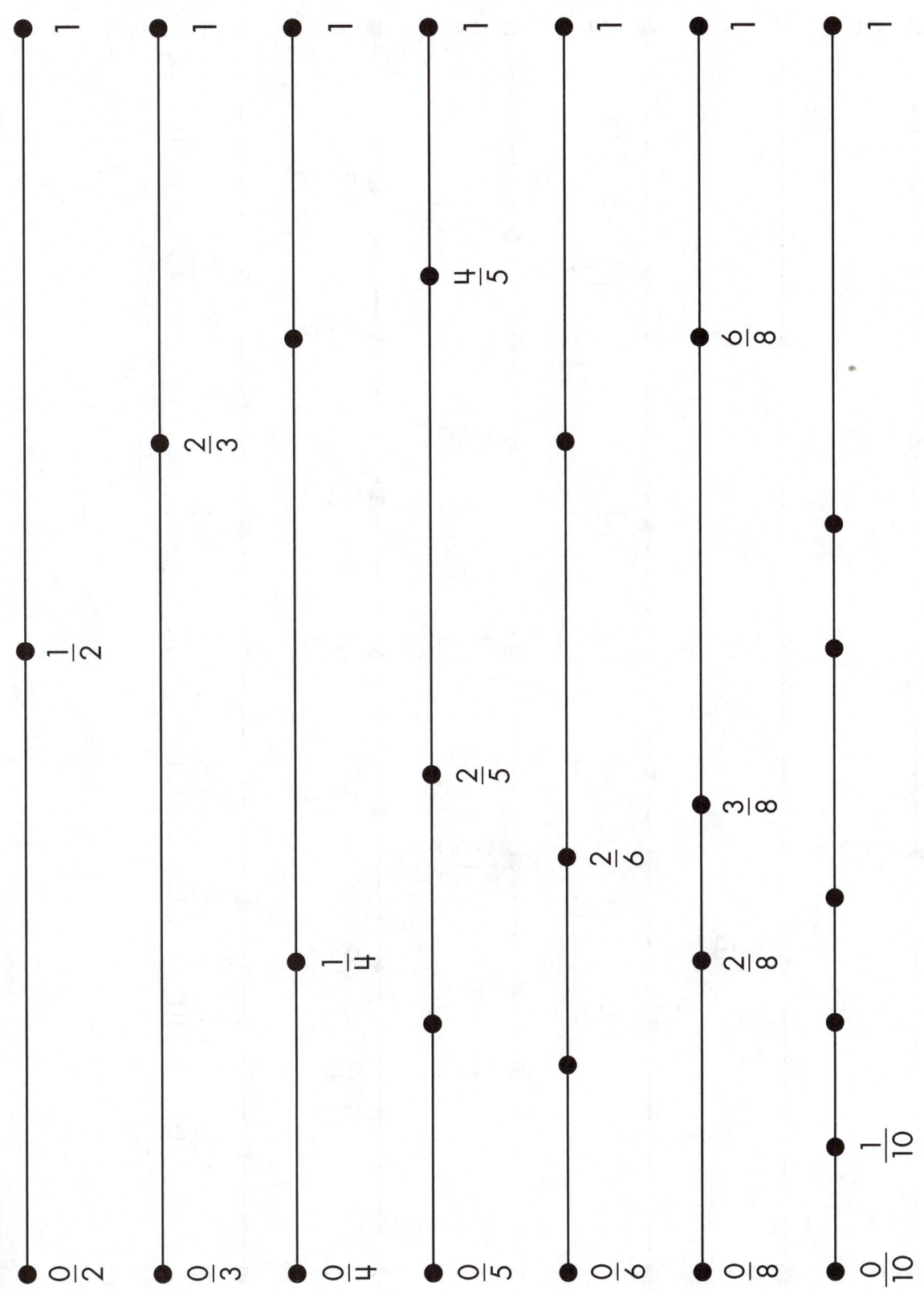

Pistas de fracciones (página 2 de 2)

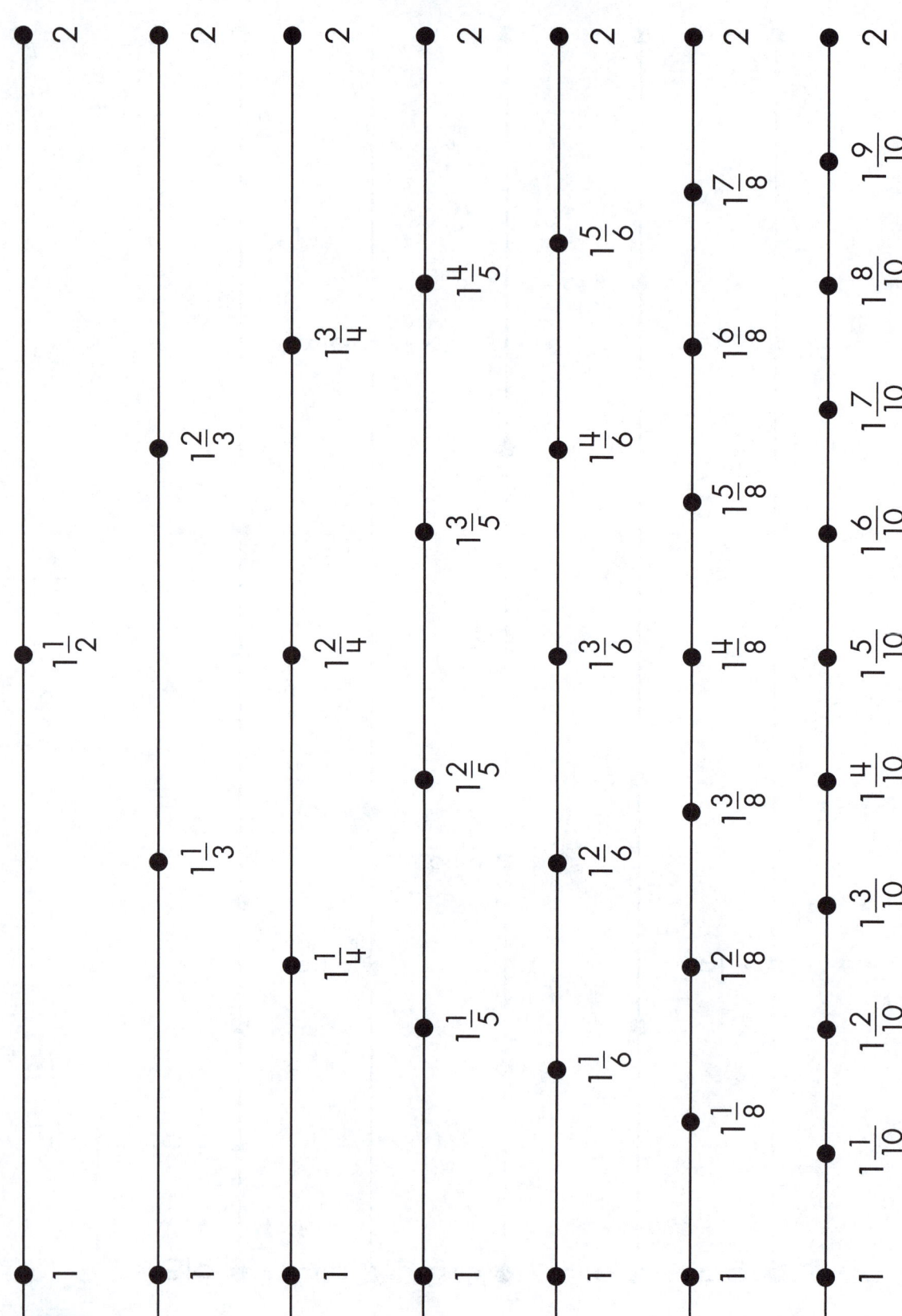

Competencia de lectura

Resuelve cada uno de los siguientes problemas. Muestra tu trabajo con claridad. No olvides responder la pregunta del problema-cuento.

> **NOTA** Los estudiantes practican cómo resolver problemas de resta en el contexto de los problemas-cuento.
>
> **10–13**

1. La biblioteca pública organizó una competencia de lectura para averiguar cuántos libros podían leer los estudiantes en junio, julio y agosto. La biblioteca estimó que los estudiantes podían leer un total de 20,000 libros. Al final de junio, los estudiantes habían leído 6,837 libros. ¿Cuántos libros les quedaban por leer para llegar a 20,000?

2. Al final de julio, los estudiantes habían leído 14,288 libros en total. ¿Cuántos libros les quedaban por leer en agosto para llegar a 20,000?

3. Durante el verano, los estudiantes leyeron 22,681 libros en total. El próximo año la biblioteca aumentará la meta de la competencia de lectura a 25,000 libros. ¿Cuántos libros más que este verano tendrán como meta el verano que viene?

4. El verano pasado, los estudiantes leyeron 17,589 libros. Si este verano han leído 22,681, ¿cuántos libros más que el verano pasado han leído este verano?

¿Cuál está más cerca de 1? Parte 2

> **NOTA** Los estudiantes suman fracciones y comparan las sumas.
>
> **MME** 50–53

Halla los dos totales. Luego, encierra en un círculo la respuesta que esté más cerca de 1. Muestra cómo hallaste las sumas.

1. $\dfrac{5}{10} + \dfrac{2}{5} =$ _____ $\dfrac{4}{12} + \dfrac{2}{4} =$ _____

2. $\dfrac{3}{4} + \dfrac{1}{4} =$ _____ $\dfrac{2}{8} + \dfrac{2}{4} =$ _____

Repaso continuo

3. A Félix le gusta mucho jugar a las damas. De las últimas 200 partidas que jugó, ganó 150. ¿Qué porcentaje de las partidas ganó? Encierra en un círculo tu respuesta. Muestra cómo lo averiguaste.

A. 150%   **B.** 100%   **C.** 75%   **D.** 50%

Más problemas de *Alrededor del reloj*

Renaldo y Hana están jugando a *Alrededor del reloj*. Por cada vuelta, halla la suma de los dados y encierra en un círculo el nombre de quién ganó el punto. Si quedan empatados, escribe "empate" al lado de la vuelta.

NOTA Usando como modelo la distancia alrededor de un reloj, los estudiantes practican cómo sumar fracciones con denominadores relacionados.

MME **52–53, J12–J13**

Renaldo: Hana:

Vuelta 1: 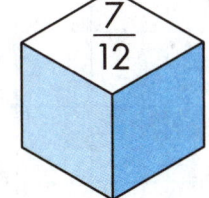    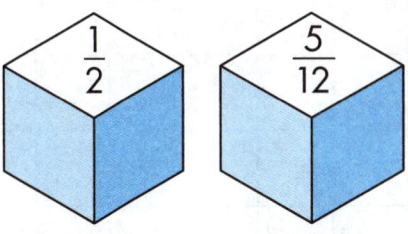

suma: _____   suma: _____

Vuelta 2:  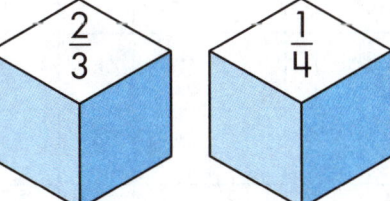   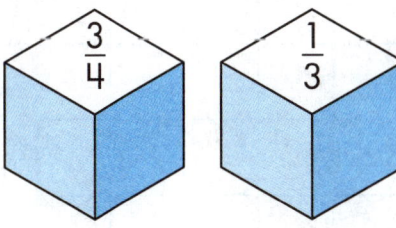

suma: _____   suma: _____

Vuelta 3:  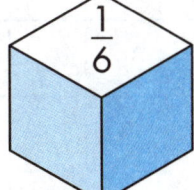   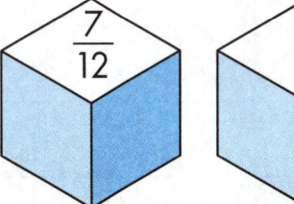

suma: _____   suma: _____

Vuelta 4: 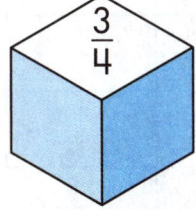 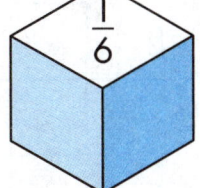 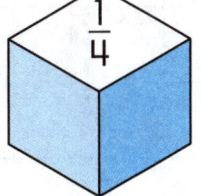   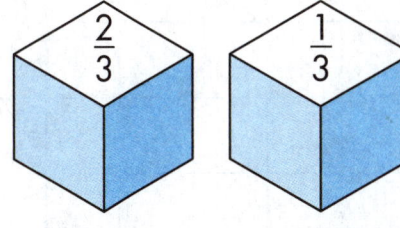

suma: _____   suma: _____

Las montañas más altas

La siguiente tabla muestra algunas de las montañas más altas del mundo. Usa esta tabla para resolver los siguientes problemas. Muestra tu trabajo con claridad.

NOTA Los estudiantes practican cómo resolver problemas de suma y de resta en el contexto de los problemas-cuento.

MME 8–9, 10–13

Montaña	Continente	Altura (en pies)
Monte Everest	Asia	29,035
Aconcagua	América del Sur	22,831
Monte McKinley	América del Norte	20,320
Monte Kilimanjaro	África	19,563
Monte Elbrus	Europa	18,481
Vinson Massif	Antártica	16,066
Monte Kosciuszko	Australia	7,310

1. ¿Cuánto más alto es el Monte Everest que el Aconcagua?

2. ¿Cuánto más alto es el Monte McKinley que el Monte Kosciuszko?

3. ¿Cuánto más alto es el Monte Kilimanjaro que el Vinson Massif?

4. ¿Cuál de las montañas es 1,839 pies más alta que el Monte Elbrus?

Equivalentes

Haz una lista con al menos 5 fracciones equivalentes para cada una de las siguientes fracciones.

NOTA Los estudiantes hallan fracciones equivalentes.

MME 44

1. $\dfrac{1}{2} =$

2. $\dfrac{1}{3} =$

3. $\dfrac{3}{4} =$

4. $\dfrac{2}{5} =$

Ecuaciones de *Pistas de fracciones*

Anota los movimientos que hagas en **más de una pista** de las vueltas del juego *Pistas de fracciones*. Escribe tus movimientos como problemas de suma.

Ejemplo: $\boxed{\dfrac{7}{8}}$ $\dfrac{7}{8} = \dfrac{1}{2} + \dfrac{1}{4} + \dfrac{1}{8}$ $\boxed{\dfrac{3}{4}}$ $\dfrac{1}{2} + \dfrac{1}{4} = \dfrac{3}{4}$

1. La fracción de mi carta es _____.

Ecuación de suma: _____

2. La fracción de mi carta es _____.

Ecuación de suma: _____

3. La fracción de mi carta es _____.

Ecuación de suma: _____

Anota los movimientos que hagas en **dos pistas** de las vueltas del juego *Pistas de fracciones*. Escribe tus movimientos como problemas de suma y de resta.

Ejemplo: $\boxed{\dfrac{5}{6}}$ $\dfrac{5}{6} = \dfrac{1}{2} + \dfrac{1}{3}$ $\dfrac{5}{6} - \dfrac{1}{3} = \dfrac{1}{2}$

4. La fracción de mi carta es _____.

Ecuación de suma: _____

Ecuación de resta: _____

5. La fracción de mi carta es _____.

Ecuación de suma: _____

Ecuación de resta: _____

Problemas de fracciones (página 1 de 3)

Resuelve los siguientes problemas. Muestra o explica cómo los resolviste.

1. Shandra y Tyler hornearon dos flautas de pan. El lunes se comieron $\frac{1}{2}$ de una flauta y el martes se comieron $\frac{1}{3}$ de la otra flauta. ¿Qué cantidad de pan sobró?

2. $\frac{3}{8} + \frac{1}{4} + \frac{4}{4} =$ _____

3. $2 - \frac{2}{3} =$ _____

Problemas de fracciones (página 2 de 3)

Resuelve los siguientes problemas. Muestra o explica cómo los resolviste.

4. Había 6 brownies en un plato. Margaret se comió $1\frac{1}{2}$ de los brownies, Charles se comió $2\frac{1}{4}$ y Tyler se comió $1\frac{3}{4}$ ¿Cuántos brownies sobraron?

5. $\frac{3}{4} + \frac{9}{6} =$ _____

6. $\frac{4}{4} - \frac{1}{3} =$ _____

¿Cuánto es esa porción?

Problemas de fracciones (página 3 de 3)

Resuelve los siguientes problemas. Muestra y explica cómo los resolviste.

7. ¿Es esta ecuación verdadera o falsa? $\frac{7}{8} + \frac{7}{8} = 1\frac{3}{4}$
Explica cómo lo sabes.

8. ¿Es esta ecuación verdadera o falsa? $\frac{4}{4} - \frac{2}{2} = \frac{3}{3}$
Explica cómo lo sabes.

9. Cecilia estaba envolviendo regalos para el cumpleaños de su hermana. Tenía 10 pies de cinta. Usó $2\frac{1}{2}$ pies para envolver el primer regalo, $3\frac{1}{3}$ pies para envolver el segundo regalo y $1\frac{3}{4}$ pies para envolver el tercer regalo. Si necesitaba 2 pies para envolver el tercer regalo, ¿le quedaba suficiente cinta para envolverlo?

¿Menor que, mayor que o igual a? Parte 1

Escoge uno de los siguientes signos para completar los espacios en blanco y mostrar si las dos expresiones son iguales o si una es mayor que la otra. Explica tu razonamiento.

> **NOTA** Los estudiantes deciden si dos expresiones que incluyen suma y resta de fracciones o números mixtos son iguales o si una es mayor que la otra. Pueden resolver la suma o la resta de cada expresión o pensar sobre la relación entre las fracciones sin resolverlas. Por ejemplo, en el problema 3, como $\frac{12}{8} = \frac{9}{6}$ y se resta menos a $\frac{12}{8}$ que a $\frac{9}{6}$, la primera expresión debe ser mayor que la segunda.
>
> **MME** 45, 50–53

= igual	< menor que	> mayor que
$4 + 3 = 3 + 4$	$5 + 7 < 7 + 7$	$6 + 6 > 5 + 5$

1. $\frac{1}{4} + \frac{3}{4}$ _____ $\frac{3}{2} - \frac{1}{2}$

2. $\frac{10}{12} + 1\frac{1}{2}$ _____ $\frac{3}{4} + 1\frac{1}{4}$

3. $\frac{12}{8} - \frac{1}{6}$ _____ $\frac{9}{6} - \frac{1}{2}$

Dígitos que faltan

Completa cada uno de los siguientes
problemas con el dígito que falta. Muestra
cómo averiguaste los dígitos que faltan.

NOTA Los estudiantes practican
cómo resolver problemas de suma
y de resta.

MME 8–9, 10–13

1.
```
    1  2, 0  0  0
  –    __, 9 __  4
  ———————————————
       5, 0  5  6
```

2.
```
      3  3 __
      5 __  7
  + __  4  8
  ——————————
   1,  3  0  0
```

¿Podrías hallar cuatro dígitos que completen los siguientes
problemas? ¿Es posible o imposible? Explica tu razonamiento.

3. 9,724 + _____ = 20,000

4. 12,000 + _____ = 2,487

Movimientos en la *Pista de fracciones*

NOTA Los estudiantes han estado jugando a hallar sumas que son iguales a una fracción dada.

MME **52–53**

Supón que estás jugando a *Pista de fracciones* con un tablero que va desde el 0 hasta el 2. Todas tus fichas están en el 0. Halla diferentes maneras de avanzar en 2, 3 ó 4 pistas.

Por ejemplo, si dibujas $\frac{7}{8}$, puedes avanzar:

En dos pistas: $\frac{1}{2} + \frac{3}{8}$

En tres pistas: $\frac{1}{2} + \frac{1}{4} + \frac{1}{8}$

En cuatro pistas: $\frac{1}{3} + \frac{1}{6} + \frac{1}{4} + \frac{1}{8}$

Halla algunas de las distintas maneras de avanzar en el juego si tienes las siguientes tarjetas de fracciones.

1. Tu tarjeta de fracción es $\frac{10}{10}$. ¿De qué maneras puedes avanzar?

En dos pistas:

En tres pistas:

En cuatro pistas:

2. Tu tarjeta de fracción es $\frac{12}{8}$. ¿De qué maneras puedes avanzar?

En dos pistas:

En tres pistas:

En cuatro pistas:

¿Menor que, mayor que o igual a? Parte 2

Escoge uno de los siguientes signos para completar los espacios en blanco y mostrar que las dos expresiones son iguales o si una es mayor que la otra. Explica tu razonamiento.

> **NOTA** Los estudiantes determinan si dos expresiones que incluyen suma y resta de fracciones o números mixtos son iguales o si una es mayor que la otra. Podrían resolver la suma o la resta de cada expresión o podrían pensar sobre la relación entre las fracciones sin resolverlas.
>
> **MME** 45, 50–53

$= $ igual $<$ menor que $>$ mayor que

$4 + 3 = 3 + 4$ $5 + 7 < 7 + 7$ $6 + 6 > 5 + 5$

1. $\dfrac{3}{6} + \dfrac{4}{8} + 2$ _____ $1\dfrac{1}{2} + \dfrac{5}{10} + 1\dfrac{1}{4}$

2. $3\dfrac{3}{4} - \dfrac{7}{8}$ _____ $3\dfrac{1}{4} - \dfrac{6}{8}$

3. $\dfrac{2}{3} + 1\dfrac{1}{2} + \dfrac{6}{10}$ _____ $\dfrac{15}{10} + \dfrac{3}{5} + \dfrac{4}{6}$

Más movimientos en la *Pista de fracciones*

NOTA Los estudiantes han estado jugando a *Pista de fracciones*, en el cual hallan diferentes sumas que son iguales a una determinada fracción.

MME **52–53**

Supón que estás jugando a *Pista de fracciones* con un tablero que va desde el 0 hasta el 2. Todas tus fichas están en el 0. Halla diferentes maneras de avanzar en 2, 3 ó 4 pistas.

Por ejemplo, si dibujas $\frac{7}{8}$, puedes avanzar:

En dos pistas: $\frac{1}{2} + \frac{3}{8}$

En tres pistas: $\frac{1}{2} + \frac{1}{4} + \frac{1}{8}$

En cuatro pistas: $\frac{1}{3} + \frac{1}{6} + \frac{1}{4} + \frac{1}{8}$

Halla algunas de las distintas maneras de avanzar en el juego si tienes las siguientes tarjetas de fracciones.

1. Tu tarjeta de fracción es $\frac{9}{6}$. ¿De qué maneras puedes avanzar?

En dos pistas:

En tres pistas:

En cuatro pistas:

2. Tu tarjeta de fracción es $\frac{12}{10}$. ¿De qué maneras puedes avanzar?

En dos pistas:

En tres pistas:

En cuatro pistas:

Recorrer distancias (página 1 de 2)

Una compañía de exploradores va a una
excursión cerca del Parque Estatal.

NOTA Los estudiantes
resuelven problemas de la vida
real con las operaciones
matemáticas de esta unidad.

MME 52–53

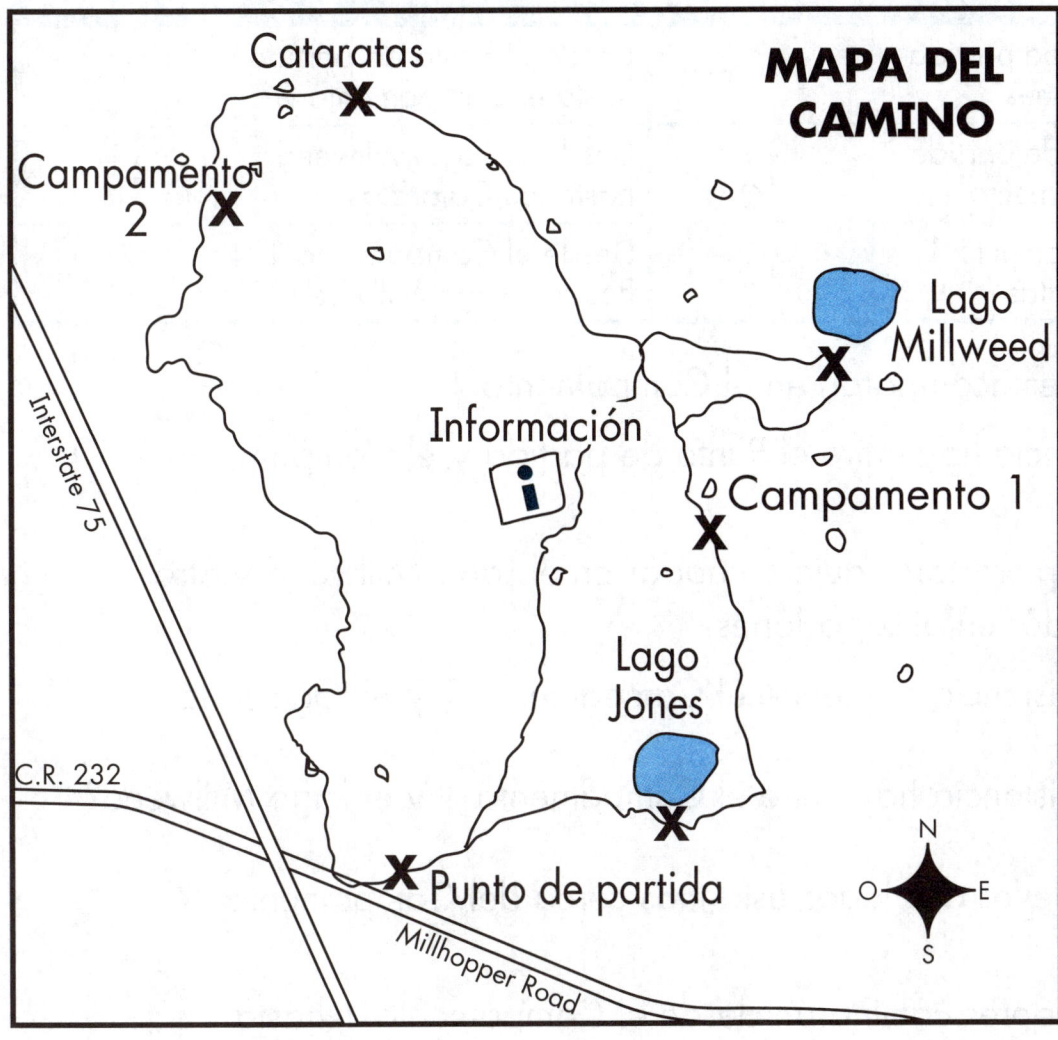

Recorrer distancias (página 2 de 2)

La tabla muestra las distancias que hay entre las diferentes partes del camino.

Sitios	Distancia en millas	Sitios	Distancia en millas
Desde el Punto de partida hasta el Lago Jones	$\frac{3}{5}$	Desde el Punto de partida hasta el Campamento 2	2
Desde el Punto de partida hasta el Campamento 1	$1\frac{1}{2}$	Desde el Lago Millweed hasta las Cataratas	$1\frac{1}{4}$
Desde el Campamento 1 hasta las Cataratas	$1\frac{1}{2}$	Desde el Campamento 1 hasta el Lago Millweed	$\frac{7}{8}$

Los exploradores acamparán en el Campamento 1.

1. ¿Qué distancia hay entre el Punto de partida y el Campamento 1?

2. Algunos exploradores quieren nadar en el Lago Millweed y otros quieren nadar en el Lago Jones.

   a. ¿Qué distancia hay entre el Campamento 1 y el Lago Jones?

   b. ¿Qué distancia hay entre el Campamento 1 y el Lago Millweed?

   c. ¿Cuál de los dos lagos está más cerca del Campamento 1?

3. Los exploradores caminarán desde el Campamento 1 hasta el Lago Millweed y luego hasta las Cataratas, donde almorzarán. ¿Qué distancia recorrerán?

4. Algunos exploradores quieren regresar de las Cataratas al Campamento 1 por el camino más corto. ¿Cuánto menos tendrán que caminar si regresan por el Lago Millweed?

"Rather than zoom into the fractal you can zoom into the edge of it and continually find the same pattern repeating itself much like the shoreline of a lake viewed from a plane." – **Kris Northern**

Investigations
IN NUMBER, DATA, AND SPACE®
en español

Medir polígonos

Triángulos: dos iguales, uno diferente (página 1 de 2)

Halla en tu grupo de tarjetas de figuras dos triángulos que tengan algunos atributos en común. Escribe los números de los triángulos y responde las siguientes preguntas.

1. Triángulos # _____ y _____

¿En qué se parecen estos triángulos? _____

Dibuja otros dos triángulos semejantes a estos dos.

Dibuja un triángulo que sea diferente. Explica en qué se diferencia.

2. Triángulos # _____ y _____

¿En qué se parecen estos triángulos? _____

Dibuja otros dos triángulos semejantes a estos dos.

Dibuja un triángulo que sea diferente. Explica en qué se diferencia.

Medir polígonos

Triángulos: dos iguales, uno diferente (página 2 de 2)

Halla en tu grupo de tarjetas de figuras dos triángulos que tengan algunos atributos en común. Escribe los números de los triángulos y responde las siguientes preguntas.

3. Triángulos # _____ y _____

¿En qué se parecen estos triángulos? _____

Dibuja otros dos triángulos semejantes a estos dos.

Dibuja un triángulo que sea diferente. Explica en qué se diferencia.

4. Triángulos # _____ y _____

¿En qué se parecen estos triángulos? _____

Dibuja otros dos triángulos semejantes a estos dos.

Dibuja un triángulo que sea diferente. Explica en qué se diferencia.

¿Qué triángulo no corresponde?

> **NOTA** Los estudiantes hallan el triángulo que tiene un atributo diferente a los demás triángulos de cada uno de los grupos.
>
> **95**

Encierra en un círculo el triángulo que no corresponda a cada uno de los siguientes grupos. Explica cómo sabes que no corresponde al grupo.

1.

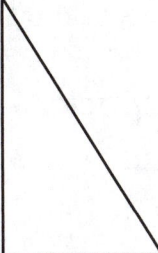
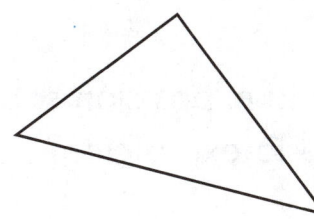
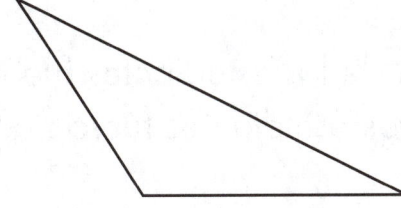

2.

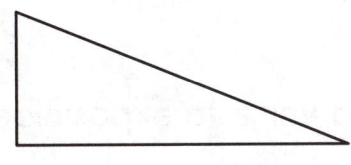
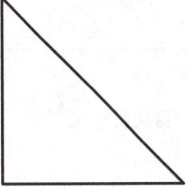

Repaso continuo

3. ¿Cuál de los siguientes enunciados sobre este triángulo es verdadero?

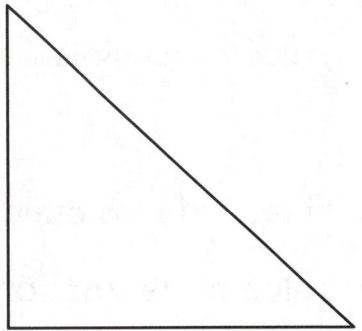

 A. Tiene un ángulo de 90°.

 B. Todos sus ángulos son menores que 90°.

 C. Tiene un ángulo mayor que 90°.

Excursión de fracciones y de porcentajes

NOTA Los estudiantes resuelven problemas sobre fracciones y porcentajes de un grupo.

MME 40–41

Resuelve los siguientes problemas y explica cómo averiguaste las respuestas.

La semana pasada 40 estudiantes de quinto grado fueron de excursión al Museo de Ciencias.

1. El 25% de los estudiantes fue a ver la exposición sobre el espacio. ¿Cuántos estudiantes fueron a ver esta exposición? _____

2. 20 de los estudiantes fueron a ver la exposición sobre tecnología.

¿Qué parte fraccionaria del grupo fue a ver esta exposición? _____

¿Qué porcentaje del grupo fue a ver esta exposición? _____

3. 8 de los estudiantes fueron a ver una presentación de animales vivos.

¿Qué parte fraccionaria del grupo fue a ver esta exposición? _____

¿Qué porcentaje del grupo fue a ver esta exposición? _____

4. El resto de los estudiantes fue a ver la exposición de los dinosaurios.

¿Qué parte fraccionaria del grupo fue a ver esta exposición? _____

¿Qué porcentaje del grupo fue a ver esta exposición? _____

Cuadriláteros: dos iguales, uno diferente (página 1 de 2)

Halla en tu grupo de tarjetas de figuras dos cuadriláteros
que tengan algunos atributos en común. Escribe los números
de los cuadriláteros y responde las siguientes preguntas.

1. Cuadriláteros # _____ y _____

¿En qué se parecen estos cuadriláteros? _____

Dibuja otros dos cuadriláteros semejantes a estos dos.

Dibuja un cuadrilátero que sea diferente. Explica en qué se diferencia.

2. Cuadriláteros # _____ y _____

¿En qué se parecen estos cuadriláteros? _____

Dibuja otros dos cuadriláteros semejantes a estos dos.

Dibuja un cuadrilátero que sea diferente. Explica en qué se diferencia.

Cuadriláteros: dos iguales, uno diferente (página 2 de 2)

Halla en tu grupo de tarjetas de figuras dos cuadriláteros que tengan algunos atributos en común. Escribe los números de los cuadriláteros y responde las siguientes preguntas.

3. Cuadriláteros # _____ y _____

¿En qué se parecen estos cuadriláteros? _____

Dibuja otros dos cuadriláteros semejantes a estos dos.

Dibuja un cuadrilátero que sea diferente. Explica en qué se diferencia.

4. Cuadriláteros # _____ y _____

¿En qué se parecen estos cuadriláteros? _____

Dibuja otros dos cuadriláteros semejantes a estos dos.

Dibuja un cuadrilátero que sea diferente. Explica en qué se diferencia.

Medir polígonos

¿Qué cuadrilátero no corresponde?

Encierra en un círculo el cuadrilátero que no corresponda a los demás cuadriláteros de cada grupo. Explica cómo sabes que no corresponde al grupo.

NOTA Los estudiantes hallan el cuadrilátero que tiene un atributo diferente a los demás cuadriláteros de cada uno de los grupos.

MME 96-98

1.

    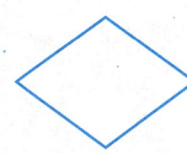

2.

Repaso continuo

3. ¿Cuál de los siguientes enunciados sobre este cuadrilátero es verdadero?

   A. Tiene un par de lados paralelos.

   B. Tiene dos pares de lados paralelos.

   C. No tiene lados paralelos.

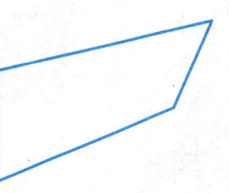

Medir polígonos

Algunas figuras tienen muchos nombres (página 1 de 3)

1. Dibuja un cuadrado.

¿Es tu dibujo un rombo? Explica por qué sí o por qué no.

¿Es tu dibujo un rectángulo? Explica por qué sí o por qué no.

Algunas figuras tienen muchos nombres (página 2 de 3)

2. Dibuja un rectángulo.

¿Es tu dibujo un cuadrado? Explica por qué sí o por qué no.

¿Es tu dibujo un paralelogramo? Explica por qué sí o por qué no.

Algunas figuras tienen muchos nombres (página 3 de 3)

3. Dibuja un paralelogramo, un rectángulo, un rombo y un cuadrado.

4. Escribe *Todos los*, *Algunos* o *Ninguno de los* para completar los siguientes enunciados:

a. _____ rectángulos son paralelogramos.

b. _____ rectángulos son cuadrados.

c. _____ paralelogramos son rectángulos.

d. _____ cuadrados son rectángulos.

e. _____ rombos son cuadrados.

5. Escoge una de las oraciones del Problema 4 y explica tu respuesta. Incluye dibujos para mostrar lo que quieres decir.

Equivalentes

Haz una lista de al menos 5 fracciones equivalentes para cada una de las siguientes cifras.

NOTA Los estudiantes hacen una lista de fracciones equivalentes.

MME 44

1. $\frac{1}{2}$ = _____

2. $\frac{2}{3}$ = _____

3. 75% = _____

4. 60% = _____

Cuadrados y rectángulos

NOTA Los estudiantes buscan las distintas maneras en que dos tipos de cuadriláteros, cuadrados y rectángulos están relacionados entre sí.

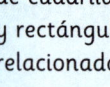 96–98

1. Escribe todos los enunciados que puedas sobre este cuadrado.

2. Escribe todos los enunciados que puedas sobre este rectángulo.

3. Explica por qué algunos enunciados están en tus dos listas.

4. Explica por qué algunos enunciados están solamente en una de tus listas.

Medir polígonos

¿Cuáles son polígonos regulares?

Abajo aparecen varios dibujos a escala de figuras hechas con polígonos Power. Di qué figuras son polígonos regulares. Explica por escrito cómo lo sabes.

1. ¿Es éste un polígono regular? _____
¿Cómo lo sabes?

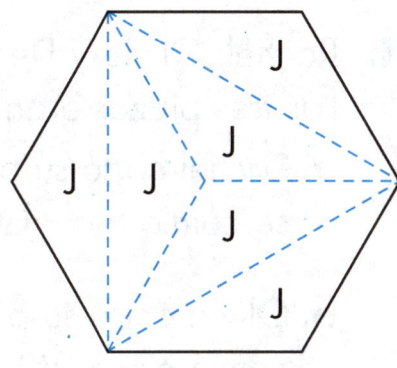

2. ¿Es éste un polígono regular? _____
¿Cómo lo sabes?

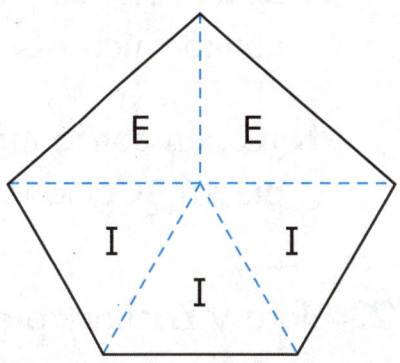

3. ¿Es éste un polígono regular? _____
¿Cómo lo sabes?

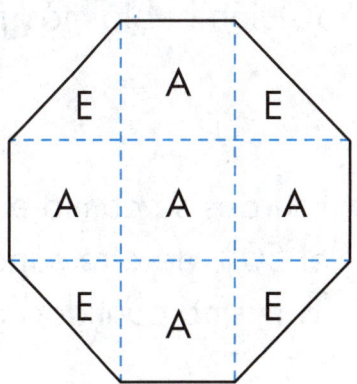

Problemas de fracciones y porcentajes

NOTA Los estudiantes resuelven problemas de fracciones y porcentajes de un grupo.

MME 40–41

Resuelve los siguientes problemas y explica cómo averiguaste las respuestas.

1. Rachel, Olivia y Deon hornearon sus propias pizzas. Las tres pizzas eran del mismo tamaño.

   a. Rachel cortó su pizza en cuatro porciones iguales y se comió tres. ¿Qué fracción de la pizza se comió?

   b. Olivia cortó su pizza en ocho porciones iguales y se comió cinco. ¿Qué fracción de la pizza se comió?

   c. Deon cortó su pizza en seis porciones iguales y se comió cinco. ¿Qué fracción de la pizza se comió?

   d. ¿Quién comió más pizza? ¿Quién comió menos pizza? ¿Cómo lo sabes?

2. Nora y Zachary prepararon jugo de frutas y lo sirvieron equitativamente en 2 vasos del mismo tamaño. Nora se bebió $\frac{2}{3}$ de su jugo y Zachary se bebió el 75% del suyo. ¿Quién bebió más jugo? ¿Cómo lo sabes?

3. Lourdes se comió el 25% de un sándwich y Mitch se comió el 50% de otro sándwich. Luego, Mitch dijo que había comido la misma cantidad que Lourdes. Explica cómo es posible.

¿Son paralelas o no?

Las rectas paralelas nunca se encuentran.
Los segmentos o lados paralelos son partes
de rectas paralelas.

> **NOTA** Los estudiantes distinguen diferentes tipos de cuadriláteros reconociendo los atributos de sus lados paralelos.
>
> 97

1. Encierra en un círculo las figuras que tienen exactamente 1 par de lados paralelos.

2. Encierra en un círculo las figuras que tienen 2 pares de lados paralelos.

 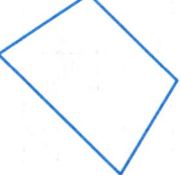 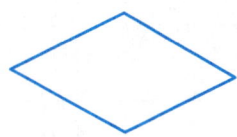 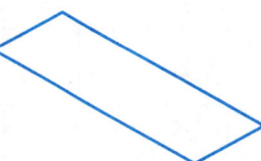

3. Dibuja una figura que tenga
- 4 lados en total.
- 2 ángulos rectos.
- 1 par de lados paralelos.

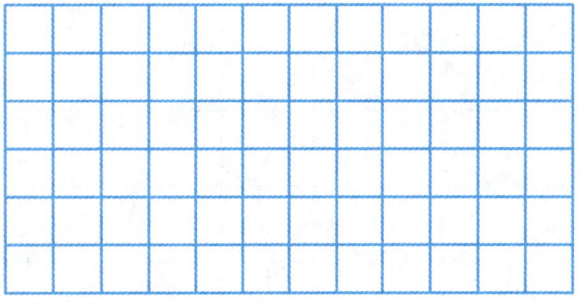

4. Explica cuál es la diferencia entre un paralelogramo y un rectángulo.

_____

_____

_____

_____

Ángulos en los polígonos
Power (página 1 de 3)

Rotula cada ángulo con su medida. Explica cómo
averiguaste la medida de cada uno.

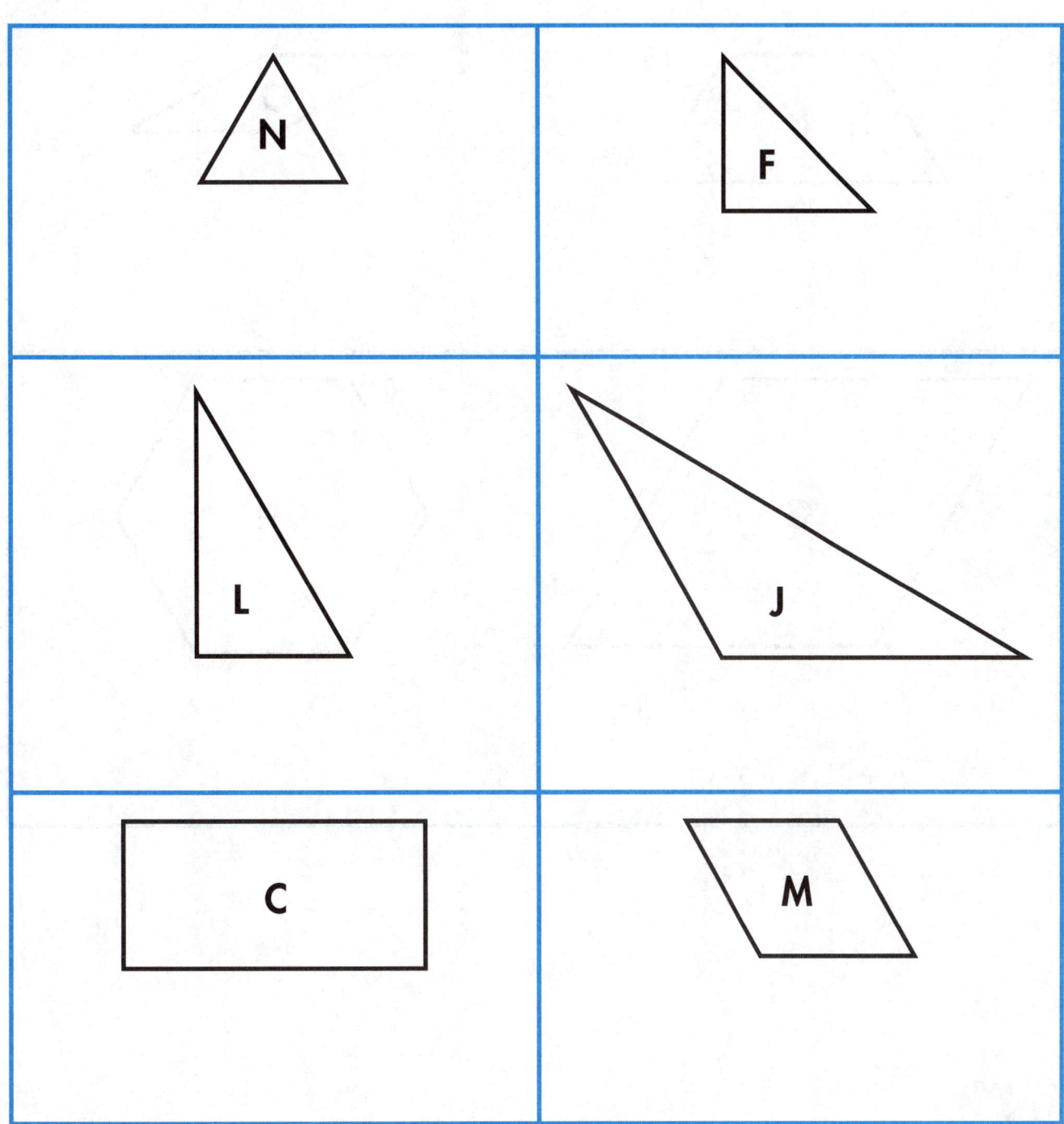

Ángulos en los polígonos
Power (página 2 de 3)

Rotula cada ángulo con su medida. Explica cómo
averiguaste la medida de cada uno.

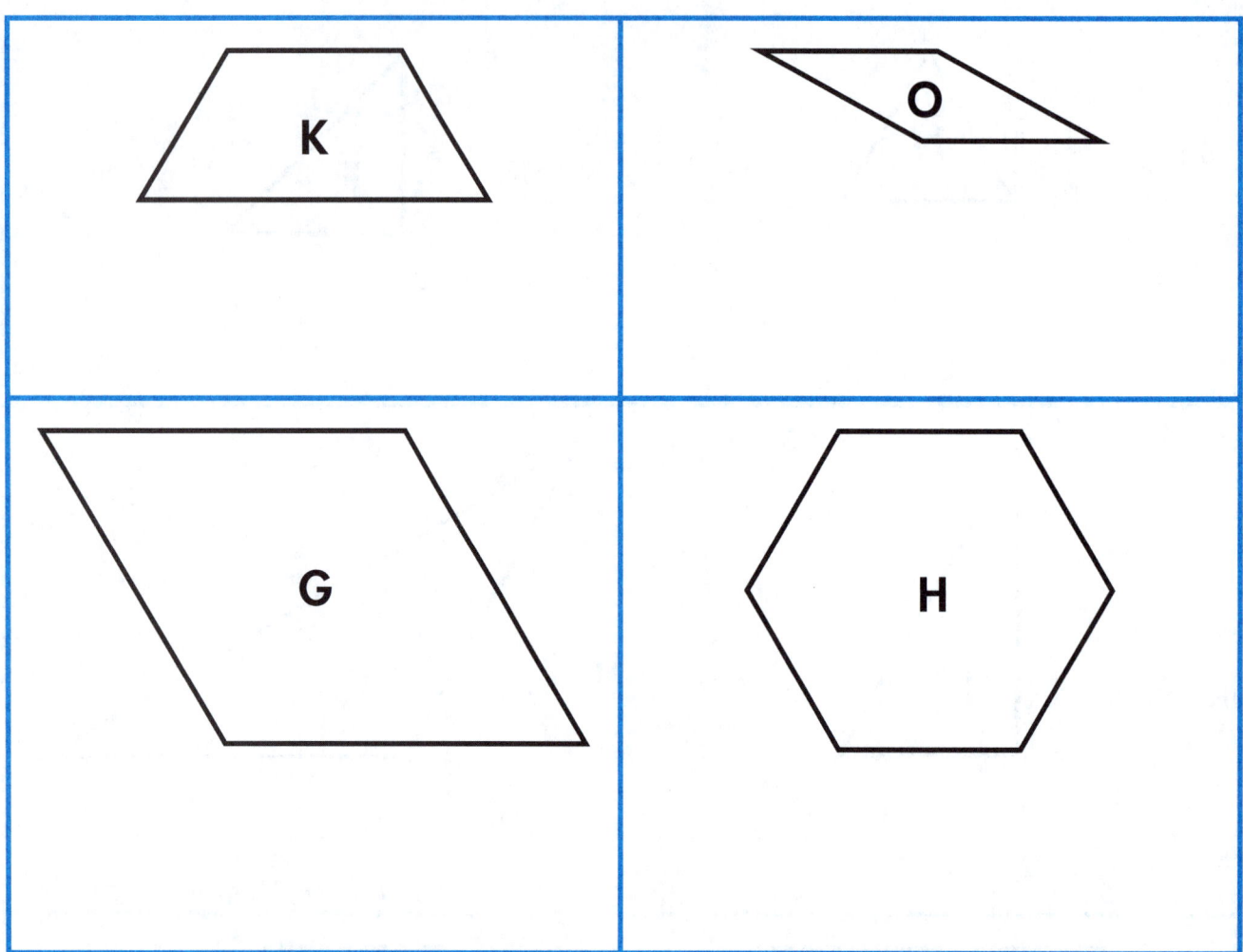

Medir polígonos

Ángulos en los polígonos Power (página 3 de 3)

Usa la información que hallaste sobre medidas de ángulos en las páginas 17 y 18 como ayuda para responder estas preguntas.

1. Mira el polígono Power N. ¿Cuál es la suma de los tres ángulos de este triángulo?

2. Si sumas los ángulos de los triángulos del otro polígono Power, ¿será el resultado de esa suma igual a la del ejercicio anterior? ¿Por qué? (Primero, escribe tu predicción. Luego, comprueba tu respuesta para ver si es correcta.)

3. Halla la suma de los ángulos de cada uno de los cuadriláteros de los polígonos Power. ¿Qué observas?

4. Mira las sumas de los ángulos de los triángulos y compáralas con las sumas de los ángulos de los cuadriláteros. ¿Qué observas? ¿Por qué crees que es así?

Categorías de cuadriláteros

NOTA Los estudiantes identifican los cuadriláteros y luego los clasifican por categorías.

MME 96–98

1. Encierra en un círculo todas las figuras que sean cuadriláteros.

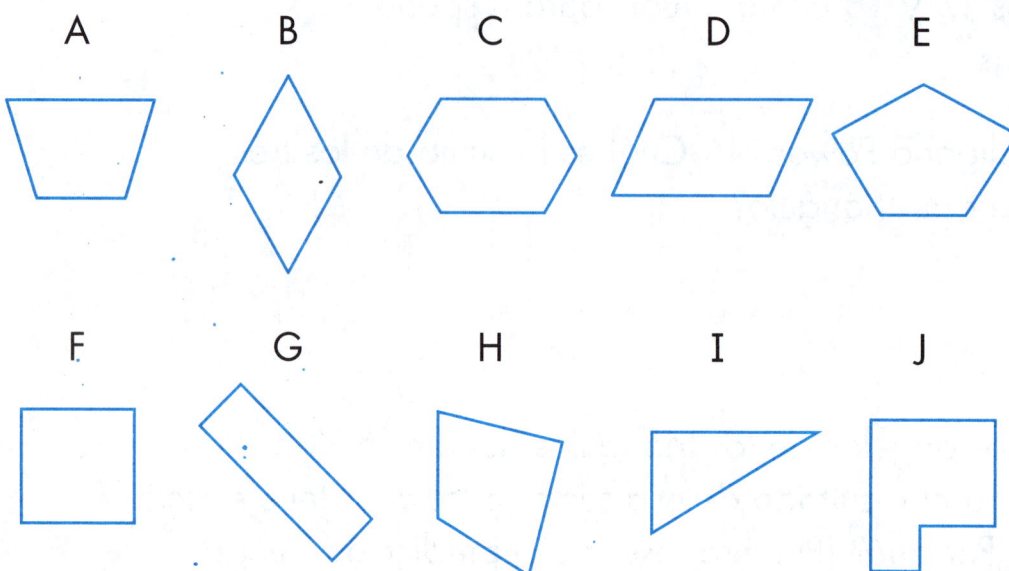

A   B   C   D   E

F   G   H   I   J

2. Clasifica cada uno de los cuadriláteros circulados en las siguientes categorías. Recuerda que las figuras se pueden clasificar en más de una categoría.

Estos cuadriláteros son paralelogramos. _____

Estos cuadriláteros son rectángulos. _____

Estos cuadriláteros son rombos. _____

3. ¿Cuáles de los cuadriláteros circulados tienen ángulos mayores que 90°? _____

Repaso continuo

4. ¿Cuál de los siguientes cuadriláteros **no** es un paralelogramo?

A. 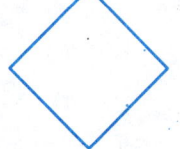   **B.**    **C.**    **D.**

Medir polígonos

¿Cuál es mayor? Parte 1

Resuelve los siguientes problemas y muestra cómo averiguaste las respuestas.

> **NOTA** Los estudiantes comparan pares de fracciones y explican cómo saben cuál es mayor.
>
> **MME** 50–51

1. ¿Cuál es mayor? $\dfrac{6}{10}$ ó $\dfrac{4}{5}$

2. ¿Cuál es mayor? $\dfrac{3}{8}$ ó $\dfrac{5}{10}$

3. ¿Cuál es mayor? $1\dfrac{2}{3}$ ó $1\dfrac{3}{4}$

4. ¿Cuál es mayor? $\dfrac{6}{5}$ ó $1\dfrac{1}{4}$

Describir polígonos

NOTA Los estudiantes comparan dos polígonos según sus atributos comunes y diferentes.

MME 93–94

1. Mira este par de polígonos. Luego, escribe al menos tres enunciados sobre cada uno de los polígonos del par.

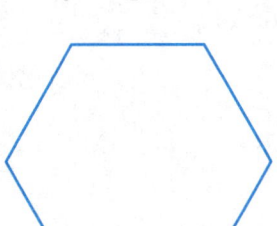
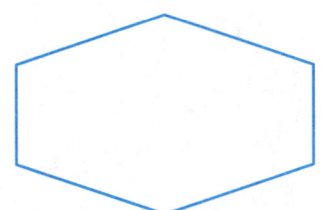

2. ¿En qué se parecen estos dos polígonos?

3. ¿En qué se diferencian?

Repaso continuo

4. ¿Cuál de los siguientes ángulos es mayor que 45°?

A. 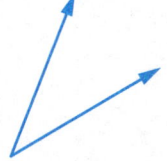   **B.**    **C.** 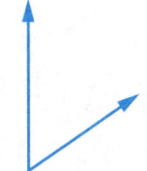   **D.**

Práctica diaria

¿Cuál es mayor? Parte 2

Resuelve los siguientes problemas y muestra cómo averiguaste las respuestas.

NOTA Los estudiantes comparan pares de fracciones y explican cómo saben cuál es mayor.

MME 50–51

1. ¿Cuál es mayor? $\dfrac{3}{4}$ ó $\dfrac{5}{6}$

2. ¿Cuál es mayor? $\dfrac{4}{10}$ ó $\dfrac{3}{8}$

3. ¿Cuál es mayor? $1\dfrac{5}{8}$ ó $1\dfrac{2}{3}$

4. ¿Cuál es mayor? $\dfrac{4}{3}$ ó $1\dfrac{3}{8}$

¿Cuál es la figura?

Encierra en un círculo las figuras que tienen todos los conjuntos de propiedades.

NOTA Los estudiantes practican cómo identificar las propiedades de los polígonos.

MME 95–101

1. • Tiene 3 lados.
  • Tiene 1 ángulo recto.
  • Tiene 2 lados de la misma longitud.

2. • Tiene exactamente un par de lados paralelos.
  • No tiene 2 ángulos del mismo tamaño.

3. • Tiene menos de 4 lados.
  • Tiene 1 ángulo obtuso.
  • Tiene 2 ángulos del mismo tamaño.

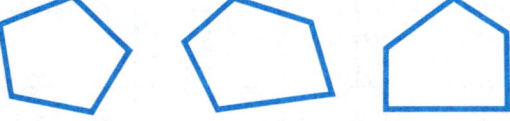

4. • Tiene 5 lados.
  • Tiene 2 ángulos rectos.
  • Tiene exactamente 1 par de lados paralelos.

5. • Tiene exactamente 2 pares de lados paralelos.
  • No tiene ningún ángulo recto.
  • No todos los lados tienen la misma longitud.

Repaso continuo

6. Crystal corre 9.6 millas cada semana. ¿Cuántas millas corre en dos semanas?

A. 4.8 mi   **B.** 18.12 mi   **C.** 18.2 mi   **D.** 19.2 mi

Formar una secuencia de cuadrados

1. Usa fichas cuadradas para formar cuadrados de
diferentes tamaños. Halla el perímetro y el área de
cada cuadrado. Si tienes tiempo, forma más cuadrados
y escribe sus medidas en los espacios en blanco.

Dimensiones del cuadrado	Perímetro	Área
1 pulgada por 1 pulgada		
2 pulgadas por 2 pulgadas		
3 pulgadas por 3 pulgadas		
4 pulgadas por 4 pulgadas		
5 pulgadas por 5 pulgadas		
6 pulgadas por 6 pulgadas		
7 pulgadas por 7 pulgadas		

2. ¿Qué patrones observas? Haz una lista de tus observaciones sobre
los cuadrados, sus perímetros o sus áreas. Escribe tus observaciones
abajo. Usa una hoja de papel aparte si es necesario.

Fracciones y porcentajes de área y de perímetro

NOTA Los estudiantes resuelven problemas de fracciones y porcentajes que incluyen área y perímetro.

MME 40–41, 102

Resuelve los siguientes problemas y muestra o explica cómo averiguaste las respuestas.

Los estudiantes de la clase de la Sra. Jackson formaron rectángulos con fichas cuadradas de colores.

1. Félix formó un rectángulo de 4 por 8 pulgadas.

   a. ¿Cuánto mide el perímetro del rectángulo de Félix? _____

   b. El perímetro del rectángulo de Hana mide $\frac{2}{3}$ del perímetro del rectángulo de Félix. ¿Cuánto mide el perímetro del rectángulo de Hana? _____

   c. ¿Cuánto mide el área del rectángulo de Félix? _____

   d. El área del rectángulo de Martín mide el 25% del área del rectángulo de Félix. ¿Cuánto mide el área del rectángulo de Félix? _____

Repaso continuo

2. ¿Qué observas sobre el área de los siguientes rectángulos?

   ¿Cuál de los siguientes rectángulos tiene el perímetro más largo?

   A.   **B.**

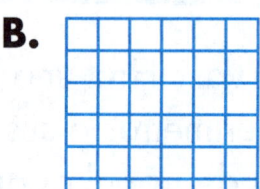

   C.

¿Verdadero o falso?

Determina si los siguientes enunciados son verdaderos o falsos. Encierra en un círculo VERDADERO o FALSO. Explica tu razonamiento.

NOTA Los estudiantes comparan fracciones y porcentajes de diferentes números.

MME 48–49, 50–51

Recuerda, $>$ significa mayor que.   Ejemplo: $3 > 2$
 $<$ significa menor que.   Ejemplo: $2 < 3$

1. $\frac{3}{4}$ de 80 $>$ $\frac{2}{3}$ de 120   VERDADERO   FALSO

2. $\frac{1}{4}$ de 36 $=$ $\frac{1}{2}$ de 18   VERDADERO   FALSO

3. 75% de 200 $<$ 75% de 260   VERDADERO   FALSO

Duplicar cuadrados (página 1 de 2)

Usa las respuestas de la página 27, *Formar una secuencia de cuadrados*, para responder las siguientes preguntas sobre cómo cambia el área de los cuadrados.

Anota el área de los siguientes cuadrados:

1. Área de un cuadrado de 2 pulgadas _____

Área de un cuadrado de 4 pulgadas _____

2. Área de un cuadrado de 3 pulgadas _____

Área de un cuadrado de 6 pulgadas _____

3. Cuando duplicas los lados de un cuadrado, ¿cómo cambia el área del cuadrado más grande?

4. ¿Por qué cambia el área de esta manera? Usa dibujos u otras representaciones para mostrar por qué ocurre este cambio. Luego, explica tu razonamiento.

Duplicar cuadrados (página 2 de 2)

Usa las respuestas de la página 27, *Formar una secuencia de cuadrados*, para responder las siguientes preguntas sobre cómo cambia el perímetro de los cuadrados.

Anota el perímetro de los siguientes cuadrados:

5. Perímetro de un cuadrado de 2 pulgadas _____

Perímetro de un cuadrado de 4 pulgadas _____

6. Perímetro de un cuadrado de 3 pulgadas _____

Perímetro de un cuadrado de 6 pulgadas _____

7. Cuando duplicas los lados de un cuadrado, ¿cómo cambia el perímetro del cuadrado más grande?

8. ¿Por qué cambia el perímetro de esa manera? Usa dibujos u otras representaciones para mostrar por qué ocurre este cambio. Luego, explica tu razonamiento.

¿Qué combinación es mayor?

Resuelve los siguientes problemas y muestra cómo averiguaste las respuestas.

> **NOTA** Los estudiantes suman fracciones y comparan las sumas para determinar qué combinación es mayor.
>
> MME **50–51, 52–53**

1. ¿Cuál es mayor? $\dfrac{1}{2} + \dfrac{1}{6}$ ó $\dfrac{1}{4} + \dfrac{3}{8}$

2. ¿Cuál es mayor? $\dfrac{5}{6} + \dfrac{2}{3}$ ó $\dfrac{9}{10} + \dfrac{3}{5}$

3. ¿Cuál es mayor? $\dfrac{3}{4} + \dfrac{1}{6} + \dfrac{1}{3}$ ó $\dfrac{5}{8} + \dfrac{1}{2} + \dfrac{1}{4}$

4. ¿Cuál es mayor? $\dfrac{7}{12} + \dfrac{1}{12} + \dfrac{1}{6}$ ó $\dfrac{1}{8} + \dfrac{3}{4}$

Clasificar en categorías

Algunas figuras pueden clasificarse en varias categorías. Escribe la letra que representa la categoría a la que corresponde cada una de las siguientes figuras.

> **NOTA** Los estudiantes clasifican triángulos y cuadriláteros.
>
> **MME** 95, 96–98

Categorías

A cuadrado	**D** trapecio	**G** triángulo equilátero	**J** triángulo rectángulo
B rectángulo	**E** paralelogramo	**H** triángulo isósceles	**K** triángulo obtusángulo
C rombo	**F** cuadrilátero	**I** triángulo escaleno	**L** triángulo acutángulo

1.

2.

3.

4.

5.

6.

7.

8.

9.

Una secuencia de rectángulos (página 1 de 2)

Forma o dibuja la secuencia de rectángulos que se muestra en la siguiente tabla. Anota el perímetro y el área de cada uno. Debes tener en cuenta que cada incremento se produce en el rectángulo original. Ejemplo: debes formar o dibujar la figura 4 de modo que sus lados sean los lados del rectángulo original (3 pulgadas × 4 pulgadas) incrementado 4 veces.

	Dimensiones del rectángulo	Perímetro	Área
1. Original	3 pulgadas × 4 pulgadas		
2. Todos los lados × 2			
3. Todos los lados × 3			
4. Todos los lados × 4			
5. Todos los lados × 5			
6. Todos los lados × 6			

7. Imagina un rectángulo con todos sus lados × 10.
Predice las siguientes medidas.

Dimensiones: _____ Perímetro: _____ Área: _____

Explica tu razonamiento.

Medir polígonos

Una secuencia de rectángulos (página 2 de 2)

8. Imagina un par de rectángulos cuyas dimensiones se dupliquen (rectángulos con todos sus lados × 2 y todos sus lados × 4, o rectángulos con todos sus lados × 3 y todos sus lados × 6). ¿Qué le ocurre al perímetro cuando duplicas cada una de las dimensiones del rectángulo?

9. Imagina el mismo par de rectángulos del ejercicio anterior. ¿Qué le ocurre al área?

10. ¿Cambian el perímetro y el área en los rectángulos de la misma manera que cambian en los cuadrados? Explica tu razonamiento.

Problemas *En el medio*

Alex y Shandra trabajan juntos para hacer un juego perfecto de *En el medio,* en el cual colocan todas las cartas. Escribe las fracciones de Alex y Shandra en las cartas en blanco para mostrar cómo se pueden colocar todas.

> **NOTA** Los estudiantes practican cómo ordenar fracciones en una vuelta del juego *En el medio*.
>
> **MME** 50–51, J10

Las cartas de Alex:

| $\frac{3}{10}$ | $\frac{1}{2}$ | $\frac{7}{8}$ | $\frac{9}{10}$ | $\frac{1}{5}$ |

Las cartas de Shandra:

| $\frac{3}{4}$ | $\frac{3}{5}$ | $\frac{3}{8}$ | $\frac{1}{8}$ | $\frac{7}{10}$ |

Juego:

| 10% | | | | | 50% | | | | | 90% |

Rectángulos que aumentan

Anota en la siguiente tabla las dimensiones, el perímetro y el área de este rectángulo. Dibuja rectángulos cuyos lados midan dos veces más, tres veces más (y así sucesivamente) de largo que los lados del rectángulo original. Anota el perímetro y el área de cada uno. (Cada ficha cuadrada mide 1 pulgada cuadrada.)

NOTA Los estudiantes hallan el perímetro y el área de una secuencia de rectángulos relacionados.

MME 102

	Dimensiones del rectángulo	Perímetro	Área
1. Original			
2. Todos los lados × 2			
3. Todos los lados × 3			
4. Todos los lados × 4			
5. Todos los lados × 5			

Formar nuevos rectángulos

Comienza con un rectángulo que mida 8 por 3 pulgadas. Anota su perímetro y su área en la siguiente tabla. Luego, imagina que cortas el rectángulo por la mitad y unes las dos mitades para formar un nuevo rectángulo. Anota las dimensiones, el perímetro y el área del nuevo rectángulo en la tabla. Repite los mismos pasos dos veces más y anota la información en la tabla.

Dimensiones	Perímetro	Área
1. 8 pulgadas por 3 pulgadas		
2.		
3.		
4.		

5. ¿Qué le ocurre al área de cada rectángulo? ¿Por qué?

6. ¿Qué le ocurre al perímetro de cada rectángulo? ¿Por qué?

7. ¿Qué observas sobre los cambios en la forma de los rectángulos?

Más problemas de área y de perímetro

Resuelve los siguientes problemas y muestra o explica cómo averiguaste las respuestas.

> **NOTA** Los estudiantes resuelven problemas de fracciones y de porcentajes que incluyen perímetro y área.
>
> **MME** 40–41, 102

1. Janet formó un rectángulo que mide 5 pulgadas por 7 pulgadas.

    a. ¿Cuánto mide el perímetro del rectángulo de Janet? _____

    b. El perímetro del rectángulo de Olivia es un 150% más largo que el de Janet. ¿Cuánto mide el perímetro del rectángulo de Olivia? _____

    c. ¿Cuánto mide el área del rectángulo de Janet? _____

    d. El área del rectángulo de Walter mide $\frac{6}{5}$ del área del rectángulo de Janet. ¿Cuánto mide el área del rectángulo de Walter? _____

2. ¿Qué observas sobre el perímetro de los siguientes rectángulos?

¿Cuál de los siguientes rectángulos tiene el área más grande?

Fracciones de perímetros y de porcentajes

NOTA Los estudiantes resuelven problemas de fracciones y de porcentajes que incluyen perímetro.

MME **40–41, 102**

Resuelve los siguientes problemas y explica cómo averiguaste las respuestas.

Los estudiantes de la Sra. Ahmad midieron el perímetro de algunos lugares y objetos de la escuela.

1. El perímetro de la clase de la Sra. Ahmad mide 120 pies. El perímetro de la enfermería de la escuela mide $\frac{3}{4}$ del perímetro de la clase.

¿Cuánto mide el perímetro de la enfermería? _____

2. El perímetro de la alfombra de la clase mide 38 pies. El perímetro de la puerta de la clase mide el 50% del perímetro de la alfombra.

¿Cuánto mide el perímetro de la puerta de la clase? _____

3. El perímetro del tablero de avisos mide 24 pies. El perímetro del arenero del área de juego es $1\frac{1}{2}$ más largo que el tablero de avisos.

¿Cuánto mide el perímetro del arenero del área de juego? _____

Medir polígonos

Cercar el jardín

La clase de la Sra. Light quiere plantar un jardín en el patio de la escuela. El jardín debe ser rectangular y el director de la escuela les ha dado 30 pies de cerca. Cada lado del rectángulo tiene que ser un número entero.

Usa papel cuadriculado, fichas cuadradas de colores o dibujos para diseñar al menos 4 jardines que puedan ser cercados con 30 pies de cerca. Halla el área de cada uno de los jardines.

Añade dibujos de tus jardines rectangulares a esta hoja. Después de diseñar al menos cuatro, completa la tabla y responde las siguientes preguntas.

Dimensiones	Perímetro	Área
1.	30 pies	
2.	30 pies	
3.	30 pies	
4.	30 pies	
5.	30 pies	
6.	30 pies	
7.	30 pies	

8. ¿Cuáles son las dimensiones del rectángulo que tiene el área más grande?

9. ¿Cuáles son las dimensiones del rectángulo que tiene el área más pequeña?

10. ¿Qué observas sobre las formas de estos rectángulos?

Formar un nuevo rectángulo de 16 × 12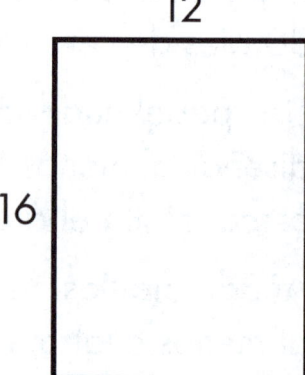

Aquí se muestra un rectángulo de 16 pulgadas por 12 pulgadas:

Anota su perímetro y su área en la siguiente tabla. Luego, imagina que cortas el rectángulo por la mitad y unes las dos mitades para formar un nuevo rectángulo. Anota las dimensiones, el perímetro y el área del nuevo rectángulo en la tabla. Repite los mismos pasos al menos tres veces más y anota la información en la tabla.

	Dimensiones	Perímetro	Área
1.	16 pulgadas por 12 pulgadas		
2.			
3.			
4.			
5.			

6. ¿Qué le ocurre al área de cada rectángulo? ¿Por qué?

7. ¿Qué le ocurre al perímetro de cada rectángulo? ¿Por qué?

8. ¿Qué observas sobre los cambios en la forma de los rectángulos?

Dimensiones del jardín

Resuelve los siguientes problemas y muestra o explica cómo averiguaste las respuestas.

NOTA Los estudiantes hallan las dimensiones de los jardines cuando conocen el área y el perímetro.

MME 102

Alicia, Charles y Yumiko plantaron jardines usando 36 pies de cerca para cercar el perímetro.

1. El área del jardín de Alicia mide 81 pies cuadrados. ¿Cuáles son las dimensiones de su jardín?

2. El área del jardín de Charles mide 45 pies cuadrados. ¿Cuáles son las dimensiones de su jardín?

3. El área del jardín de Yumiko mide 72 pies cuadrados. ¿Cuáles son las dimensiones de su jardín?

Repaso continuo

4. ¿Cuál de las siguientes figuras **no** es un polígono regular?

A.    **B.**    **C.** 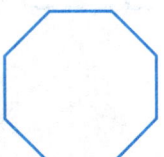   **D.**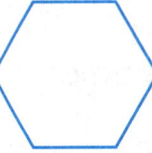

Nombra la porción sombreada

NOTA Los estudiantes usan cuadrículas de 10×10 como modelos para hallar equivalentes fraccionarios y porcentuales.

MME 47

Escribe debajo de cada cuadrícula de 10×10 el porcentaje y la fracción equivalente a la porción sombreada.

1.

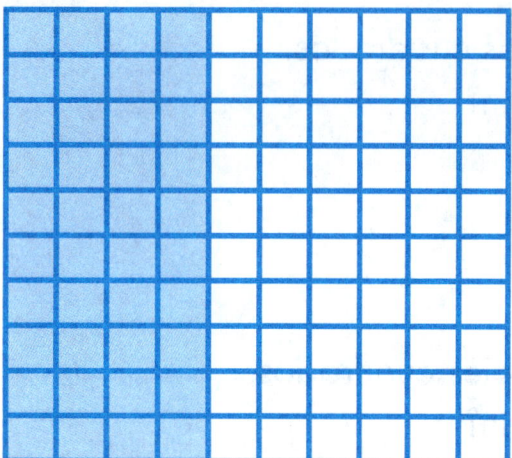

Porcentaje:

Fracción:

2.

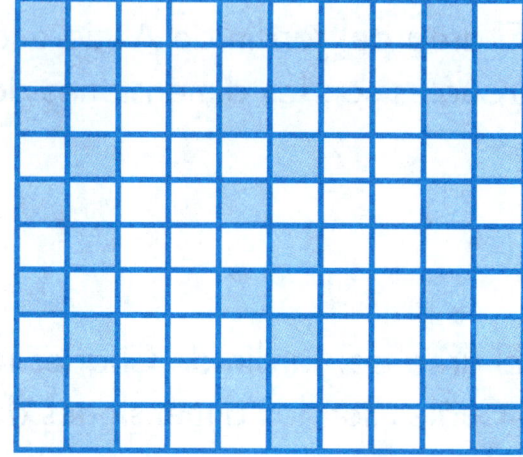

Porcentaje:

Fracción:

3.

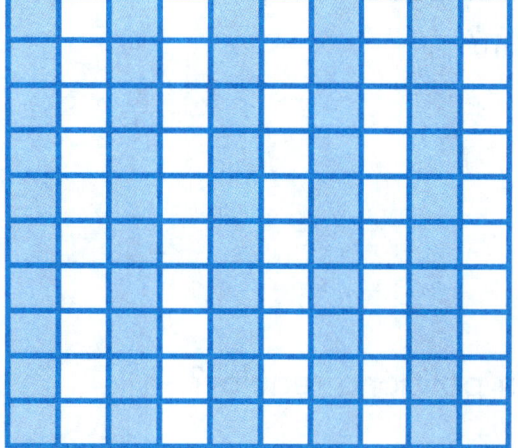

Porcentaje:

Fracción:

4.

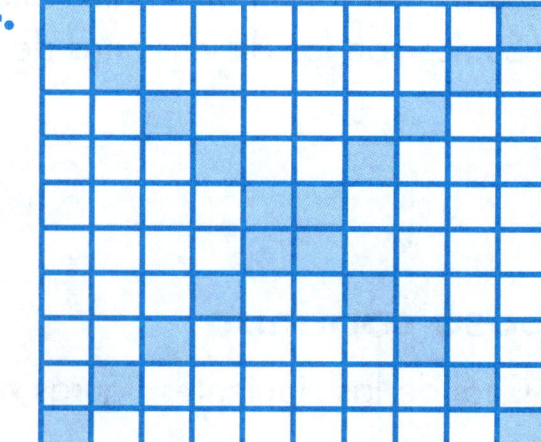

Porcentaje:

Fracción:

Más rectángulos que aumentan

Anota en la siguiente tabla las dimensiones, el perímetro y el área de este rectángulo. Dibuja rectángulos cuyos lados midan dos veces más, tres veces más (y así sucesivamente) de largo que los lados del rectángulo original. Anota el perímetro y el área de cada uno. (Cada ficha cuadrada mide 1 pulgada cuadrada.)

NOTA Los estudiantes hallan el perímetro y el área de una secuencia de rectángulos relacionados.

MME 102

	Dimensiones del rectángulo	**Perímetro**	**Área**
1. Original			
2. Todos los lados × 2			
3. Todos los lados × 3			
4. Todos los lados × 4			
5. Todos los lados × 5			

Medir polígonos

Formar polígonos semejantes

Forma o dibuja polígonos semejantes para cada uno
de los siguientes polígonos Power. Los lados del segundo
polígono deben medir dos veces más de largo que
los lados del polígono original, el tercero debe medir
tres veces más de largo y así sucesivamente.

Polígono	Original	Número de partes en figuras semejantes (más grandes)			
		2°	3°	4°	5°
1. cuadrado B					
2. rectángulo C					
3. triángulo N					
4. triángulo J					
5. rombo M					
6. paralelogramo O					

7. Predice cuántas partes serán necesarias para formar la décima
figura del cuadrado B. Explica tu razonamiento.

8. Predice cuántas partes serán necesarias para formar la décima
figura del triángulo N. Explica tu razonamiento.

Medir polígonos

Hallar equivalentes fraccionarios y porcentuales

Sombrea la porción que representa la fracción o el porcentaje correspondiente a cada una de las cuadrículas de 10×10. Escribe cualquier equivalente fraccionario o porcentual.

> **NOTA** Los estudiantes usan cuadrículas de 10×10 como modelos para hallar equivalentes fraccionarios y porcentuales.
>
> **MME** 47

1.

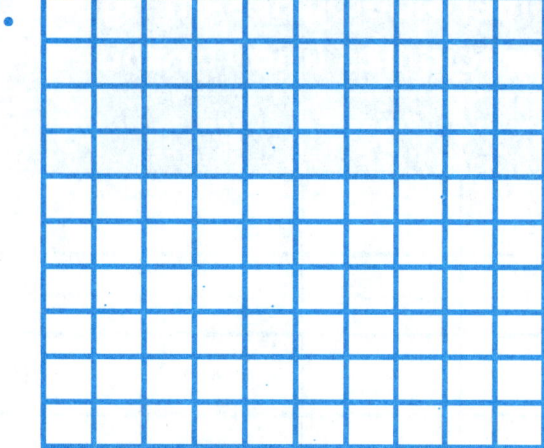

Porcentaje: 25%

Fracción:

2.

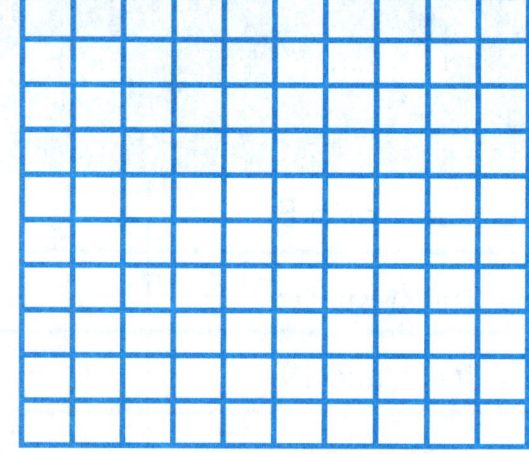

Porcentaje: 30%

Fracción:

3.

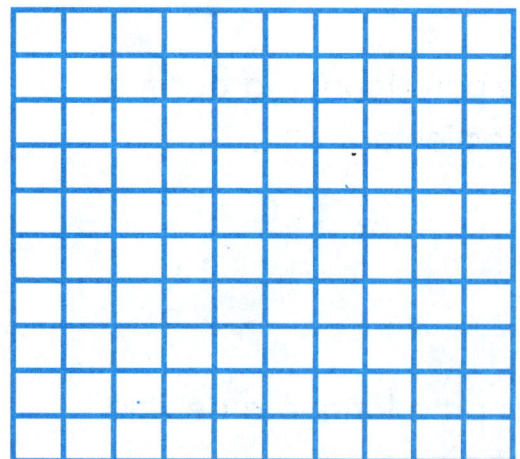

Porcentaje:

Fracción: $\frac{4}{5}$

4.

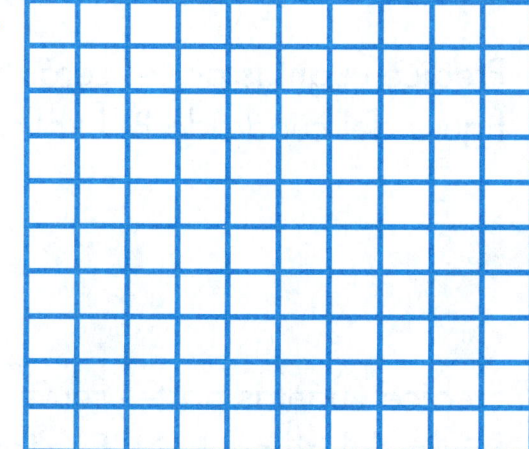

Porcentaje:

Fracción: $\frac{2}{3}$

Fracciones que suman uno

Usa la esfera del reloj para sumar fracciones.
Encierra en un círculo los conjuntos de fracciones
que suman 1. Usa solamente las fracciones que
están unas al lado de otras en una columna o fila.
Algunas fracciones se usarán más de una vez.
Usa el siguiente ejemplo como modelo.

NOTA Los estudiantes usan fracciones en la esfera de un reloj para sumar fracciones.

MME 52–53

$\dfrac{7}{12}$	$\dfrac{1}{12}$	$\dfrac{1}{3}$
$\dfrac{9}{12}$	$\dfrac{1}{4}$	$\dfrac{5}{6}$
$\dfrac{1}{6}$	$\dfrac{2}{3}$	$\dfrac{2}{12}$

Formar hexágonos semejantes (página 1 de 2)

1. Dibuja el hexágono H. Luego, forma y dibuja la segunda figura, un hexágono semejante cuyos lados midan dos veces más de largo que los lados del hexágono H. Forma la tercera figura, un hexágono semejante cuyos lados midan tres veces más de largo que los lados del hexágono H. Luego, dibújalo en una hoja de papel aparte. (Para formar algunas figuras necesitarás otros polígonos Power además del H.)

Primera figura del hexágono H

Segunda figura del hexágono H

Medir polígonos

Formar hexágonos semejantes (página 2 de 2)

2. Mira cada uno de los hexágonos y anota cuántas partes de los polígonos Power usaste para formar la segunda y la tercera figura hexagonal:

Segunda figura hexagonal:

Partes	Cantidad
triángulo N	
rombo M	
trapecio K	
hexágono H	

Tercera figura hexagonal:

Partes	Cantidad
triángulo N	
rombo M	
trapecio K	
hexágono H	

3. Si la unidad de área de cada uno de estos hexágonos semejantes es el polígono Power hexagonal H, ¿cuánto mide, en hexágonos, el área de la segunda figura? Explica cómo hallaste tu respuesta.

4. ¿Cuánto mide, en hexágonos, el área de la tercera figura? Explica cómo hallaste tu respuesta.

Figuras semejantes en cuadrículas

NOTA Los estudiantes dibujan en cuadrículas figuras semejantes cuyos lados miden dos y tres veces más de largo que los lados de las figuras originales.

MME 103–104

1. Usa la cuadrícula para dibujar una figura semejante cuyos lados midan dos veces más de largo que los lados de la figura original. Halla el área de las dos figuras.

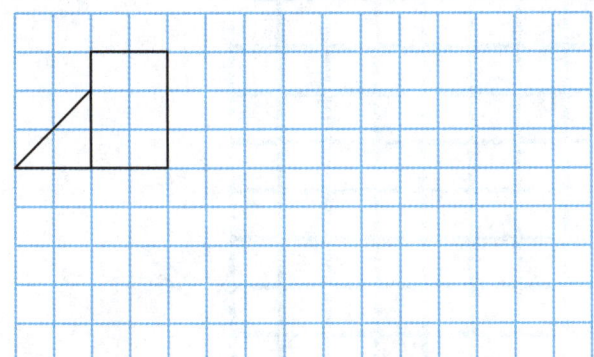

Área de la figura original:

_____

Área de la nueva figura:

_____

2. Usa la cuadrícula para dibujar una figura semejante cuyos lados midan tres veces más de largo que los lados de la figura original. Cuenta los triángulos para hallar el área de las dos figuras.

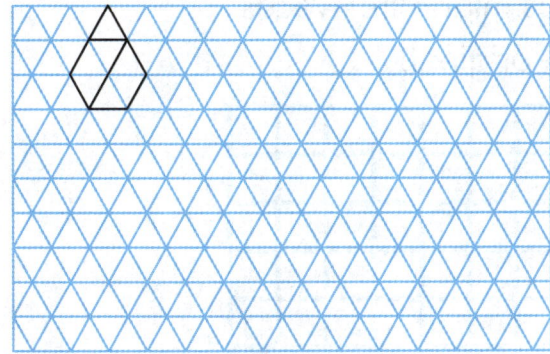

Área de la figura original:

_____

Área de la nueva figura:

_____

Repaso continuo

3. ¿Cuál de los siguientes pares de polígonos **no** es semejante?

A.    **B.**    **C.**

Dibujar figuras semejantes

Usa las cuadrículas para tus dibujos.
Halla el área de cada figura.

> **NOTA** Los estudiantes dibujan figuras semejantes cuyos lados miden dos y tres veces más de largo que los lados de la figura original. Luego, hallan el perímetro y el área de cada figura.
>
> **MME** 102, 103–104

1. Dibuja una figura semejante cuyos lados midan dos veces más de largo que los lados de la figura original.

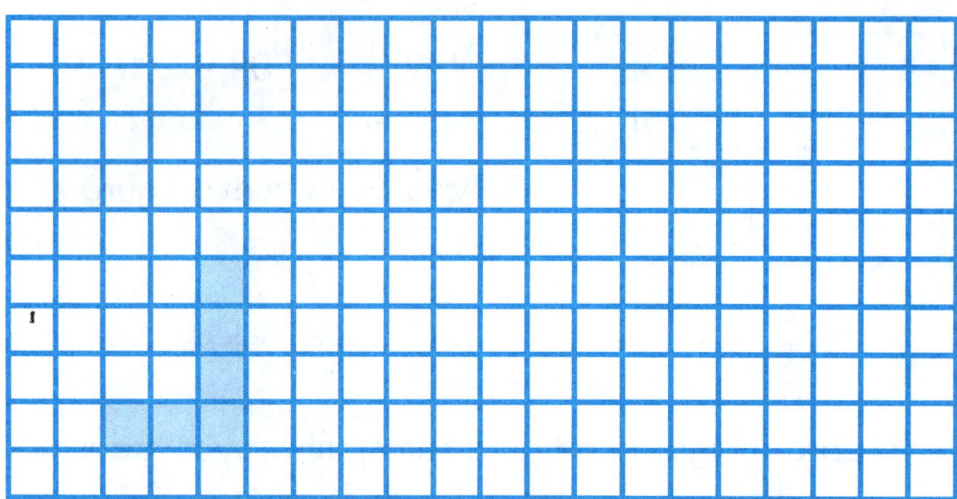

Área de la figura original: _____   Área de la nueva figura: _____

2. Dibuja una figura semejante cuyos lados midan tres veces más de largo que los lados de la figura original.

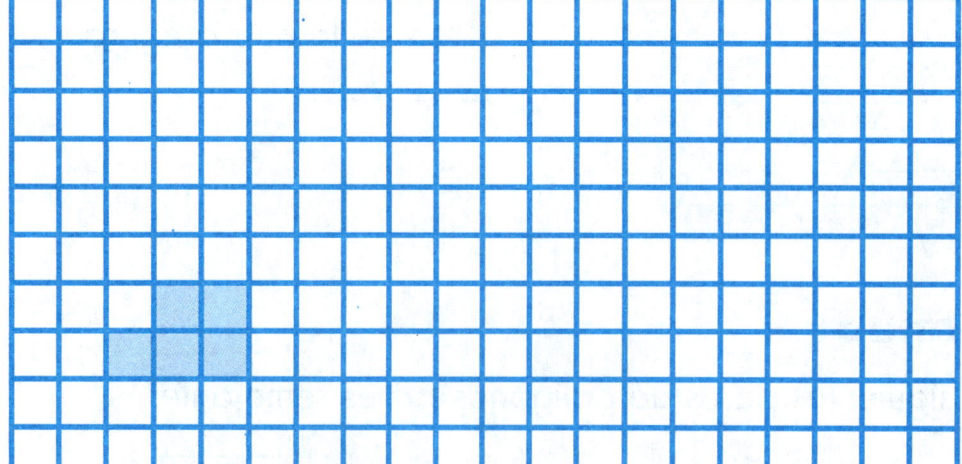

Área de la figura original: _____   Área de la nueva figura: _____

Hacer un cartel de figuras semejantes

Trabaja con un compañero de clase para hacer esta actividad. Usa de 2 a 6 partes de un polígono Power para formar un polígono. Asegúrate de que no tenga el mismo tamaño que uno de los polígonos Power.

1. Usa polígonos Power adicionales para formar figuras que sean semejantes a la figura que formaste. Forma una figura cuyos lados midan dos veces más de largo que los lados de la figura original y otra cuyos lados midan tres veces más de largo. Dibuja cada una de estas figuras (la original, la segunda figura y la tercera figura) en un cartel.

2. ¿Qué observas al comparar las áreas de las figuras más grandes con el área de la figura original? Usa marcadores y lápices de colores para explicar tus ideas sobre área en tu cartel.

3. ¿Qué observas al comparar los perímetros de las figuras más grandes con el perímetro de la figura original? Usa marcadores y lápices de colores para explicar tus ideas sobre perímetro en tu cartel.

© Pearson Education **5**

Problemas sobre porcentajes

Resuelve los siguientes problemas. Explica cómo averiguaste tus respuestas.

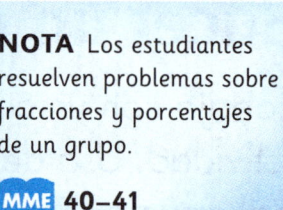

NOTA Los estudiantes resuelven problemas sobre fracciones y porcentajes de un grupo.

MME **40–41**

1. En una clase hay 24 estudiantes.

   a. El 50% fue a la biblioteca. ¿Cuántos estudiantes fueron a la biblioteca?

   b. 8 de los estudiantes que no fueron a la biblioteca participaron en una campaña para recolectar alimentos enlatados. ¿Qué porcentaje participó en la campaña?

   c. El resto de los estudiantes se quedó en la clase para acabar sus tareas. ¿Qué fracción de los estudiantes se quedó en la clase? ¿Qué porcentaje se quedó en la clase?

2. En otra clase hay 30 estudiantes.

   a. 15 fueron al laboratorio de informática. ¿Qué porcentaje fue al laboratorio de informática?

   b. 3 de los estudiantes que no fueron al laboratorio de informática ayudaron al maestro en la clase de primer grado. ¿Qué porcentaje ayudó en la clase de primer grado?

   c. 6 de los estudiantes que no fueron al laboratorio de informática ni ayudaron al maestro trabajaron en el centro de escritura. ¿Qué porcentaje trabajó en el centro de escritura?

   d. El resto de los estudiantes no asistió a la escuela. ¿Cuántos estudiantes no asistieron a la escuela? ¿Qué porcentaje no asistió a la escuela?

Patrones de áreas

Cuenta los cuadrados o los triángulos pequeños para hallar las áreas.

> **NOTA** Los estudiantes hallan el área de pares de figuras semejantes en las cuales una figura tiene lados que miden el doble de largo que los lados de la otra figura.
>
> **MME** 102, 103–104

1.

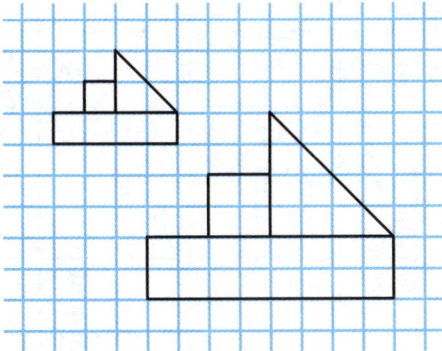

2.

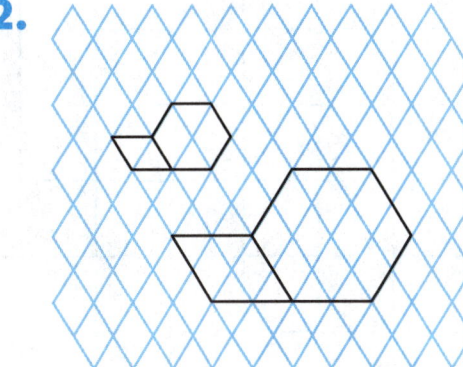

3.

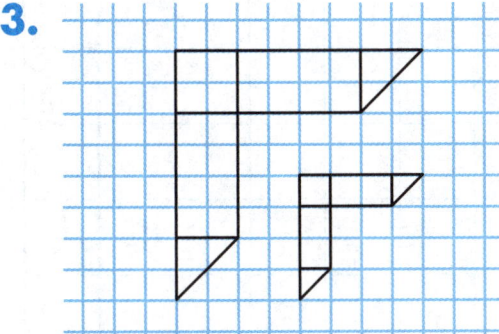

4.

5. En un par de polígonos semejantes, el polígono cuyos lados miden dos veces más de largo que los lados del otro tiene un área que es _____ veces más grande.

Repaso continuo

6. Completa esta ecuación: $\frac{1}{2} + \frac{1}{6} =$ _____

    A. 1   **B.** $\frac{2}{3}$ **C.** $\frac{1}{3}$ **D.** $\frac{3}{12}$

Pares de polígonos

Mira cada uno de los siguientes pares de
polígonos. ¿Son los polígonos de cada par
semejantes o diferentes? Explica tus respuestas.

> **NOTA** Los estudiantes
> determinan si los pares de
> polígonos son semejantes o no
> y explican su razonamiento.
>
> **MME** 103–104

1.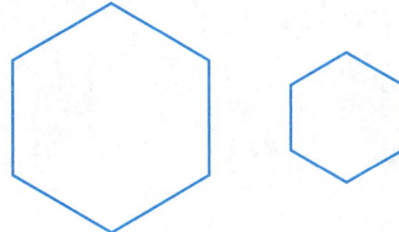

_____

2.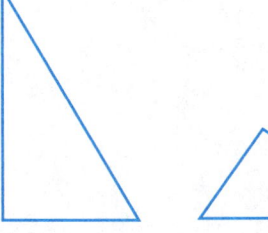

_____

3.

_____

Repaso continuo

4. ¿Cuál de las siguientes figuras **no** es un pentágono?

A. 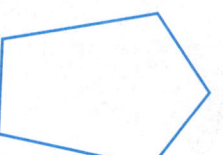   **B.**    **C.** 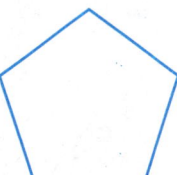   **D.**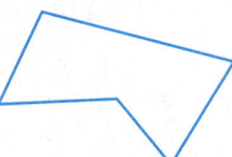

Problemas de fracciones

Resuelve los siguientes problemas y muestra o explica cómo los resolviste.

NOTA Los estudiantes practican cómo sumar y restar fracciones.

MME 52–53

1. Mercedes y Zachary hornearon dos bandejas de pan de maíz y le regalaron $\frac{3}{4}$ a su abuela. Mercedes y Zachary se comieron $\frac{2}{3}$ de de una bandeja. ¿Qué cantidad de pan de maíz sobró?

2. $\frac{5}{8} + \frac{1}{4} + \frac{3}{3} =$ _____

3. $4 - \frac{5}{6} =$ _____

Polígonos semejantes

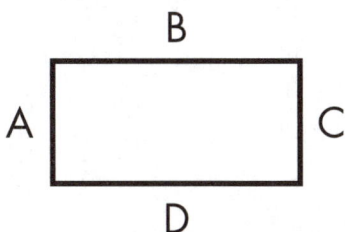

> **NOTA** Los estudiantes determinan las dimensiones de polígonos semejantes creando una tabla y luego, explicando su razonamiento.
>
> **MME** 103–104

Austin quiere construir una piscina en el patio de su casa. En el folleto de venta de una tienda ha encontrado un diseño que le gusta. Quiere construir una piscina semejante a esa pero más grande, de manera que la suya sea el doble de la que aparece en el folleto.

1. Usa la tabla para determinar las dimensiones de su piscina. Cada lado deberá duplicarse. Escribe en la tabla las nuevas dimensiones para cada lado.

	Lado A	**Lado B**	**Lado C**	**Lado D**
Piscina de Austin				
Piscina del folleto	4 pies	8 pies	4 pies	8 pies

2. Dibuja la piscina de Austin. Rotula las dimensiones de cada lado de la piscina.

3. Explica por qué las dos piscinas son semejantes.

Parrot Fire Kris Northern

"Rather than zoom into the fractal you can zoom into the edge of it and continually find the same pattern repeating itself much like the shoreline of a lake viewed from a plane." – **Kris Northern**

Investigations
IN NUMBER, DATA, AND SPACE®
en español

Cuadrículas y rectas numéricas con decimales

Investigación 1

Investigación 2

Cuadrículas y rectas numéricas con decimales

Décimas y centésimas

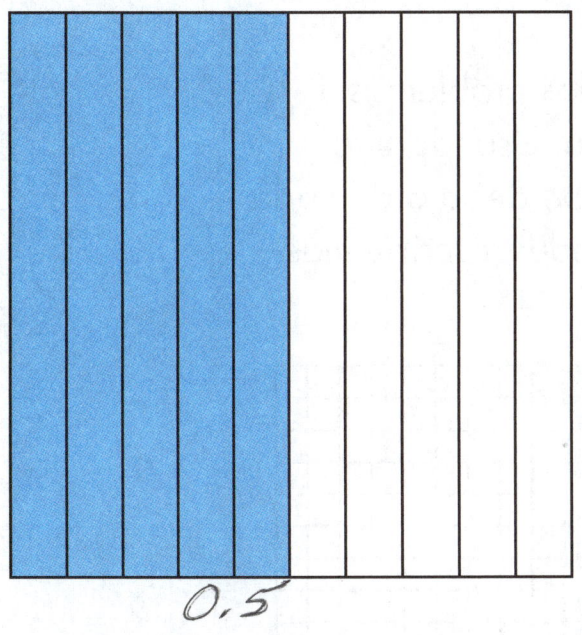

0.5

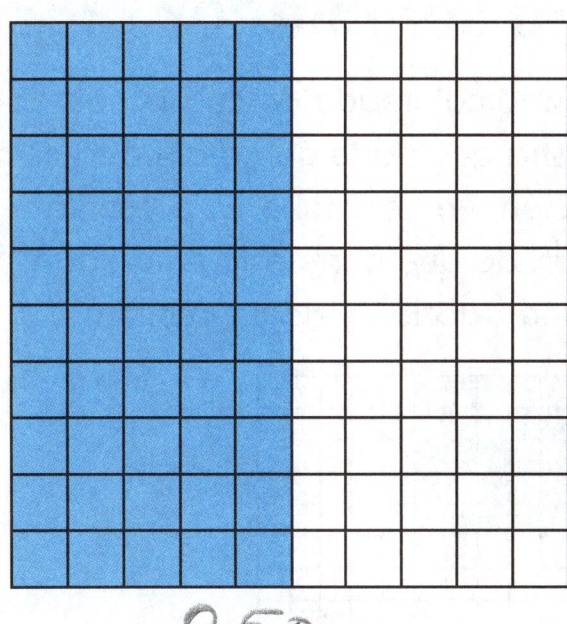

0.50

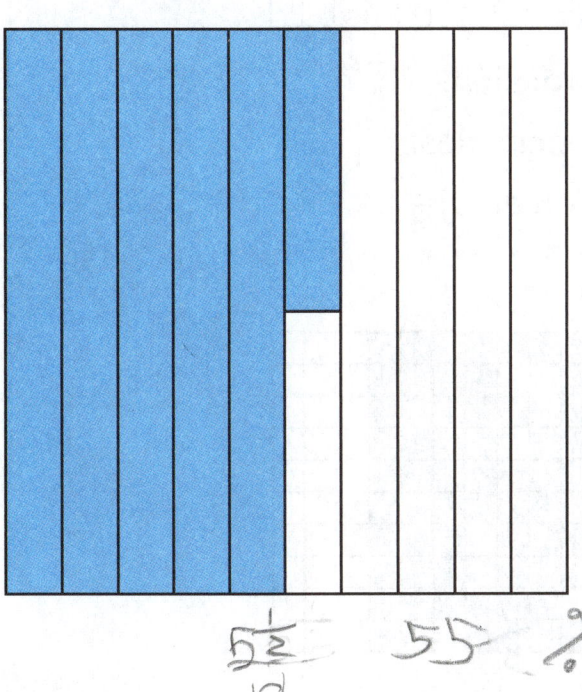

$5\frac{1}{10}$ 55 ?

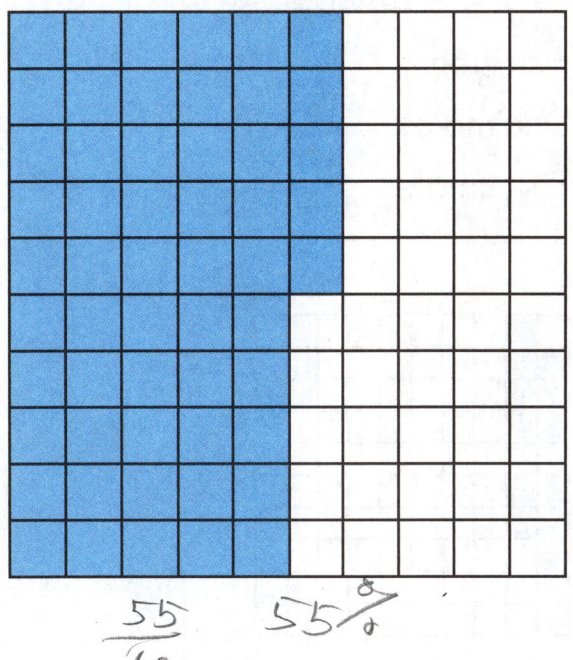

$\frac{55}{100}$ 55%

Cuadrículas y rectas numéricas con decimales

¿Qué parte del jardín está sembrada? (página 1 de 3)

La parte coloreada de cada cuadrado de los problemas 1–10 muestra qué parte del jardín está sembrada. Usando una fracción, un decimal o un porcentaje, escribe debajo de cada cuadrado qué parte está coloreada. Si puedes, escribe más de una fracción y de un decimal.

1.

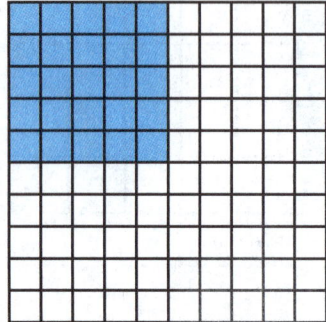

Fracción:

Decimales:

Porcentaje:

2.

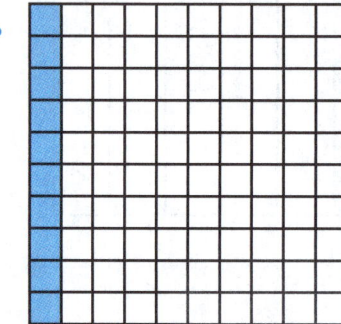

Fracción:

Decimales:

Porcentaje:

3.

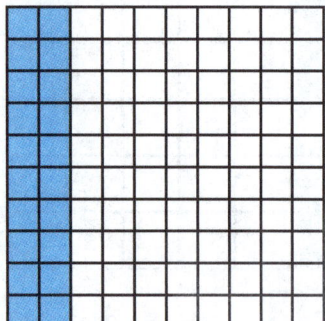

Fracción:

Decimales:

Porcentaje:

4.

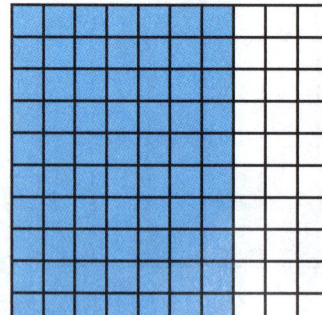

Fracción:

Decimales:

Porcentaje:

¿Qué parte del jardín está sembrada? (página 2 de 3)

5.

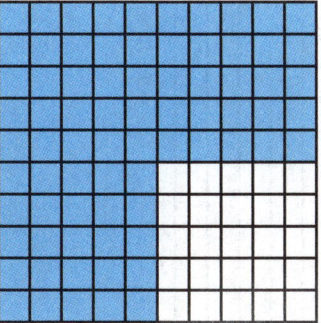

Fracción:

Decimales:

Porcentaje:

6.

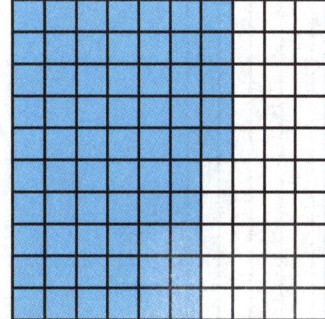

Fracción:

Decimales:

Porcentaje:

7.

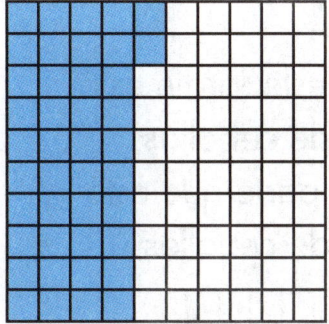

Fracción:

Decimales:

Porcentaje:

8.

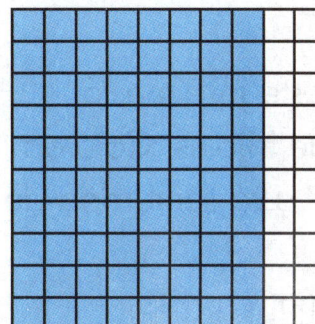

Fracción:

Decimales:

Porcentaje:

¿Qué parte del jardín está sembrada? (página 3 de 3)

9.

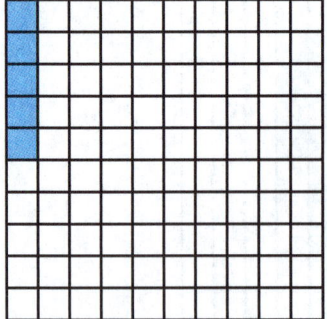

Fracción:

Decimales:

Porcentaje:

10.

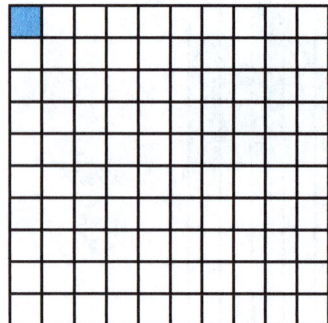

Fracción:

Decimales:

Porcentaje:

11. El 0.40 de este jardín está sembrado de frijoles. Colorea la parte que está sembrada de frijoles.

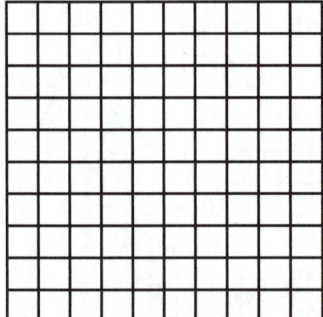

¿De qué otras maneras puedes escribir esta cantidad?

12. El 0.98 de este jardín está sembrado de cebollas. Colorea la parte que está sembrada de cebollas.

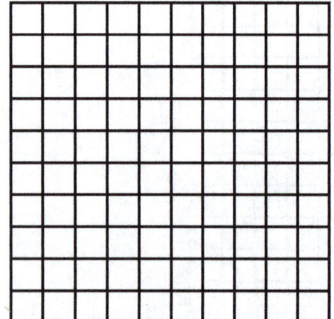

¿De qué otras maneras puedes escribir esta cantidad?

Cuadrículas y rectas numéricas con decimales   **Práctica diaria**

¿Qué parte está coloreada?

Mira la parte coloreada de cada cuadrado. Usando una fracción, un decimal o un porcentaje, escribe debajo de cada cuadrado qué parte está coloreada. Si puedes, escribe más de una fracción y de un decimal.

> **NOTA** Los estudiantes identifican y nombran las partes coloreadas de un cuadrado con fracciones, porcentajes o decimales.
>
> **MME** 46

1.

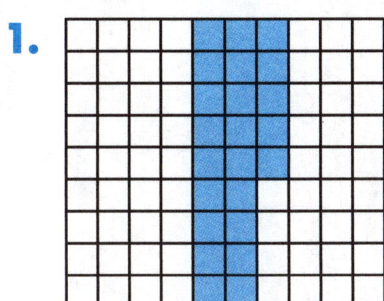

Fracción:

Decimales:

Porcentaje:

2.

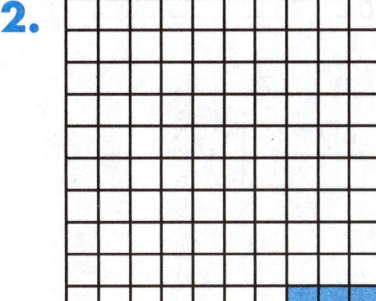

Fracción:

Decimales:

Porcentaje:

3. Colorea el 0.80 del siguiente cuadrado. ¿De qué otras maneras puedes escribir esta cantidad?

4. Colorea el 0.43 del siguiente cuadrado. ¿De qué otras maneras puedes escribir esta cantidad?

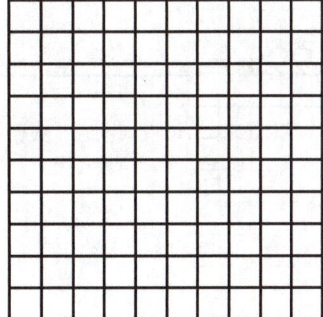

Repaso continuo

5. ¿Cuál es el equivalente decimal de 32%?

     A. 0.032   **B.** 0.32   **C.** 3.2   **D.** 32.0

Cuadrículas y rectas numéricas con decimales

Sumar y restar números grandes

NOTA Los estudiantes repasan cómo sumar y restar números grandes.

MME 8–9, 10–13

Resuelve los siguientes problemas. Expresa tu respuesta con anotaciones claras y precisas.

1. $9{,}413 - 5{,}582 =$ _____

2.
$$\begin{array}{r} 4{,}290 \\ -2{,}887 \\ \hline \end{array}$$

3. $10{,}579 + 8{,}013 =$ _____

4.
$$\begin{array}{r} 45{,}899 \\ -\ 6{,}125 \\ \hline \end{array}$$

5. $14{,}002 - 2{,}995 =$ _____

Centésimas y milésimas (página 1 de 2)

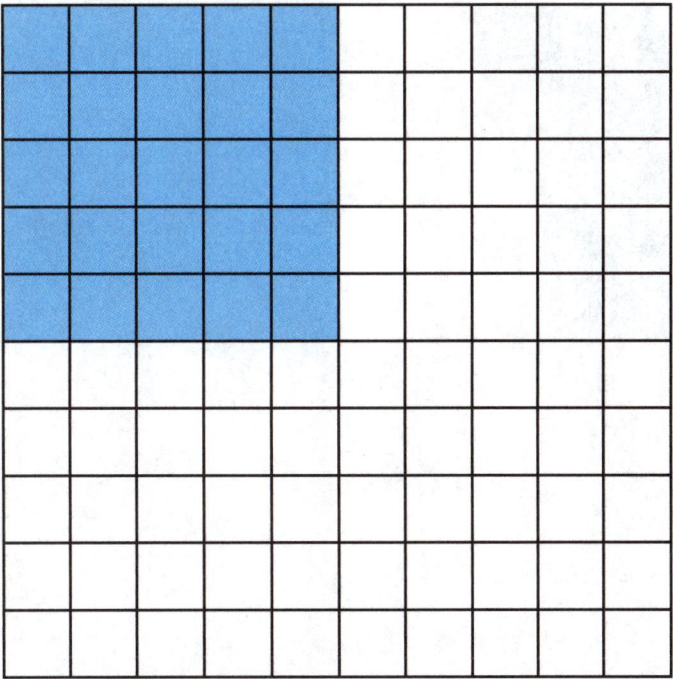

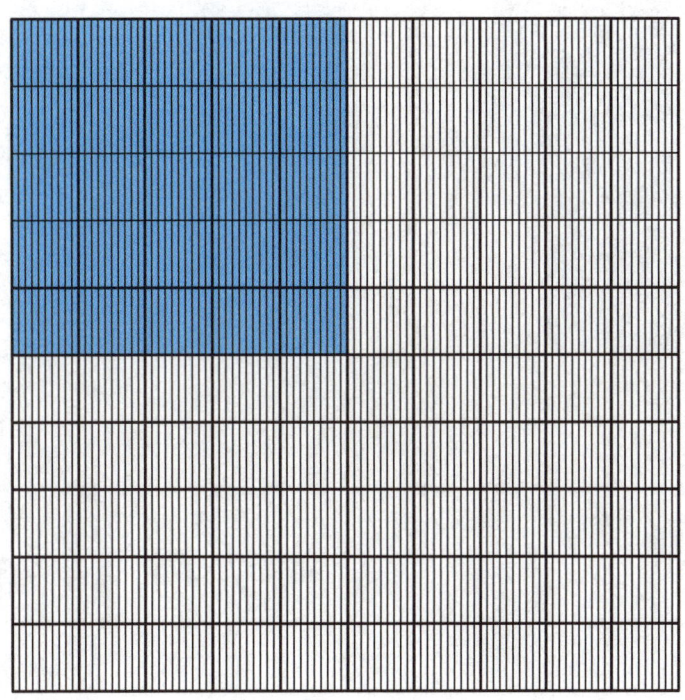

Cuadrículas y rectas numéricas con decimales

Centésimas y milésimas (página 2 de 2)

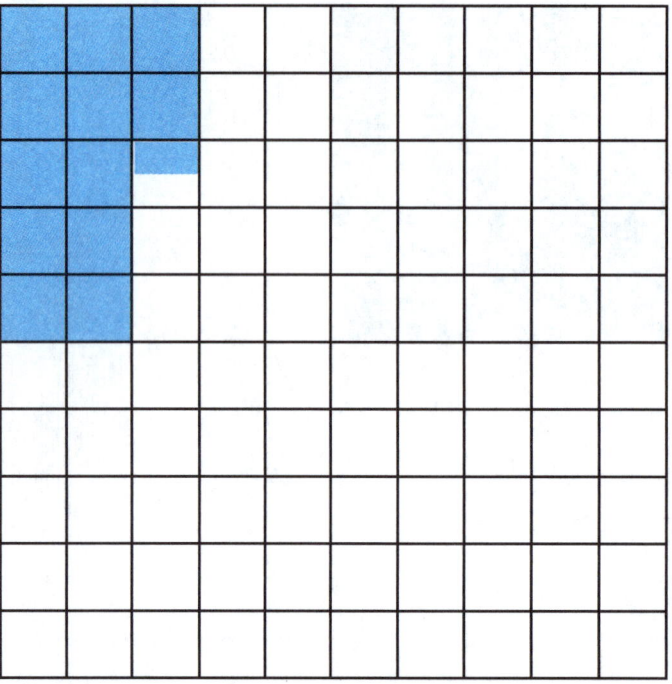

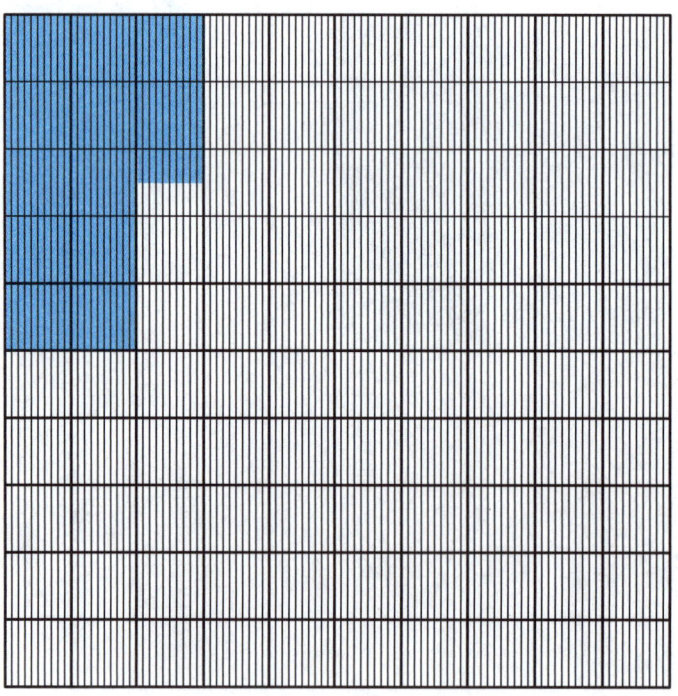

Cuadrículas decimales con centésimas y milésimas (página 1 de 6)

Colorea los siguientes cuadrados. Escribe el decimal, la fracción y el porcentaje que ya sabes para cada uno de los pares.

1. Colorea el 0.75 de cada uno de los siguientes cuadrados.

Decimales: 0.75, _____

Fracción:

Porcentaje:

Decimales: 0.75, _____

Fracción:

Porcentaje:

Cuadrículas decimales con centésimas y milésimas (página 2 de 6)

Colorea los siguientes cuadrados. Escribe el decimal, la fracción y el porcentaje que ya sabes para cada uno de los pares.

2. Colorea el 0.125 de cada uno de los siguientes cuadrados.

Decimales: 0.125, _____

Fracción:

Porcentaje:

Decimales: 0.125, _____

Fracción:

Porcentaje:

Cuadrículas decimales con centésimas y milésimas (página 3 de 6)

Colorea los siguientes cuadrados. Escribe el decimal, la fracción y el porcentaje que ya sabes para cada uno de los pares.

3. Colorea el 0.3 de cada uno de los siguientes cuadrados.

Decimales: 0.3, _____

Fracción:

Porcentaje:

Decimales: 0.3, _____

Fracción:

Porcentaje:

Cuadrículas decimales con centésimas y milésimas (página 4 de 6)

Colorea los siguientes cuadrados. Escribe el decimal, la fracción y el porcentaje que ya sabes para cada uno de los pares.

4. Colorea el 0.15 de cada uno de los siguientes cuadrados.

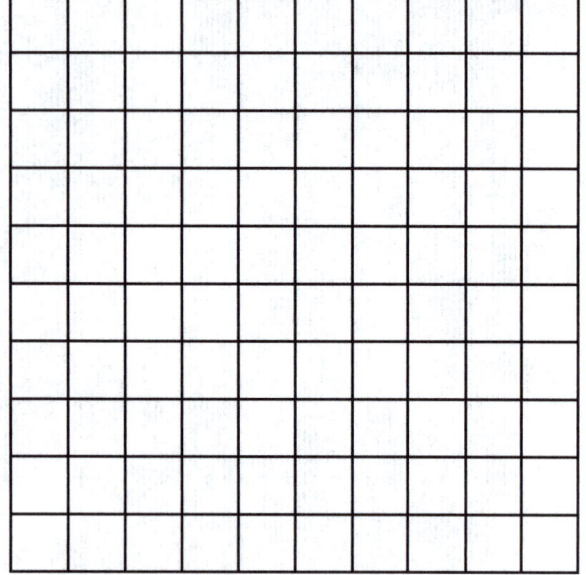

Decimales: 0.15, _____

Fracción:

Porcentaje:

Decimales: 0.15, _____

Fracción:

Porcentaje:

Cuadrículas decimales con centésimas y milésimas (página 5 de 6)

Colorea los siguientes cuadrados. Escribe el decimal, la fracción y el porcentaje que ya sabes para cada uno de los pares.

5. Colorea el 0.78 de cada uno de los siguientes cuadrados.

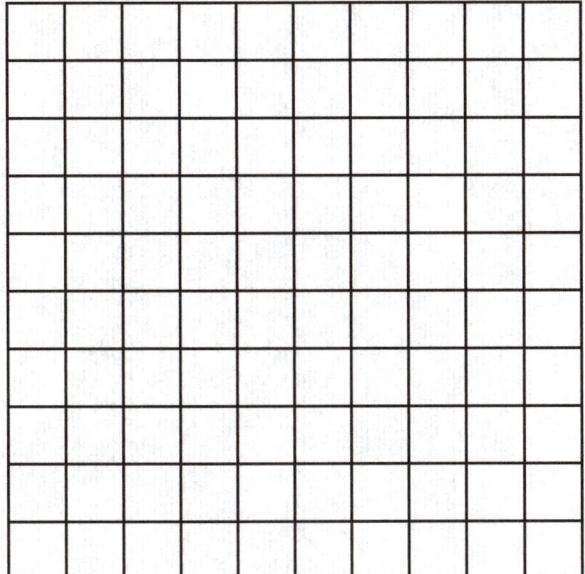

Decimales: 0.78, _____

Fracción:

Porcentaje:

Decimales: 0.78, _____

Fracción:

Porcentaje:

Cuadrículas decimales con centésimas y milésimas (página 6 de 6)

Colorea los siguientes cuadrados. Escribe el decimal, la fracción y el porcentaje que ya sabes para cada uno de los pares.

6. Colorea el 0.625 de cada uno de los siguientes cuadrados.

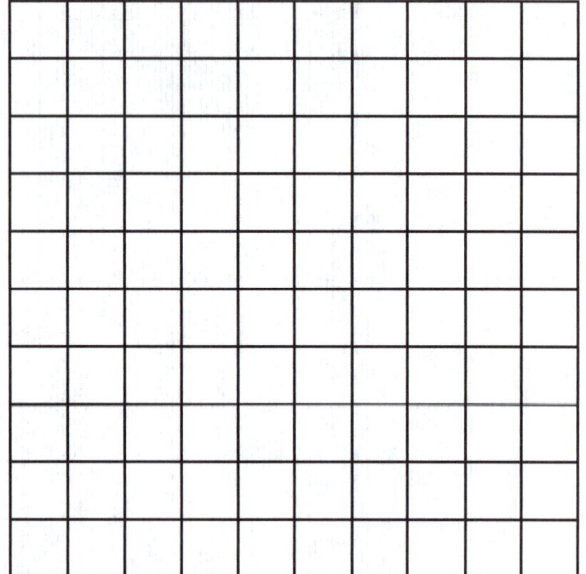 

Decimales: 0.625, _____   Decimales: 0.625, _____

Fracción: Fracción:

Porcentaje: Porcentaje:

Emparejar porciones coloreadas

NOTA Los estudiantes emparejan la porción coloreada de la cuadrícula con el decimal o la fracción correspondiente.

MME 55–56

1. Empareja la parte coloreada de cada cuadrícula con las fracciones o decimales correspondientes.

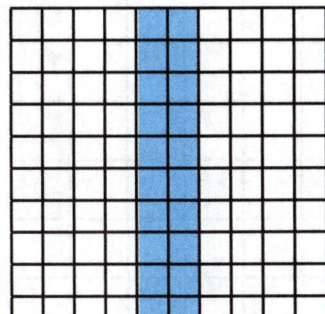 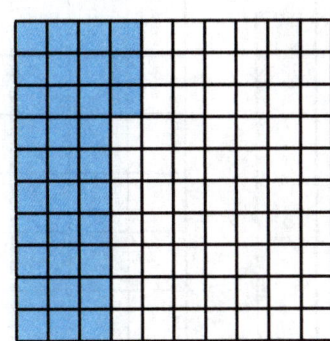 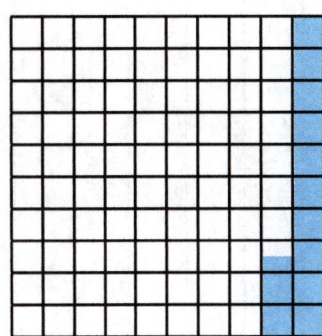

| $\dfrac{1}{8}$ | 0.2 | 0.33 | $\dfrac{33}{100}$ | 0.125 | $\dfrac{200}{1,000}$ | $\dfrac{125}{1,000}$ |

Repaso continuo

2. ¿Cuál de las siguientes ecuaciones **no** es verdadera?

A. $0.500 = \dfrac{1}{2}$ **C.** $0.75 = \dfrac{3}{4}$

B. $\dfrac{1}{3} = 0.13333$ **D.** $\dfrac{2}{10} = 20\%$

Cuadrículas decimales

Décimas

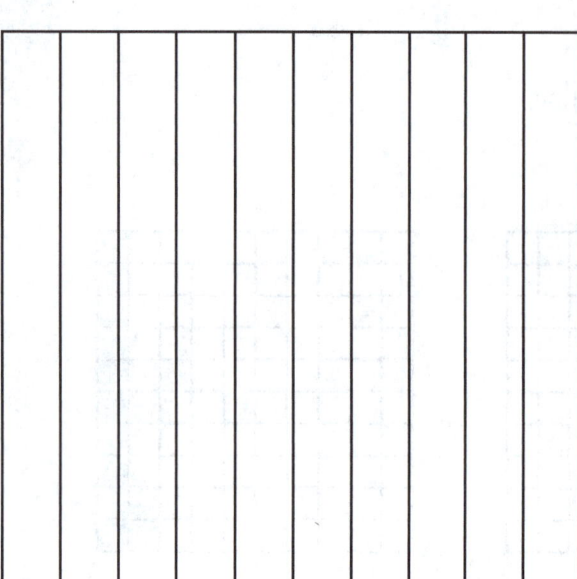

Centésimas

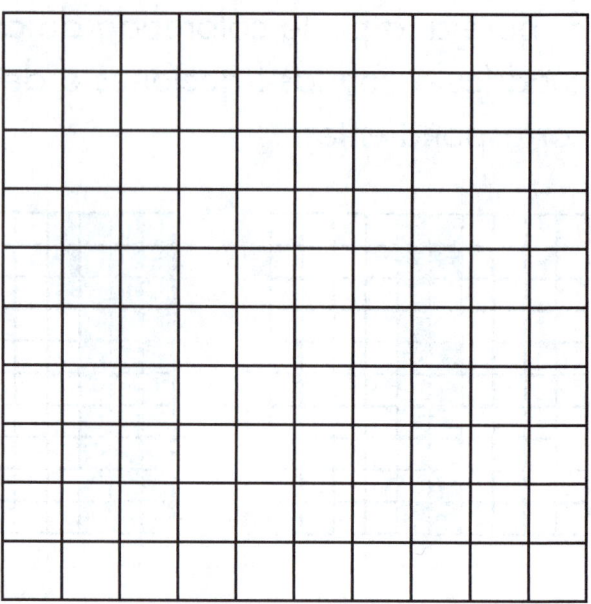

Milésimas

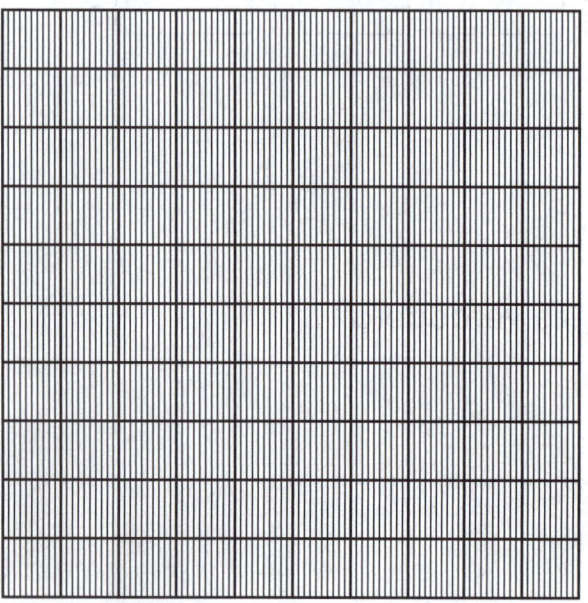

Diezmilésimas

Ordenar decimales

Reparte cinco tarjetas de decimales para cada una de las rectas numéricas. Luego, marca cada uno de los decimales en la correspondiente recta numérica.

1.

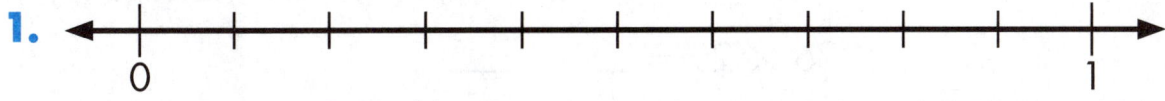

0 1

2.

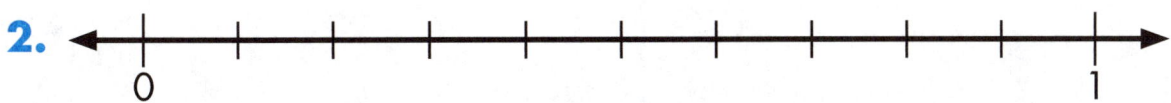

0 1

3.

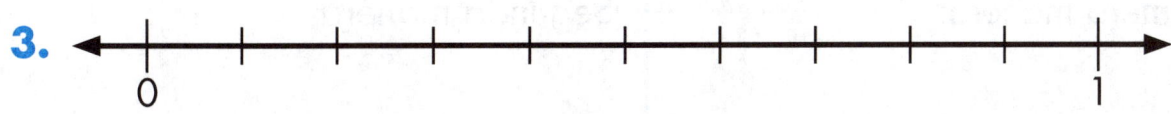

0 1

4.

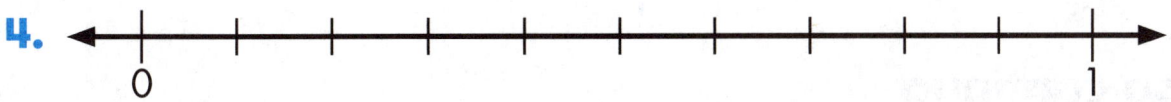

0 1

Resolver de dos maneras

Resuelve los siguientes problemas
de dos maneras y muestra tu trabajo
con claridad.

> **NOTA** Los estudiantes practican cómo
> resolver problemas de multiplicación y
> usan un método para comprobar el otro.
> Pueden usar estos métodos para
> cualquier ejercicio de esta unidad.
>
> **MME 30–32**

1. $76 \times 29 = $ _____

Primera manera:	Segunda manera:

2. $58 \times 46 = $ _____

Primera manera:	Segunda manera:

Repaso continuo

3. ¿Cuál de los siguientes enunciados es **verdadero**?

   A. $80 \times 10 > 50 \times 20$ **C.** $50 \times 6 < 7 \times 40$

   B. $30 \times 70 > 20 \times 100$ **D.** $100 \times 70 < 30 \times 30$

Cuadrículas y rectas numéricas con decimales

Ordenar cantidades de precipitación

NOTA Los estudiantes practican cómo ordenar decimales.

MME 61–62

Aquí se muestra un promedio mensual de las cantidades de precipitación caídas en dos ciudades durante un período de 30 años. Ordena los meses de mayor a menor cantidad de precipitación registrada. Todas las cantidades están registradas en pulgadas.

1. Pueblo, Colorado*

Enero: 0.32   Febrero: 0.31   Marzo: 0.78   Abril: 0.88   Mayo: 1.25

Mes	Precipitación

2. Bridgeport, Connecticut*

Enero: 3.24   Febrero: 3.01   Marzo: 3.75   Abril: 3.96   Mayo: 3.46

Mes	Precipitación

*Los datos corresponden a los años 1961–1990.

Problemas iniciales de multiplicación

NOTA Los estudiantes practican cómo resolver problemas de multiplicación y usan un método para comprobar el otro.

MME 30–32

Resuelve los siguientes problemas de dos maneras, usando como ejemplo los pasos que aparecen a continuación. Muestra tu trabajo con claridad.

1. $78 \times 45 =$ _____

Comienza resolviendo	Comienza resolviendo
$80 \times 45 =$	$70 \times 40 =$

2. $32 \times 128 =$ _____

Comienza resolviendo	Comienza resolviendo
$32 \times 100 =$	$10 \times 128 =$

Repaso continuo

3. ¿Cuál de los siguientes números **no** es un factor de 300?

A. 25   **B.** 18   **C.** 6   **D.** 4

Más precipitación

Aquí se muestra un promedio mensual de las cantidades de precipitación caídas en dos ciudades durante un período de 30 años. Ordena los meses de mayor a menor cantidad de precipitación registrada. Todas las cantidades están registradas en pulgadas.

NOTA Los estudiantes practican cómo ordenar decimales.

MME 61–62

1. Mobile, Alabama*

Enero: 4.76   Febrero: 5.46   Marzo: 6.41   Abril: 4.48   Mayo: 5.74

Mes	Precipitación

2. Nome, Alaska*

Junio: 1.12   Julio: 2.17   Agosto: 2.71   Septiembre: 2.43   Octubre: 1.35

Mes	Precipitación

*Los datos corresponden a los años 1961–1990.

Problemas con decimales (página 1 de 3)

Colorea los cuadrados. Escribe los equivalentes
fraccionarios y porcentuales correspondientes debajo
de cada cuadrícula.

1. Colorea el 0.5.

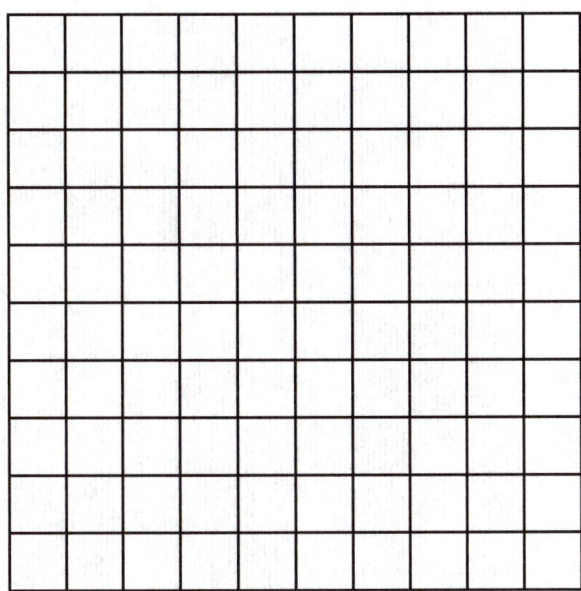

Decimales: 0.5, _____

Fracción:

Porcentaje:

2. Colorea el 0.295.

Decimales: 0.295, _____

Fracción:

Porcentaje:

Problemas con decimales (página 2 de 3)

Colorea los cuadrados. Escribe los equivalentes fraccionarios y porcentuales correspondientes debajo de cada cuadrícula.

3. Colorea el 0.83.

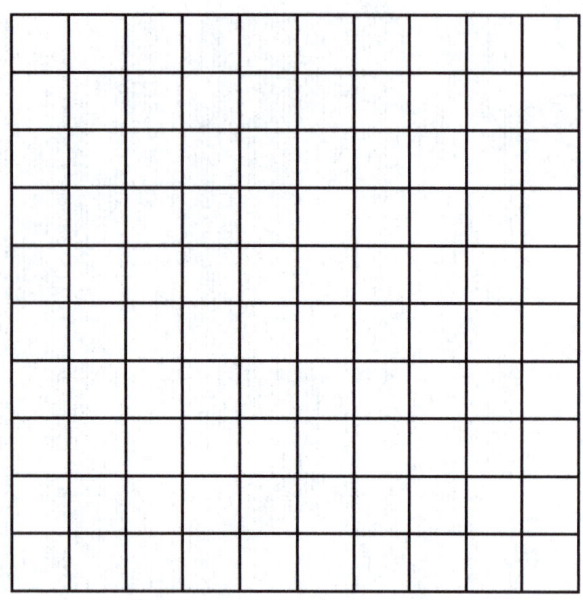

Decimales: 0.83, _____

Fracción:

Porcentaje:

4. Colorea el 0.150.

Decimales: 0.150, _____

Fracción:

Porcentaje:

Problemas con decimales (página 3 de 3)

Resuelve los siguientes problemas con decimales en
el contexto de un problema-cuento.

5. Mitch y Hana tienen cada uno un jardín del mismo tamaño. Mitch
sembró tomates en el 0.250 de su jardín y Hana sembró el $\frac{3}{8}$ suyo.
¿Quién sembró más tomates? Explica cómo hallaste tu respuesta.

6. Además, Mitch sembró maíz en el 0.6 de su jardín y
Hana sembró el 0.505 del suyo. ¿Quién sembró más
maíz? Explica cómo hallaste tu respuesta.

7. Además, Mitch sembró pimentones en el 0.15 de
su jardín. ¿Qué parte del jardín es la más grande,
la parte sembrada de tomates, la parte sembrada
de maíz o la parte sembrada de pimentones?

Vía decimal

Las fichas de juego muestran en qué partes de la vía se encuentran estos decimales.

NOTA Los estudiantes practican cómo ordenar decimales de menor a mayor.

MME 61–62

0.123; 0.601; 0.661; 0.79; 0.5; 0.165; 0.400; 0.245; 0.75; 0.333; 0.625

1. Escribe los decimales en las fichas de juego.

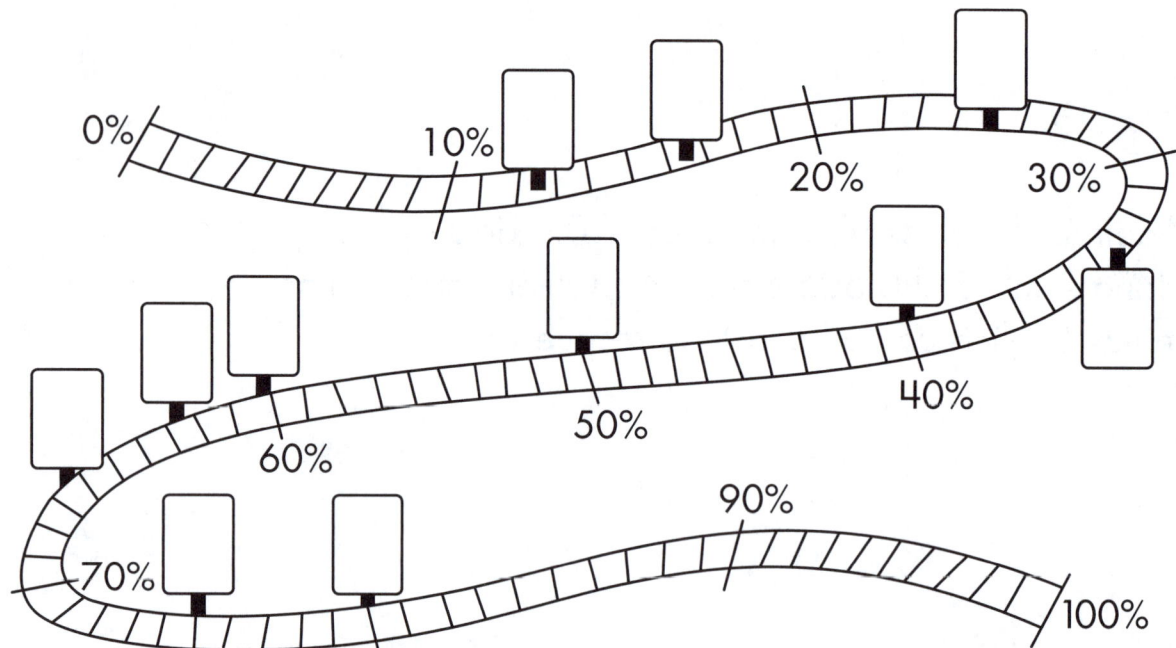

Repaso continuo

2. ¿Cuál de los siguientes enunciados **no** es verdadero?

A. $0.15 < 0.015$

C. $0.633 = \dfrac{633}{1,000}$

B. $2.275 > 1.355$

D. $0.125 < 0.25$

Campeonato de natación: 100 metros libres

Ordena los tiempos de cada una de las siguientes competencias del más rápido al más lento. Los tiempos están registrados en segundos (56.75 es cincuenta y seis y 75 centésimas de segundo).

> **NOTA** Los estudiantes practican cómo ordenar decimales usando información del Campeonato Nacional de Natación de Verano de los Estados Unidos de 2004.
>
> **MME** 61–62

100 metros libres femeninos*

Nombre	Tiempo
Kara Denby	56.75
Kate Dwelley	56.63
Tanica Jamison	55.96
Shelly Ripple Johnston	57.02
Danielle Townsend	56.65

Posición	Tiempo
Primero	
Segundo	
Tercero	
Cuarto	
Quinto	

100 metros libres masculinos*

Nombre	Tiempo
Garrett Weber-Gale	49.91
Antoine Galavtine	50.54
Scott Tucker	50.14
Ryan Verlatti	50.54
Sebastien Bodet	50.50

Posición	Tiempo
Primero	
Segundo	
Tercero	
Cuarto	
Quinto	

*Fuente: www.usaswimming.org

De menor a mayor

Ordena los decimales en la siguiente cuadrícula de forma que cada fila de izquierda a derecha y cada columna de arriba hacia abajo estén ordenados de menor a mayor.

NOTA Los estudiantes practican cómo ordenar decimales de menor a mayor, horizontal y verticalmente, en una cuadrícula.

MME **61–62, J11**

Repaso continuo

Encierra en un círculo el número decimal que tiene el valor menor.

A. 0.5 **B.** 0.050 **C.** 0.005 **D.** 0.1

Campeonato de natación: 200 metros mariposa

Ordena los tiempos de cada una de las siguientes competencias del más rápido al más lento. Los tiempos están registrados en segundos (2:13.23 es 2 minutos, 13 segundos y 23 centésimas de segundo).

> **NOTA** Los estudiantes practican cómo ordenar decimales usando información del Campeonato Nacional de Natación de Verano de los Estados Unidos de 2004.
>
> **61–62**

200 metros mariposa femeninos*

Nombre	Tiempo
Kailey Morris	2:16.76
Courtney Eads	2:11.73
Kimberly Vandenberg	2:11.08
Amanda Sims	2:16.20
Kristen Hastrup	2:13.95

Posición	Tiempo
Primero	
Segundo	
Tercero	
Cuarto	
Quinto	

200 metros mariposa masculinos*

Nombre	Tiempo
Michael Klueh	2:00.67
William Stovall	2:00.03
John Abercrombie	2:00.66
Juan Valdivieso	2:02.61
Wade Kelley	2:01.26

Posición	Tiempo
Primero	
Segundo	
Tercero	
Cuarto	
Quinto	

*Fuente: www.usaswimming.org

Récords de victorias y derrotas

Halla el récord de cada uno de los siguientes equipos y
ordénalos del que tiene el mejor récord al que tiene
el peor. Luego, escribe el porcentaje aproximado de
victorias de cada equipo.

1.

Equipo	Victorias	Derrotas	Récord* (decimal)	Posición	Porcentaje de victorias
Bluebirds	20	5			
Cardinals	12	12			
Orioles	16	9			
Penguins	10	15			
Robins	19	6			

2.

Equipo	Victorias	Derrotas	Récord* (decimal)	Posición	Porcentaje de victorias
Cheetahs	20	20			
Leopards	10	30			
Jaguars	18	23			
Tigers	35	5			
Lions	34	5			

*Escribe el récord en milésimas. Por ejemplo, si un equipo tiene 16 victorias y
10 derrotas, la calculadora marcará 0.6153846. Escribe 0.615. Si un equipo
tiene 9 victorias y 1 derrota, la calculadora marcará 0.9. Escribe 0.900.

Factores de 360 y de 600

Halla todas las maneras posibles de multiplicar para formar cada producto usando números enteros. Primero, usa dos números de varias maneras y luego haz lo mismo usando más de dos números.

NOTA Los estudiantes practican cómo hallar expresiones de multiplicación usando dos números y más de dos números cuyo resultado es igual a 360 y a 600.

MME 18, 23–24

Multiplicar para formar 360	
Maneras de multiplicar dos números:	Maneras de multiplicar más de dos números:
Ejemplo: 36×10	Ejemplo: $6 \times 6 \times 10$

Multiplicar para formar 600	
Maneras de multiplicar dos números:	Maneras de multiplicar más de dos números:

Campeonato de natación: 50 metros libres

NOTA Los estudiantes practican cómo ordenar decimales usando información del Campeonato Nacional de Natación de Verano de los Estados Unidos de 2004.

MME 61–62

Ordena los tiempos de cada una de las siguientes competencias del más rápido al más lento.
Los tiempos están dados en segundos (26.21 es 26 segundos y 21 centésimas de segundos).

50 metros libres femeninos*

Nombre	Tiempo
Andrea Georoff	26.19
Tanica Jamison	26.11
Danielle Townsend	26.16
Katrina Radke	26.19
Brooke Bishop	26.10

Posición	Tiempo
Primero	
Segundo	
Tercero	
Cuarto	
Quinto	

50 metros libres masculinos*

Nombre	Tiempo
Randall Bal	22.75
Cullen Jones	23.08
David Maitre	22.86
Mark Whittington	23.04
Antoine Galavtine	23.03

Posición	Tiempo
Primero	
Segundo	
Tercero	
Cuarto	
Quinto	

Tabla de división de fracción a decimal

$\frac{N}{D}$	1	2	3	4	5	6	7	8	9	10	11	12
1												
2												
3												
4												
5												
6												
7												
8												
9												
10												
11												
12												

Resolver problemas de división

NOTA Los estudiantes practican cómo resolver problemas de división.

MME 38–39

1. **a.** Escribe un problema-cuento con la ecuación 390 ÷ 26.

     b. Resuelve 390 ÷ 26. Muestra tu solución con claridad.

2. **a.** Escribe un problema-cuento con la ecuación $19\overline{)665}$.

     b. Resuelve $19\overline{)665}$. Muestra tu solución con claridad.

Repaso continuo

3. ¿Cuál de los siguientes números **no** es un múltiplo de 15?

    A. 250   **B.** 300   **C.** 345   **D.** 600

Cuadrículas y rectas numéricas con decimales

¿Quiénes están ganando?

Halla el récord de cada uno de los siguientes equipos y ordénalos del que tiene el mejor récord al que tiene el peor. Luego, escribe el porcentaje aproximado de victorias de cada equipo.

1.

Equipo	Victorias	Derrotas	Récord* (decimal)	Posición	Porcentaje de victorias
Dolphins	15	34			
Guppies	38	11			
Marlins	25	25			
Sharks	24	25			
Swordfish	40	10			

2.

Equipo	Victorias	Derrotas	Récord* (decimal)	Posición	Porcentaje de victorias
Wolves	98	27			
Coyotes	63	61			
Bobcats	96	28			
Wildcats	62	62			
Tigers	60	64			

*Escribe el récord en milésimas. Por ejemplo, si un equipo tiene 16 victorias y 10 derrotas, la calculadora marcará 0.6153846. Escribe 0.615. Si un equipo tiene 9 victorias y 1 derrota, la calculadora marcará 0.9. Escribe 0.900.

Práctica de división

Resuelve los siguientes problemas de
división. Luego, escribe la multiplicación
relacionada.

NOTA Los estudiantes repasan problemas
de división que están relacionados con
combinaciones de multiplicación que ya saben.

MME 14, 25–29

Problema de división	Combinación de multiplicación
1. $7\overline{)42}$	_____ × _____ = _____
2. $72 \div 6$ = _____	_____ × _____ = _____
3. $8\overline{)48}$	_____ × _____ = _____
4. $108 \div 9$ = _____	_____ × _____ = _____
5. $60 \div 12$ = _____	_____ × _____ = _____
6. $36 \div 6$ = _____	_____ × _____ = _____
7. $12\overline{)96}$	_____ × _____ = _____
8. $63 \div 7$ = _____	_____ × _____ = _____
9. $72 \div 9$ = _____	_____ × _____ = _____
10. $9\overline{)54}$	_____ × _____ = _____

Equivalentes fraccionarios, decimales y porcentuales

NOTA Los estudiantes hallan fracciones, decimales y porcentajes equivalentes. Reconocerán fácilmente algunos de estos equivalentes y usarán una calculadora para averiguar otros.

MME 59–60

Completa cada uno de los espacios en blanco con la fracción, el decimal o el porcentaje equivalente correspondiente.

Fracción	Decimal	Porcentaje
$\frac{1}{3}$		$33\frac{1}{3}\%$
$5\frac{1}{4}$		
$\frac{2}{3}$		
	2.5	250%
$\frac{1}{6}$		
		75%
$\frac{8}{10}$		
	0.375	

Equipos

Resuelve los siguientes problemas. Tu trabajo debe ser lo suficientemente claro como para que cualquier persona que lo mire sepa cómo resolviste el problema.

NOTA Los estudiantes practican cómo resolver problemas de división y de multiplicación en el contexto de problemas-cuento.

MME 14, 30–32, 38–39

1. En la liga juvenil de futbol hay 44 equipos. En cada equipo hay 28 jugadores. ¿Cuántos jugadores de futbol hay en la liga?

2. 438 estudiantes se inscribieron para participar en una liga de futbol. La liga inscribió a 15 jugadores en cada equipo. ¿Cuántos equipos hay en la liga?

3. 544 personas se inscribieron para participar en los juegos del Día del atleta. Se formaron 34 equipos. ¿Cuántos jugadores hay en cada equipo?

4. En un torneo de futbol participan 107 equipos. En cada equipo hay 19 jugadores. ¿Cuántos jugadores participan en el torneo de futbol?

¿Cuál es mayor?

Resuelve los siguientes problemas y muestra o explica cómo averiguaste la respuesta.

NOTA Los estudiantes practican cómo comparar decimales y fracciones.

MME 59–60, 61–62

1. ¿Cuál es mayor?   0.15   ó $\dfrac{1}{5}$

2. ¿Cuál es mayor? $\dfrac{7}{8}$ ó   0.95

3. Para preparar una receta de natilla se necesitan 0.355 litros de leche. Tavon tiene 0.5 litros de leche. ¿Tiene suficiente leche para preparar la receta de natilla?

4. Tavon le agregó 4.63 onzas de chocolate a su natilla. Nora le agregó 4.625 onzas a la suya. ¿Quién agregó más chocolate a la natilla?

Colecciones

Resuelve los siguientes problemas y muestra
tu trabajo con claridad. No olvides responder
la pregunta de cada problema.

> **NOTA** Los estudiantes practican
> cómo resolver problemas de
> multiplicación y de división en
> el contexto de problemas-cuento.
>
> **MME** **14, 30–32, 38–39**

1. Walter compra pegatinas en paquetes de 36.
El año pasado compró 97 paquetes. ¿Cuántas
pegatinas compró Walter?

2. a. Zachary quiere vender su colección de canicas.
Tiene 744 canicas y quiere ponerlas en bolsas de
24. ¿Cuántas bolsas de canicas llenará?

b. Si Zachary vende cada bolsa de canicas a $14,
¿cuánto dinero obtendrá si vende toda su colección?

3. a. Georgia tiene una colección de 580 tarjetas
deportivas. Las guarda en una carpeta donde caben
32 tarjetas en cada página. ¿Cuántas páginas
completas tiene?

b. Georgia se gastó $1.50 en cada tarjeta deportiva.
¿Cuánto dinero se gastó para comprar su colección
de tarjetas deportivas?

Precipitación en el desierto

> **NOTA** Los estudiantes practican cómo ordenar decimales.
>
> **MME** 61–62

Aquí se muestra un promedio mensual de las cantidades de precipitación caídas en Phoenix y en Las Vegas en un período de 30 años. Ordena los meses de mayor a menor cantidad de precipitación registrada en cada ciudad. Todas las cantidades están registradas en pulgadas.

1. Phoenix, Arizona*

Enero: 0.67;　Febrero: 0.68;　Abril: 0.22;　Mayo: 0.12;　Junio: 0.13

Mes	Precipitación

2. Las Vegas, Nevada*

Agosto: 0.49;　Septiembre: 0.28;　Octubre: 0.21;
Noviembre: 0.43;　Diciembre: 0.38

Mes	Precipitación

*Los datos corresponden a los años 1961–1990.

El oro de la joyera

Completa las siguientes actividades en grupos pequeños.

1. Responde la siguiente pregunta. Todos los miembros del grupo deben estar de acuerdo en la respuesta.

2. Haz un cartel que muestre tu respuesta y explica cómo sumaste los números.

Janet es joyera. Cuando crea o rediseña nuevas joyas, generalmente le sobran pequeñas piezas de oro. Ayer le sobraron piezas de 0.3 gramos, de 1.14 gramos y de 0.085 gramos. ¿Qué cantidad de oro le sobró ayer?

Estimación más cercana

NOTA Los estudiantes practican estrategias para estimar productos.

En cada uno de los siguientes problemas se muestran tres estimaciones. ¿Cuál crees que es la más cercana? Escoge la estimación más cercana sin resolver el problema y enciérrala en un círculo. Luego, escribe por qué piensas que ésta es la estimación más cercana.

1. La estimación más cercana de 83 × 29 es:

2,000   2,400   2,800

Creo que es la estimación más cercana porque:

2. La estimación más cercana de 69 × 38 es:

1,800   2,200   2,600

Creo que es la estimación más cercana porque:

3. La estimación más cercana de 26 × 211 es:

4,500   5,000   5,500

Creo que es la estimación más cercana porque:

4. La estimación más cercana de 496 × 18 es:

900   9,000   90,000

Creo que es la estimación más cercana porque:

5. Escoge uno o más de los problemas de arriba. Luego, resuélvelo en una hoja aparte para obtener una respuesta exacta. Muestra tu solución con ecuaciones. ¿Escogiste la estimación más cercana?

Problemas de *Decimales en el medio*

NOTA Los estudiantes practican cómo ordenar decimales en esta vuelta de muestra del juego *Decimales en el medio*.

MME 61–62

Talisha y Avery trabajan juntas para jugar un juego perfecto en el cual colocan todas las cartas. Cada una ha jugado una carta. Escribe los decimales de Talisha y de Avery en las cartas en blanco para mostrar cómo se pueden colocar todas.

Las cartas de Talisha:

| 0.475 | 0.325 | 0.25 | 0.95 | 0.75 |

Las cartas de Avery:

| 0.3 | 0.05 | 0.55 | 0.8 | 0.65 |

Juego:

| **0** | 0.025 | | | | | **0.5** | | | | | 0.975 | **1** |

Sumar decimales (página 1 de 2)

Reparte cinco tarjetas de decimales para cada uno de los siguientes problemas y escríbelas en las líneas. Determina cuáles son los tres de los cinco decimales que tienen el mayor valor y súmalos. Muestra tu trabajo con claridad.

1. Decimales: _____ _____ _____ _____ _____

Problema de suma: _____ + _____ + _____ = _____

2. Decimales: _____ _____ _____ _____ _____

Problema de suma: _____ + _____ + _____ = _____

3. Decimales: _____ _____ _____ _____ _____

Problema de suma: _____ + _____ + _____ = _____

Sumar decimales (página 2 de 2)

Reparte cinco tarjetas de decimales para cada uno de los siguientes problemas y escríbelas en las líneas. Determina cuáles son los tres de los cinco decimales que tienen el mayor valor y súmalos. Muestra tu trabajo con claridad.

4. Decimales: _____ _____ _____ _____ _____

Problema de suma: _____ + _____ + _____ = _____

5. Decimales: _____ _____ _____ _____ _____

Problema de suma: _____ + _____ + _____ = _____

6. Decimales: _____ _____ _____ _____ _____

Problema de suma: _____ + _____ + _____ = _____

Cuadrículas y rectas numéricas con decimales

Torre misteriosa

Abajo se muestra la parte superior de la torre de múltiplos de Janet. Responde las siguientes preguntas sobre su torre.

> **NOTA** Los estudiantes practican cómo resolver problemas de multiplicación y de división.
>
> **20**

572
546
520
494
468

1. ¿Por cuál número contó Janet? ¿Cómo lo sabes?

2. ¿Cuántos números hay en la torre de Janet hasta ahora? ¿Cómo lo sabes?

3. Escribe una ecuación de multiplicación que represente cuántos números hay en la torre de múltiplos de Janet.

_____ × _____ = _____

4. ¿Cuál es el décimo múltiplo de la torre de Janet?

5. Imagina que Janet añade más múltiplos a su torre.

a. ¿Cuál sería el múltiplo número 30 de su torre? ¿Cómo lo sabes?

b. ¿Cuál sería el múltiplo número 32 de su torre? ¿Cómo lo sabes?

Problemas con decimales (página 1 de 2)

Resuelve los siguientes problemas y muestra tu trabajo
con claridad.

1. La semana pasada, Shandra se entrenó para una
carrera. El martes corrió 1.5 millas, el jueves corrió
2.9 millas y el sábado corrió 2 millas. ¿Cuántas millas
en total corrió Shandra la semana pasada?

2. Mercedes tiene dos pequeñas joyas de oro en su
joyero. Una pesa 0.48 gramos y la otra pesa 0.55
gramos. ¿Qué cantidad de oro tiene Mercedes?

3. $1.29 + 3.654 = $ _____

4. La semana pasada, Joshua se entrenó para una carrera.
El lunes corrió 1.75 millas y el miércoles corrió 1.6 millas.
¿Cuántas millas en total corrió Joshua la semana pasada?

5. $0.98 + 0.05 + 1.06 = $ _____

Problemas con decimales (página 2 de 2)

Halla la cantidad total de precipitación que registraron las siguientes ciudades en tres meses. Anota el total en el espacio correspondiente de cada tabla. Muestra tu trabajo con claridad. Todas las cantidades están registradas en pulgadas.*

6.

Ciudad	Ene.	Feb.	Mayo	Total
Sacramento, California	3.73	2.87	0.27	

7.

Ciudad	Sept.	Oct.	Nov.	Total
Helena, Montana	1.15	0.6	0.48	

8.

Ciudad	Ene.	Feb.	Mar.	Total
Lincoln, Nebraska	0.54	0.72	2.09	

9.

Ciudad	Ene.	Feb.	Mar.	Total
Harrisburg, Pennsylvania	2.84	2.93	3.28	

10.

Ciudad	Jun.	Jul.	Sept.	Total
Austin, Texas	3.72	2.04	3.3	

*Los datos corresponden a los promedios mensuales de los años 1961–1990.

Gimnasia: puntaje de las gimnastas

A continuación se muestran los puntajes que obtuvieron seis gimnastas en las Olimpiadas de 2004, celebradas en Atenas, Grecia.

> **NOTA** Los estudiantes practican cómo sumar y ordenar decimales con milésimas. Deben tener disponibles cuadrículas de milésimas.
>
> **MME** 61–62, 63–65

Nombre	Ejercicios de piso	Salto	Puntaje total
Nan Zhang	9.600	9.325	
Kwang Sun Pyon	8.900	8.525	
Elena Gómez	9.462	9.150	
Carly Patterson	9.712	9.375	
Daniela Sofroni	9.537	9.412	
Katy Lennon	8.925	9.262	

1. Halla el puntaje total que obtuvo cada gimnasta en los ejercicios de piso y de salto. Luego, anótalo en la tabla.

2. Ordena el nombre de las gimnastas del mayor al menor puntaje que obtuvieron en el ejercicio de piso.

Repaso continuo

3. ¿Cuál fue el total de los tres puntajes más altos en el ejercicio de salto?

A. 28.112   **B.** 27.112   **C.** 27.102   **D.** 27.002

Problemas de *Completar dos*

NOTA Los estudiantes practican cómo sumar decimales de los problemas del juego *Completar dos*.

MME 63–65

Nora y Charles jugaron a *Completar dos*. Responde las siguientes preguntas sobre este juego.

1. En su primera cuadrícula, Nora jugó 0.35, 0.425, y 0.075. ¿Qué parte de la cuadrícula completó Nora? Muestra cómo obtuviste la suma.

2. En su segunda cuadrícula, Nora jugó 0.6 y 0.25. ¿Qué parte de la segunda cuadrícula completó Nora? Muestra cómo obtuviste la suma.

3. En su primera cuadrícula, Charles jugó 0.175, 0.5, y 0.125. ¿Qué porción de la cuadrícula completó Nora? Muestra cómo obtuviste la suma.

4. En su segunda cuadrícula, Charles jugó 0.25, 0.65, y 0.05. ¿Qué porción de la segunda cuadrícula completó Charles? Muestra cómo obtuviste la suma.

5. ¿Quién ganó el juego? (Recuerda que el ganador es el que obtiene la suma de las dos cuadrículas más cercana a 2.) Muestra cómo obtuviste tu respuesta.

Cerca de 1 Hoja de anotaciones

(Usa solamente la cantidad de espacios en blanco
que necesites.)

Puntaje

Vuelta 1: ___ + ___ + ___ + ___ + ___ = ___ ___

Vuelta 2: ___ + ___ + ___ + ___ + ___ = ___ ___

Vuelta 3: ___ + ___ + ___ + ___ + ___ = ___ ___

Vuelta 4: ___ + ___ + ___ + ___ + ___ = ___ ___

Vuelta 5: ___ + ___ + ___ + ___ + ___ = ___ ___

Puntaje final: ___

Puntaje

Vuelta 1: ___ + ___ + ___ + ___ + ___ = ___ ___

Vuelta 2: ___ + ___ + ___ + ___ + ___ = ___ ___

Vuelta 3: ___ + ___ + ___ + ___ + ___ = ___ ___

Vuelta 4: ___ + ___ + ___ + ___ + ___ = ___ ___

Vuelta 5: ___ + ___ + ___ + ___ + ___ = ___ ___

Puntaje final: ___

Doble comparación de decimales
Hoja de anotaciones

Escoge cinco vueltas diferentes del juego *Doble comparación de decimales* y anótalas en esta hoja. Usa los signos <, >, ó = entre las cartas. Escribe la suma de cada uno de los siguientes pares de cartas.

1. Tus cartas: Tus cartas:

_____ _____ ( ) _____ _____

Suma: _____   Suma: _____

2. Tus cartas: Tus cartas:

_____ _____ ( ) _____ _____

Suma: _____   Suma: _____

3. Tus cartas: Tus cartas:

_____ _____ ( ) _____ _____

Suma: _____   Suma: _____

4. Tus cartas: Tus cartas:

_____ _____ ( ) _____ _____

Suma: _____   Suma: _____

5. Escoge una de las vueltas de arriba y explica cómo determinaste cuál suma es mayor.

Problemas de suma de decimales (página 1 de 3)

Resuelve los siguientes problemas y muestra tu trabajo
con claridad.

1. Nora llevó tres piezas de oro a pesar. Una pesó 1.18 gramos,
otra pesó 0.765 gramos y la tercera pesó 1.295 gramos.
¿Cuál fue el peso total de las piezas de oro?

2. La semana pasada, Mercedes se entrenó para una
carrera. El lunes corrió 2.25 millas, el miércoles corrió
1.78 millas y el viernes corrió 3.1 millas. ¿Cuántas
millas en total corrió Mercedes la semana pasada?

3. La semana pasada, Tavon se entrenó para una carrera.
El martes corrió 2.4 millas, el jueves corrió 1.98 millas
y el viernes corrió 1.5 millas. ¿Cuántas millas en total
corrió Tavon la semana pasada?

4. Nora encontró otras dos joyas de oro en su joyero.
Una pesa 0.875 gramos y la otra pesa 1.43 gramos.
¿Cuál es el peso total de las dos joyas de oro?

Problemas de suma de decimales (página 2 de 3)

Resuelve los siguientes problemas y muestra tu trabajo con claridad.

5. 1.784 + 4.65 = _____

6. En la final de los 100 metros mariposa masculinos del Campeonato Nacional de Natación de Verano de 2004, los nadadores registraron los siguientes tiempos por cada 50 metros.* Halla el tiempo que les tomó nadar los 100 metros.

Nombre	Primeros 50 metros	Segundos 50 metros	Total
John Abercrombie	25.64	29.00	
Daniel Rohleder	25.18	28.99	
Matthew Scanlan	25.84	28.97	
Jonathan Schmidt	25.62	28.57	
William Stovall	25.48	28.76	

7. Escribe el nombre de los nadadores según la posición en que terminaron.

Posición	Nombre	Tiempo
Primero		
Segundo		
Tercero		
Cuarto		
Quinto		

*Fuente: www.usaswimming.org

Problemas de suma de decimales (página 3 de 3)

Resuelve los siguientes problemas y muestra tu trabajo con claridad.

8. En la final femenina de los 100 metros mariposa del Campeonato Nacional de Natación de Verano de 2004, las nadadoras registraron los siguientes tiempos por cada 50 metros.* Halla el tiempo que les tomó nadar los 100 metros.

Nombre	Primeros 50 metros	Segundos 50 metros	Total
Kimberly Vandenberg	28.38	31.87	
Misty Hyman	27.89	32.46	
Morgan Scroggy	28.60	31.56	
Shelly Ripple Johnston	28.54	32.62	
Tanica Jamison	27.63	31.60	

9. Escribe el nombre de las nadadoras según la posición en que terminaron.

Posición	Nombre	Tiempo
Primero		
Segundo		
Tercero		
Cuarto		
Quinto		

*Fuente: www.usaswimming.org

Gimnasia: puntaje de los gimnastas

A continuación se muestran los puntajes que obtuvieron seis gimnastas en las Olimpiadas de 2004, celebradas en Atenas, Grecia.

> **NOTA** Los estudiantes practican cómo sumar y ordenar decimales con milésimas. Deben tener disponibles cuadrículas de milésimas.
>
> **MME** 61–62, 63–65

Nombre	Ejercicios de piso	Barras paralelas	Puntaje total
Rafael Martínez	9.500	9.700	
Dae Eun Kim	9.650	9.775	
Fabian Hambuechen	9.475	9.387	
Paul Hamm	9.725	9.837	
Marian Dragulescu	9.612	9.437	
Wei Yang	9.600	9.800	

1. Halla el puntaje total que cada gimnasta obtuvo en los ejercicios de piso y de barras paralelas. Luego, anótalo en la tabla.

2. Ordena el nombre de los gimnastas del mayor al menor puntaje que obtuvieron en el ejercicio de piso.

Repaso continuo

3. ¿Cuál de los siguientes números se encuentra entre 9.1 y 9.35?

A. 9.020   **B.** 9.03   **C.** 9.200   **D.** 9.4

Cerca de 1

Halla la suma de cada par de problemas.
Luego, encierra en un círculo la suma de
cada par que esté más cerca de 1.

> **NOTA** Los estudiantes practican cómo sumar décimas, centésimas y milésimas. Deben tener disponibles cuadrículas de centésimas y de milésimas.
>
> **MME** 63–65

1. $0.500 + 0.583 =$ _____ $0.166 + 0.666 =$ _____

2. $0.725 + 0.333 =$ _____ $0.166 + 0.5 + 0.333 =$ _____

3. $0.195 + 0.07 + 0.002 =$ _____ $0.835 + 0.1 =$ _____

4. $0.7 + 0.301 =$ _____ $0.48 + 0.06 =$ _____

5. $0.311 + 0.666 =$ _____ $0.200 + 0.7 =$ _____

Sumar cantidades de precipitación

NOTA Los estudiantes practican cómo ordenar decimales usando cantidades mensuales de precipitación.

 MME 63–65

La siguiente tabla muestra el promedio mensual de precipitación registrado en Juneau, Alaska.* Usa la información de esta tabla para resolver los siguientes problemas. Muestra tu trabajo con claridad. Todas las cantidades están registradas en pulgadas.

Enero	Febrero	Marzo	Abril	Mayo	Junio	Julio	Agosto
4.54	3.75	3.28	2.77	3.42	3.15	4.16	5.32

1. ¿Qué cantidad de precipitación se registró en Juneau entre enero y febrero?

2. ¿Qué cantidad de precipitación se registró en Juneau entre marzo y abril?

3. ¿Qué cantidad de precipitación se registró en Juneau entre mayo y junio?

4. ¿Qué cantidad de precipitación se registró en Juneau entre julio y agosto?

5. ¿Qué cantidad de precipitación se registró en Juneau entre enero y agosto?

* Los datos corresponden a los años 1961–1990.

Cuadrículas y rectas numéricas con decimales   **Práctica diaria**

La misma respuesta, distinta respuesta

Tres de las cuatro expresiones de cada conjunto son equivalentes. Encierra en un círculo las tres expresiones equivalentes sin resolver todas las multiplicaciones y divisiones. Explica cómo sabes que esas tres expresiones son equivalentes.

> **NOTA** Los estudiantes usan la relación entre los problemas de multiplicación y de división para hallar productos y cocientes comunes.
>
>  **MME** 33–34

1. ¿Cuáles son las tres expresiones que tienen el mismo producto?

¿Cómo lo sabes?

$$2 \times 40 \qquad\qquad 420 \times 4$$

$$7 \times 240 \qquad\qquad 84 \times 20$$

2. ¿Cuáles son las tres expresiones que tienen el mismo producto?

¿Cómo lo sabes?

$$100 \times 80 \qquad\qquad 10 \times 800$$

$$1 \times 800 \qquad 10 \times 10 \times 10 \times 8$$

3. ¿Cuáles son las tres expresiones que tienen el mismo cociente?

¿Cómo lo sabes?

$$720 \div 12 \qquad\qquad 240 \div 4$$

$$360 \div 6 \qquad\qquad 600 \div 6$$

Repaso continuo

4. $568 \div 8 =$

  A. 710   **B.** 71   **C.** 70   **D.** 7.1

Carrera de patinaje

A continuación se muestran los resultados de la Carrera de patinaje masculino en pista de las Olimpiadas de Invierno de 2006, celebradas en Turín, Italia. Determina en qué posición terminaron los participantes de la carrera de 1,500 metros.

NOTA Los estudiantes leen, escriben, ordenan e interpretan las fracciones decimales en milésimas.

MME 58, 61–62

Posición	País	Nombre del participante	Tiempo en minutos y segundos
	CAN	Charles Hamelin	2:26.375
	HUN	Peter Darazs	2:24.969
	COR	Ho-Suk Lee	2:25.600
	ITA	Fabio Carta	2:24.658
	EE.UU.	Apolo Anton Ohno	2:24.789
	CHIN	JiaJun Li	2:26.005
	COR	Hyun-Soo Ahn	2:25.341
	CAN	Mathieu Turcotte	2:24.558
	NED	Niels Kerstholt	2:24.962
	HUN	Viktor Knoch	2:26.806
	JPN	Satoru Terao	2:24.875

Explica tu estrategia para comparar decimales.

© Pearson Education 5

Parrot Fire Kris Northern

"Rather than zoom into the fractal you can zoom into the edge of it and continually find the same pattern repeating itself much like the shoreline of a lake viewed from a plane." – **Kris Northern**

Investigations
IN NUMBER, DATA, AND SPACE®
en español

¿Cuántas personas?
¿Cuántos equipos?

Investigación 4

Equivalencia en la multiplicación

Mira esta ecuación:

$6 \times 9 = 3 \times 18$

1. Cuando duplicamos y dividimos por la mitad los números de un producto, ¿obtenemos siempre el mismo resultado? _____

2. Crea una representación para mostrar tu razonamiento.

Duplicar y dividir por la mitad

NOTA Los estudiantes crean expresiones de multiplicación equivalentes y dibujan una representación para mostrar que son verdaderas.

MME **33–34**

En una granja hay diez cuidadores de perros. Cada uno da de comer a 4 perros. Si un día la mitad de los cuidadores no va a trabajar, ¿a cuántos perros tendrán que dar de comer el resto de los cuidadores?

1. Completa la siguiente ecuación para que corresponda con el contexto del problema-cuento.

$10 \times 4 =$ _____

2. Crea una representación para mostrar que tu ecuación es verdadera.

Repaso continuo

3. ¿Cuál de los siguientes números hace que la siguiente ecuación sea verdadera?

$6 \times 8 = 3 \times$ _____

A. 4   **B.** 10   **C.** 16   **D.** 18

Triplicar y dividir por tres

1. Completa las siguientes ecuaciones con los números que faltan para hacer que sean verdaderas.

$2 \times 9 = 6 \times$ _____

$15 \times 4 = 5 \times$ _____

$7 \times 6 =$ _____ $\times 2$

2. Escoge una de las siguientes ecuaciones y escribe un problema-cuento sobre ella.

3. Crea una representación para mostrar el siguiente enunciado:

Cuando el número de una multiplicación es triplicado y el otro número es dividido por 3, el resultado del producto es el mismo.

Cuento sobre triplicar y dividir por 3

NOTA Los estudiantes crean un problema-cuento y una representación para expresiones de multiplicación equivalentes.

MME 33–34

1. Escribe un problema-cuento para representar la siguiente ecuación:

$3 \times 5 = 1 \times 15$

2. Crea una representación para mostrar que la ecuación es verdadera.

Repaso continuo

3. ¿Cuál de los siguientes números hace que la siguiente ecuación sea verdadera?

$8 \times 5 =$ _____ $\times 20$

A. 4   **B.** 3   **C.** 2   **D.** 1

¿Verdadero o falso?

Mira las siguientes ecuaciones. Sin hallar la respuesta exacta, determina si cada ecuación es verdadera o falsa. Encierra en un círculo V o F.

NOTA Los estudiantes están aprendiendo cómo hacer expresiones de multiplicación equivalentes. Buscan patrones y relaciones en estas ecuaciones como ayuda para determinar si son verdaderas o falsas.

MME 33–34

1. $3 \times 10 = 6 \times 5$ V o F

2. $10 \times 12 = 11 \times 11$ V o F

3. $20 \times 15 = 5 \times 30$ V o F

4. $6 \times 18 = 2 \times 36$ V o F

5. $4 \times 5 = 12 \times 10$ V o F

Completa los espacios en blanco para hacer que las siguientes ecuaciones sean verdaderas.

6. $16 \times \underline{\hspace{2cm}} = 8 \times 8$

7. $2 \times 24 = 1 \times \underline{\hspace{2cm}}$

8. $1 \times 6 = 3 \times \underline{\hspace{2cm}}$

9. $6 \times 10 = 2 \times \underline{\hspace{2cm}}$

10. $5 \times 3 \times 2 = \underline{\hspace{2cm}} \times 2$

Hallar expresiones equivalentes a 40 × 32 ✎ Escritura

1. Halla todas las maneras que puedas para hacer que esta ecuación sea verdadera.

$$40 \times 32 = \underline{\hspace{2cm}} \times \underline{\hspace{2cm}}$$

2. ¿Cómo están relacionados los números de tus nuevas expresiones con 40 × 32?

Expresiones de multiplicación equivalentes

NOTA Los estudiantes crean expresiones de multiplicación equivalentes.

MME 33–34

Completa los espacios en blanco para hacer que las siguientes ecuaciones sean verdaderas.

1. $22 \times 6 = $ _____ $\times 12$

2. $12 \times 9 = 3 \times $ _____

3. $8 \times $ _____ $= 4 \times 16$

4. $4 \times 8 = 1 \times $ _____

5. $14 \times 6 = 42 \times $ _____

6. Forma cuatro ecuaciones que tengan expresiones de multiplicación equivalentes.

7. Escoge una de las ecuaciones del problema 6 y explica cómo sabes que es verdadera.

Repaso continuo

8. $6 \times 64 = $ _____

A. 70   **B.** 348   **C.** 364   **D.** 384

Equivalencia en la multiplicación

Halla todas las maneras que puedas para hacer que esta ecuación sea verdadera.

$$24 \times 18 = \underline{\hspace{2cm}} \times \underline{\hspace{2cm}}$$

NOTA Los estudiantes forman expresiones de multiplicación equivalentes y buscan patrones y relaciones en esas expresiones equivalentes.

MME 33–34

Equivalencia en la división

$$60 \div 10 = 120 \div \underline{\hspace{2cm}}$$

1. Escribe el número que falta para hacer que la ecuación de arriba sea verdadera.

2. Escribe un problema-cuento con esa ecuación.

3. Haz un dibujo o un diagrama que represente tu problema-cuento.

4. Escribe otras expresiones de división que sean equivalentes a la siguiente ecuación:

$$60 \div 10 = \underline{\hspace{2cm}} \div \underline{\hspace{2cm}}$$

Comparar promedios de bateo

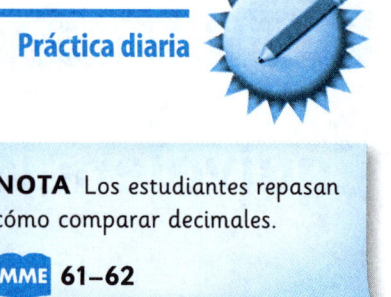

NOTA Los estudiantes repasan cómo comparar decimales.

MME 61–62

De cada par de jugadores de beisbol, ¿cuál registró el promedio de bateo más alto? Encierra en un círculo el nombre del jugador.

1. Ted Williams: 0.344 o Lou Gehrig: 0.340

2. Joe DiMaggio: 0.325 o Willie Mays: 0.302

3. Hank Aaron: 0.305 o Babe Ruth: 0.342

4. Rogers Hornsby: 0.358 o Ty Cobb: 0.366

5. Rod Carew: 0.328 o Stan Musial: 0.331

6. Reggie Jackson: 0.262 o Yogi Berra: 0.285

7. Johnny Bench: 0.267 o Mickey Mantle: 0.298

8. Jackie Robinson: 0.311 o Roberto Clemente: 0.317

Multiplicación: ¿cómo lo resolviste? (página 1 de 2)

Escoge y resuelve uno o más de los siguientes problemas. (Resuelve otros problemas en una hoja de papel aparte.)

$75 \times 42 =$ $275 \times 8 =$ $186 \times 34 =$

$63 \times 24 =$ $134 \times 26 =$

1. Resuelve el problema de dos maneras. Expresa tu respuesta con anotaciones claras y precisas.

Problema: _____

Primera manera:

Segunda manera:

¿Cuántas personas? ¿Cuántos equipos?

Multiplicación:
¿cómo lo resolviste? (página 2 de 2)

2. Escribe el problema que resolviste en la página 13
y los primeros pasos que usaste para resolverlo. Tu
compañero de tarea usará esos pasos para acabar
de resolver el problema.

Nombre de tu compañero de tarea: _____

Problema: _____

Primer paso de la primera solución:

Primer paso de la segunda solución:

3. Compara tus soluciones con las de tu compañero de tarea.
¿En qué se parecen? ¿En qué se diferencian?

Ordenar decimales

Ordena los siguientes decimales en la recta numérica de abajo.

NOTA Los estudiantes practican cómo ordenar decimales en una recta numérica.

MME 61–62

1. 1.9   **2.** 0.284

3. 1.899   **4.** 0.16

5. 0.235   **6.** 0.773

7. 0.821   **8.** 2.045

9. 0.492   **10.** 2.16

11. 2.492   **12.** 2.5

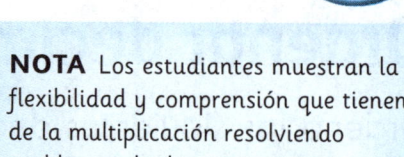

Multiplicar de dos maneras

Escoge y resuelve dos de los siguientes problemas. Resuélvelos de dos maneras.

NOTA Los estudiantes muestran la flexibilidad y comprensión que tienen de la multiplicación resolviendo problemas de dos maneras.

 **MME** 30–32

$95 \times 64 =$ $225 \times 25 =$

$187 \times 42 =$ $72 \times 45 =$

1. Problema: _____

Primera manera:

Segunda manera:

2. Problema: _____

Primera manera:

Segunda manera:

Problemas de multiplicación

Resuelve al menos tres de los siguientes problemas de multiplicación. Expresa tu respuesta con anotaciones claras y precisas. (Resuelve otros problemas en una hoja de papel aparte.)

$78 \times 27 =$ $54 \times 41 =$ $743 \times 6 =$

$218 \times 15 =$ $145 \times 35 =$ $264 \times 24 =$

1. Problema: _____

2. Problema: _____

3. Problema: _____

Hallar productos 1

Resuelve los siguientes problemas y muestra tu trabajo con claridad.

NOTA Los estudiantes resuelven problemas de multiplicación y muestran sus soluciones.

MME **30–32**

1. $35 \times 92 =$ _____

2. $36 \times 118 =$ _____

Repaso continuo

3. $78 \times 25 =$ _____

   A. 9,500   **B.** 2,000   **C.** 1,950   **D.** 1,901

Resolver 45 × 36

1. Resuelve este problema: 45 × 36 = _____

Tu solución:

> **NOTA** Los estudiantes resuelven 45 × 36 y después le piden a alguien de la casa que lo resuelva. Esta persona puede usar la estrategia que le enseñaron en la escuela o cualquier otro método para resolver fácilmente los problemas de multiplicación.
>
> **30–32**

2. Pídele a una persona adulta de la casa que resuelva el mismo problema y anota la estrategia que usó.

Su solución:

Dos algoritmos: ¿qué significan? (página 1 de 2)

En los dos algoritmos anotados abajo, el mismo problema se resuelve descomponiendo los números según su valor de posición. Mira las soluciones con tu compañero de tarea y averigua qué significan las notaciones.

Solución 1

```
     142
  ×   36
   3,000
   1,200
      60
     600
     240
  +   12
   5,112
```

Solución 2

```
      1
     21
     142
  ×   36
     852
  +4,260
   5,112
```

Usa cada uno de los algoritmos para anotar la solución de 138 × 24.

Solución 1

```
   138
 × 24
```

Solución 2

```
   138
 × 24
```

¿Cuántas personas? ¿Cuántos equipos?

Dos algoritmos:
¿qué significan? (página 2 de 2)

Habla sobre estas preguntas con tu compañero de tarea.
Escribe tus respuestas.

1. ¿Cómo le explicarías a alguien lo que muestran
los números de cada solución? ¿Qué significan los
1 pequeños y el 2 pequeño de la solución 2?

2. ¿En qué se diferencian estas notaciones?
¿En qué se parecen?

3. Supérate: Usa los dos algoritmos para mostrar
la solución de 184 × 61.

Hallar productos 2

Resuelve los siguientes problemas y muestra tu trabajo con claridad.

NOTA Los estudiantes resuelven problemas de multiplicación y muestran sus soluciones.

MME 30–32

1. $225 \times 32 =$ _____

2. $97 \times 63 =$ _____

Repaso continuo

3. $103 \times 26 =$ _____

A. 2,500　　　**B.** 2,678　　　**C.** 2,978　　　**D.** 26,780

Equipos

Resuelve los siguientes problemas. Expresa tus respuestas con anotaciones claras y precisas.

NOTA Los estudiantes resuelven problemas de multiplicación sobre equipos deportivos.

MME 30–32

1. En un torneo de básquetbol escolar participan 64 equipos. En cada equipo hay 14 jugadores. ¿Cuántos jugadores de básquetbol participan en el torneo?

2. En un torneo de futbol escolar participan 135 equipos. En cada equipo hay 32 jugadores. ¿Cuántos jugadores de futbol participan en el torneo?

3. En un torneo de softbol escolar participan 85 equipos. En cada equipo hay 24 jugadores. ¿Cuántos jugadores de softbol participan en el torneo?

Resolver problemas de multiplicación

Resuelve los siguientes problemas de dos maneras. Una
de las maneras de resolverlos debe ser descomponiendo
los números según su valor de posición, usando uno
de los métodos de la página 21 (mostrando los productos
parciales).

Primera manera: Segunda manera:

1. $89 \times 42 =$

2. $97 \times 36 =$

3. $105 \times 72 =$

4. $248 \times 40 =$

5. $378 \times 69 =$

Medir distancias

Resuelve los siguientes problemas y muestra
tu trabajo de modo que cualquier persona que
lo mire sepa cómo los resolviste.

NOTA Los estudiantes resuelven problemas-cuento que incluyen sumas de decimales.

MME **63–65**

1. Margaret patinó la semana pasada. El lunes
patinó 4.55 millas, el miércoles patinó 2.84 millas
y el viernes patinó 5.175 millas. ¿Cuántas millas
en total patinó Margaret la semana pasada?

2. Renaldo corrió la semana pasada. El martes corrió
3.2 millas, el jueves corrió 2.87 millas y el viernes
corrió 3.15 millas. ¿Cuántas millas en total corrió
Renaldo la semana pasada?

3. Terrence se entrenó la semana pasada para una
carrera de ciclismo. El lunes recorrió 8.35 millas
en bicicleta y el miércoles recorrió 9.65 millas.
¿Cuántas millas en total recorrió Terrence en bicicleta
la semana pasada?

4. 0.69 millas + 0.041 millas + 2.03 millas = _____ millas

Colocar entre dos

Coloca cada uno de los decimales que se muestran
en las tarjetas entre el par de decimales de cada
ejercicio. Sobrarán dos tarjetas.

NOTA Los estudiantes practican cómo ordenar decimales.

MME 61–62

1. 0.6 _____ 0.7

2. 0.25 _____ 0.15

3. 0.425 _____ 0.475

4. 0.075 _____ 0.125

5. 0.55 _____ 0.5

6. 0.675 _____ 0.725

7. 0.275 _____ 0.225

8. 0.025 _____ 0.075

9. 0.715 _____ 0.8

10. 0.4 _____ 0.3

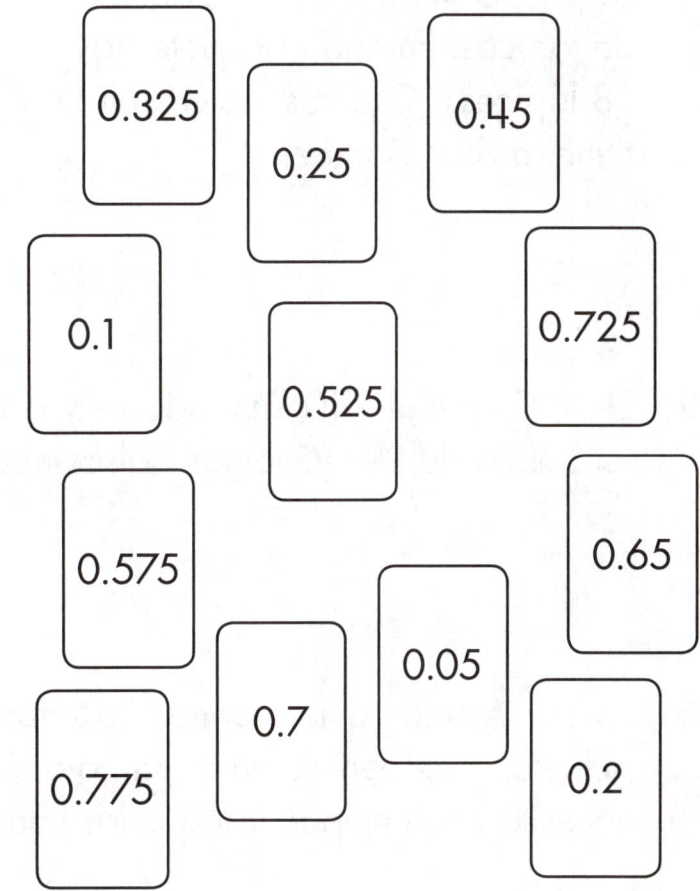

0.325   0.25   0.45

0.1   0.525   0.725

0.575   0.05   0.65

0.775   0.7   0.2

Repaso continuo

11. ¿Cuál de las siguientes fracciones está
entre 0 y $\frac{1}{2}$?

A. $\frac{3}{2}$ **B.** $\frac{6}{8}$ **C.** $\frac{4}{6}$ **D.** $\frac{3}{8}$

Práctica de multiplicación y de división

Resuelve los siguientes problemas.

NOTA Los estudiantes practican la multiplicación y la división. Deben recordar que el contexto del problema-cuento puede ayudarlos a llevar la cuenta de lo que ya han resuelto y de lo que todavía les queda por resolver.

MME 30–32, 38–39

1. La Sra. Gómez tiene 56 paquetes de lápices. En cada paquete hay 18 lápices. ¿Cuántos lápices en total tiene la Sra. Gómez?

2. El Sr. Chi tiene 340 marcadores y los quiere empacar en bolsas de 24. ¿Cuántas bolsas necesita?

3. La Sra. Marian quiere donar 285 libros a la biblioteca pública. Si caben 16 en cada caja, ¿cuántas cajas necesita para empacar todos los libros?

4. La Sra. Anderson tiene 123 cajas de libros. En cada caja hay 12 libros. ¿Cuántos libros en total tiene la Sra. Anderson?

Práctica de división

Resuelve los siguientes problemas. Expresa tus respuestas con anotaciones claras y precisas.

1. 860 ÷ 64 = _____

2. La escuela está organizando varias actividades para recaudar fondos. Para la planificación de estas actividades, los 774 estudiantes de la escuela han sido divididos en equipos de 24. ¿Cuántos equipos hay?

3. 32)‾1,750

4. Georgia tiene 1,200 tarjetas de beisbol que quiere guardar en sobres. Si pone 26 tarjetas en cada sobre, ¿cuántos sobres necesita?

Compartir equitativamente

Reparte los útiles escolares equitativamente
entre los estudiantes de cada clase.

> **NOTA** Los estudiantes usan el sentido numérico para resolver problemas de división. En estas preguntas, la cantidad de artículos que sobre no es importante.
>
> **MME** 37

Estudiantes de la clase de Ellen: 24
Pegatinas en cada rollo: 80

1. La clase tiene 1 rollo. Cada estudiante recibirá _____ pegatinas.

2. La clase tiene 2 rollos. Cada estudiante recibirá _____ pegatinas.

3. La clase tiene 5 rollos. Cada estudiante recibirá _____ pegatinas.

Estudiantes de la clase de Ami: 32
Cantidad de cubos en cada cubeta: 120

4. La clase tiene 1 caja. Cada estudiante recibirá _____ cubos.

5. La clase tiene 2 cajas. Cada estudiante recibirá _____ cubos.

6. La clase tiene 5 cajas. Cada estudiante recibirá _____ cubos.

Estudiantes de la clase de Mateo: 22
Bolígrafos en cada caja: 240

7. La clase tiene 1 caja. Cada estudiante recibirá _____ bolígrafos.

8. La clase tiene 2 cajas. Cada estudiante recibirá _____ bolígrafos.

9. La clase tiene 5 cajas. Cada estudiante recibirá _____ bolígrafos.

Repaso continuo

10. Violeta compró una bolsa de uvas que costaba $3.62.
Si pagó con un billete de $5, ¿cuánto cambio recibió?

A. $18.10   **B.** $8.62   **C.** $2.38   **D.** $1.38

Dividir por múltiplos de 10

Intenta resolver mentalmente los siguientes problemas.
Si no resuelves mentalmente alguno de los problemas,
muestra cómo lo resolviste.

NOTA Los estudiantes practican cómo dividir números que son múltiplos de 10.

1. $120 \div 20 =$

2. $\dfrac{90}{30}$

3. $500 \div 50 =$

4. $90\overline{)720}$

5. $4{,}900 \div 70 =$

6. $3{,}000 \div 60 =$

7. $3{,}200 \div 80 =$

8. $450 \div 30 =$

9. $4{,}800 \div 20 =$

10. $5{,}600 \div 80 =$

Contar en la clase

Resuelve los siguientes problemas. Expresa tus respuestas con anotaciones claras y precisas.

1. La banda musical de la escuela contó en la clase de 11 en 11. Cada miembro de la banda dijo solamente un número. El primero dijo 11 y el último dijo 737. ¿Cuántos miembros de la banda contaron?

2. El club de matemáticas contó en la clase por un determinado número. Cada estudiante dijo un número. El último estudiante dijo 910. Si en el club de matemáticas hay 35 estudiantes, ¿de cuánto en cuánto contaron?

3. La clase del Sr. Smith contó de 75 en 75, pero esta vez los estudiantes dijeron más de un número. El primer estudiante dijo 75 y el último dijo 4,050. ¿Cuántas veces contaron 75 los estudiantes?

4. En la clase de la Sra. Chen hay 32 estudiantes. Todos contaron por un determinado número y el último estudiante dijo 1,280. Si cada estudiante dijo solamente un número, ¿de cuánto en cuánto contaron?

Dividir 500 por 16

Halla el cociente y el residuo del Problema 1. Usa tu respuesta para resolver los demás problemas.

> **NOTA** Los estudiantes interpretan residuos en problemas de división.
>
> **MME** 37

1. 500 ÷ 16 es _____ con un residuo de _____.

2. Vicky necesita 500 platos desechables. En cada paquete hay 16 platos. ¿Cuántos paquetes debe comprar? _____

3. Sean tiene 500 libras de manzanas para 16 caballos. ¿Cuántas libras de manzanas recibirá cada caballo? _____

4. Ed tiene 500 plantas de tomates y está poniendo 16 plantas en cada caja. _____

5. Sharon está empacando 500 vacas de juguete para enviarlas a una escuela. En cada caja está poniendo 16 ó 17 vacas. Describe el envío de vacas.

   _____ cajas con 16 vacas en cada una y

   _____ cajas con 17 vacas en cada una

Repaso continuo

6. ¿Cuál de los conjuntos de múltiplos de la tabla está sombreado?

   A. múltiplos de 3

   B. múltiplos de 4

   C. múltiplos de 5

   D. múltiplos de 6

2	4	6	8
3	6	9	12
4	8	12	16
5	10	15	20

Conteo de rompecabezas en la clase

NOTA Los estudiantes continúan practicando cómo resolver problemas de multiplicación y de división.

MME 14

Resuelve los siguientes problemas. Expresa tus respuestas con anotaciones claras y precisas.

1. En la clase de la Sra. Green hay 29 estudiantes. Contaron de 45 en 45. Cada estudiante dijo solamente un número. Si el primero dijo 45, ¿qué número dijo el último?

2. Los estudiantes del Sr. Black contaron de 25 en 25. Cada estudiante dijo solamente un número. El primero dijo 25 y el último dijo 700. ¿Cuántos estudiantes hay en la clase del Sr. Black?

3. En la clase del Sr. Blue hay 31 estudiantes. Todos contaron por un determinado número y el último estudiante dijo 899. Si cada estudiante dijo solamente un número, ¿de cuánto en cuánto contaron?

4. En la clase de la Sra. Yellow hay 28 estudiantes. Todos contaron de 65 en 65 y cada estudiante dijo solamente un número. Si el primer estudiante dijo 65, ¿qué número dijo el último estudiante?

Problemas iniciales de división (página 1 de 3)

Escoge uno de los problemas iniciales (primer paso), "a"
o "b", para completar los problemas 1–6. Si prefieres usar un
problema inicial que no sea ni el "a" ni el "b", escríbelo en
el espacio en blanco marcado con la letra "c". Luego, usa el
problema inicial que escogiste para resolver el problema final.

1. $2,000 \div 42 =$

   a. Comienza resolviendo $840 \div 42$.

   b. Comienza resolviendo 40×42.

   c. _____

2. Renaldo tiene 650 canicas y quiere guardarlas en
   bolsas de 28 canicas cada una. ¿Cuántas bolsas de
   canicas llenará Renaldo?

   a. Comienza resolviendo $560 \div 28$.

   b. Comienza resolviendo 28×10.

   c. _____

Problemas iniciales de división (página 2 de 3)

3. $30 \overline{)2{,}554}$

   a. Comienza resolviendo 30×80.

   b. Comienza resolviendo $1{,}200 \div 30$.

   c. _____

4. Tomás horneó 825 galletas para vender. Las empacó
en 22 cajas. Si en cada caja había la misma cantidad
de galletas, ¿cuántas galletas había en cada caja?
¿Cuántas galletas quedaron sin empacar?

   a. Comienza resolviendo 22×30.

   b. Comienza resolviendo $440 \div 22$.

   c. _____

Problemas iniciales de división (página 3 de 3)

5. 499 ÷ 2

   a. Comienza resolviendo 2 × 200.

   b. Comienza resolviendo 500 ÷ 2.

   c. _____

6. En la Escuela Primaria Parker hay 1,080 estudiantes. Durante la planificación de una excursión, la escuela los ha dividido equitativamente en 40 grupos. ¿Cuántos estudiantes hay en cada grupo?

   a. Comienza resolviendo 800 ÷ 40.

   b. Comienza resolviendo 25 × 40.

   c. _____

Útiles escolares (página 1 de 2)

Usa la información de las tablas para responder las siguientes preguntas. Anota tu trabajo en una hoja de papel aparte.

Artículo	Unidad	Costo
Lápices	12 por paquete	$0.99
Bolígrafos	12 por paquete	$1.98
Borradores	10 por paquete	$1.29
Barras de pegamento	18 por paquete	$3.49

Grado	Número de estudiantes
Tercero	80
Cuarto	100
Quinto	150

1. Los maestros de tercer grado quieren comprar 3 lápices para cada estudiante.

¿Cuántos paquetes de lápices necesitan comprar?

¿Cuál será el costo total?

2. Los maestros de tercer grado quieren comprar 1 barra de pegamento para cada estudiante.

¿Cuántos paquetes de barras de pegamento necesitan comprar?

¿Cuál será el costo total?

3. Los maestros de cuarto grado quieren comprar 2 borradores para cada estudiante.

¿Cuántos paquetes de borradores necesitan comprar?

¿Cuál será el costo total?

4. Los maestros de cuarto grado quieren comprar 2 lápices y 1 barra de pegamento para cada estudiante.

¿Cuántos paquetes de lápices necesitan comprar? ¿Y cuántas de barras de pegamento?

¿Cuál será el costo total?

Útiles escolares (página 2 de 2)

5. Los maestros de quinto grado quieren comprar 2 lápices y 2 bolígrafos para cada estudiante.

¿Cuántos paquetes de lápices necesitan comprar los maestros?

¿Y cuántos paquetes de bolígrafos?

¿Cuál será el costo total?

6. Un negocio local donó a los maestros de quinto grado $50.00 para comprar útiles escolares. Como la cantidad de dinero que no gasten tendrán que devolverla al negocio, los maestros quieren comprar la mayor cantidad posible de útiles escolares.

¿Qué útiles escolares pueden comprar?

¿Qué cantidad de cada útil escolar recibirá cada estudiante?

¿Cuál será el costo total?

¿Cuánto dinero tendrán que devolver los maestros?

¡Termina de resolverlo!

A continuación se muestra el primer paso para resolver cada problema. Usa este paso para hallar la solución. Muestra tu trabajo en una hoja de papel aparte.

> **NOTA** Los estudiantes resuelven problemas de multiplicación y de división usando los pasos dados en los ejercicios.
>
> **MME** 30–32, 38–39

1. Halla 401×13 resolviendo primero 400×10.

   $401 \times 13 =$ _____

2. Halla 74×23 resolviendo primero 2×74.

   $74 \times 23 =$ _____

3. Halla 8×643 resolviendo primero 8×600.

   $8 \times 643 =$ _____

4. Halla $342 \div 5$ resolviendo primero $300 \div 50$.

   $342 \div 5 =$ _____

5. Halla $871 \div 16$ resolviendo primero 16×50.

   $871 \div 16 =$ _____

Repaso continuo

6. Cada cuadrado de la cuadrícula muestra 1 manzana completa. ¿Cuál es la distancia más corta desde el triángulo hasta el cuadrado?

   A. 3 manzanas   **C.** 4 manzanas

   B. 5 manzanas   **D.** 7 manzanas

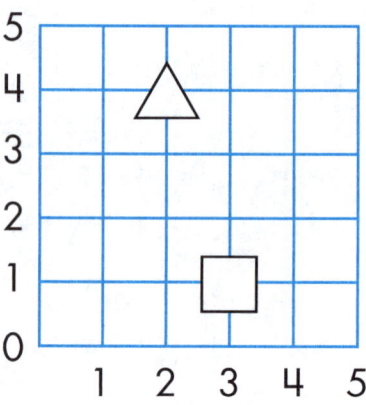

Conteo de rompecabezas

Resuelve los siguientes problemas. Expresa tus respuestas con anotaciones claras y precisas.

NOTA Los estudiantes resuelven problemas de división.

MME 38–39

1. Los 26 estudiantes de la Sra. Jones contaron por el mismo número. Cada estudiante dijo solamente un número. El último estudiante dijo 1,040. ¿De cuánto en cuánto contaron los estudiantes?

2. Los estudiantes del Sr. Smith contaron de 75 en 75. Cada estudiante dijo solamente un número. Si el último estudiante dijo 2,025, ¿cuántos estudiantes contaron?

3. La clase de la Sra. Plant contó de 42 en 42. Cada estudiante dijo solamente un número. El primero dijo 42 y el último dijo 1,218. ¿Cuántos estudiantes contaron?

Diferentes primeros pasos

Escribe dos primeros pasos diferentes para resolver los siguientes problemas. Escoge uno de los primeros pasos y halla la solución. Muestra tu trabajo en una hoja de papel aparte.

NOTA Los estudiantes muestran dos primeros pasos diferentes para resolver los mismos problemas.

MME 30–32, 38–39

1. Para hallar 73 × 29, podría empezar con _____ ó _____.

La respuesta es _____.

2. Para hallar 87 ÷ 15, podría empezar con _____ ó _____.

La respuesta es _____.

3. Para hallar 578 ÷ 4, podría empezar con _____ ó _____.

La respuesta es _____.

4. Para hallar 482 × 7, podría empezar con _____ ó _____.

La respuesta es _____.

5. Para hallar 318 ÷ 26, podría empezar con _____ ó _____.

La respuesta es _____.

Repaso continuo

6. ¿Cuál de las siguientes medidas de altura formarían la gráfica de la derecha?

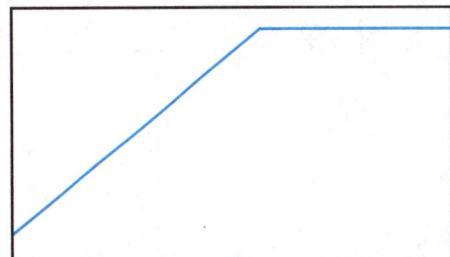

A. 1, 3, 5, 8, 8   **C.** 1, 3, 3, 5, 7

B. 1, 1, 1, 4, 4   **D.** 1, 5, 6, 6, 8

Multiplicar dinero

Resuelve los siguientes problemas.

NOTA Los estudiantes multiplican cantidades de dinero que están cerca del próximo dólar.

MME 30–32

1. $9.99
   $\times$ 12

2. $7.98 $\times$ 5 = _____

3. $14.97 $\times$ 6 = _____

4. $29.99
   $\times$ 6

5. $34.99 $\times$ 3 = _____

División: ¿cómo lo resolviste? (página 1 de 2)

Escoge y resuelve uno o más de los siguientes problemas.
(Resuelve otros problemas en una hoja de papel aparte.)

$498 \div 9 =$ $376 \div 6 =$ $685 \div 34 =$

$2{,}837 \div 52 =$ $3{,}989 \div 49 =$

1. Resuelve el problema de dos maneras. Expresa tu respuesta con anotaciones claras y precisas.

Problema: _____

Primera manera:

Segunda manera:

División: ¿cómo lo resolviste? (página 2 de 2)

2. Escribe el problema que resolviste en la página 47
y los primeros dos pasos que usaste para resolverlo.
Tu compañero de tarea usará esos pasos para terminar
de resolver el problema.

Nombre de tu compañero de tarea: _____

Problema: _____

Primer paso de la primera solución:

Primer paso de la segunda solución:

3. Compara tus soluciones con las de tu compañero de tarea.
¿En qué se parecen? ¿En qué se diferencian?

Hacer estimaciones

Estima los siguientes productos.

> **NOTA** Los estudiantes hacen estimaciones usando múltiplos de 10, estrategias para duplicar y combinaciones que conocen para resolver problemas de multiplicación y de división más difíciles.

1. Problema: 34×62

$30 \times 62 =$ _____

2. Problema: $843 \div 8$

$840 \div 8 =$ _____

3. Problema: 79×61

$80 \times 61 =$ _____

4. Problema: $2{,}764 \div 7$

$2{,}800 \div 7 =$ _____

5. Problema: 29×58

$30 \times 60 =$ _____

6. Problema: $719 \div 19$

$720 \div 20 =$ _____

7. Problema: 32×418

$32 \times 400 =$ _____

8. Problema: $463 \div 82$

$480 \div 80 =$ _____

9. Problema: 673×76

$700 \times 80 =$ _____

10. Problema: $3{,}128 \div 64$

$3{,}000 \div 60 =$ _____

Repaso continuo

11. ¿En qué posición quedará esta figura después de girarla 90 grados a la derecha?

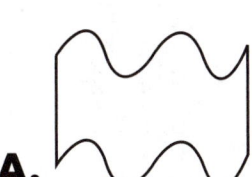 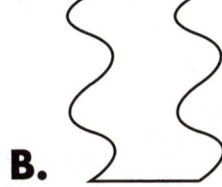  

A.   **B.**   **C.**   **D.**

Práctica de división

Resuelve los siguientes problemas.
Expresa tus respuestas con anotaciones
claras y precisas.

NOTA Los estudiantes resuelven
problemas de división.

 38–39

1. $514 \div 8 = $ _____

2. $559 \div 28 = $ _____

3. $874 \div 21 = $ _____

4. $691 \div 33 = $ _____

Dividir de dos maneras

Resuelve los siguientes problemas de dos maneras.
Muestra tus soluciones con claridad.

NOTA Los estudiantes resuelven problemas de división de dos maneras distintas.

 **38–39**

1. $768 \div 32 =$ _____

Primera manera:

Segunda manera:

2. $968 \div 48 =$ _____

Primera manera:

Segunda manera:

Repaso continuo

3. ¿Cuál de los siguientes números no es un factor de 3,000?

A. 35   **B.** 50   **C.** 100   **D.** 150

Competición entre tercero, cuarto y quinto grados

Usa la información que aparece en la tabla de abajo para resolver los problemas de las páginas 53 y 57-60.

NOTA: A menos que se indique lo contrario, los equipos compiten contra equipos de su propio grado.

Grados intermedios de la Escuela Primaria Hancock

Tercer grado

Maestro/a	Número de estudiantes
Sr. Willis	22
Sra. Álvarez	21
Sra. Manning	19
Sra. García	21

Cuarto grado

Maestro/a	Número de estudiantes
Sra. Voight	28
Sra. Wilkos	30
Sra. Chong	29
Sr. Anderson	28

Quinto grado

Maestro/a	Número de estudiantes
Sra. Yan	30
Sr. Clark	32
Sra. Dwyer	31
Sra. Brennan	28
Sra. Driver	29

Refrigerios para los participantes

El director de la Escuela Hancock quiere comprar al menos una barra nutritiva y una bebida refrescante para cada uno de los estudiantes de tercero, cuarto y quinto grados que participan en la competición escolar. El director tiene $200 para comprar refrigerios.

La siguiente tabla muestra el costo de los refrigerios, los cuales no se pueden comprar como artículos sueltos. Usa también la información que aparece en la página 52.

Refrigerio	Costo
Barra nutritiva (8 oz)	$3.99 por una caja de 24
Jugo de fruta (8 oz)	$3.29 por una caja de 12
Botella de agua (8 oz)	$4.99 por una caja de 36

1. ¿Qué debe comprar el director de la escuela? ¿Cuántas cajas de cada uno de los refrigerios necesita comprar?

2. Halla el costo total de la compra. Muestra tu trabajo en el espacio de abajo.

Búsqueda del más grande y del más pequeño

NOTA Los estudiantes usan varias estrategias para resolver problemas de multiplicación y de división.

MME 30–32, 38–39

Encierra en un círculo el producto o el cociente más grande de cada fila. Luego, subraya el más pequeño.

1. 46 × 77 ó 67 × 51 ó 39 × 86

2. 1,120 ÷ 14 ó 1,680 ÷ 24 ó 3,400 ÷ 34

Repaso continuo

3. ¿Qué crees que muestran los datos de la siguiente tabla?

   A. la estatura de los estudiantes de primer grado

   B. la altura de unas casas

   C. la estatura de unos jugadores de básquetbol

   D. la altura de unos perros

Altura de	Pulgadas
A	78
B	84
C	80
D	75
E	82
F	84

Práctica de multiplicación y de división

> **NOTA** Los estudiantes practican la multiplicación y la división usando múltiplos de 10 ó de 100. Intentan resolver mentalmente los problemas.

Intenta resolver mentalmente los siguientes problemas. Si no resuelves mentalmente alguno de los problemas, muestra cómo lo resolviste.

1. $5 \times 800 =$ _____

2. $\begin{array}{r} 70 \\ \times\ 6 \\ \hline \end{array}$

3. $375 \times 10 =$ _____

4. $13 \times 15 =$ _____

5. $15 \times 40 =$ _____

6. $540 \div 9 =$ _____

7. $240 \div 8 =$ _____

8. $420 \div 6 =$ _____

9. $850 \div 17 =$ _____

10. $420 \div 3 =$ _____

Actividades deportivas: carrera de relevos

En una carrera de relevos compiten varios equipos de 8 estudiantes cada uno. ¿Cuántos equipos hay en cada grado? Si sobran estudiantes, escribe cuántos no compiten en ningún equipo.

Mira la información que aparece en la página 52. Completa la tabla que aparece abajo. Usa el espacio que hay debajo de la tabla para mostrar tu trabajo.

Grado	Cantidad de equipos	Estudiantes sin equipo
Tercero		
Cuarto		
Quinto		

Actividades deportivas: futbol

En cada grado escolar hay 11 equipos de futbol. Esta vez, todos los estudiantes tienen que estar en algún equipo.

Mira la información que aparece en la página 52. Completa la tabla que aparece abajo. Usa el espacio que hay debajo de la tabla para mostrar tu trabajo.

Grado	Número de estudiantes en un equipo
Tercero	
Cuarto	
Quinto	

Actividades deportivas: jalar la cuerda

La actividad final será jalar la cuerda. Participarán todos los estudiantes. Todos los estudiantes de cuarto grado estarán en un lado de la cuerda y todos los de quinto estarán al otro lado. Los estudiantes de tercer grado serán distribuidos entre los dos lados de modo que en los dos equipos haya el mismo número de estudiantes.

Mira la información que aparece en la página 52. Responde las siguientes preguntas. Muestra tu trabajo en el espacio en blanco de abajo.

1. ¿Cuántos estudiantes de tercer grado estarán en el equipo de los estudiantes de cuarto grado? _____

2. ¿Cuántos estudiantes de tercer grado estarán en el equipo de los estudiantes de quinto grado? _____

3. ¿Cuántos estudiantes en total habrá en cada equipo? _____

Almuerzo y limpieza

Mira la información que aparece en la página 52.
Usa el número total de estudiantes de los grados 3,
4 y 5 para responder las siguientes preguntas.
Muestra tus soluciones con claridad.

1. A la hora del almuerzo, los estudiantes formaron
grupos de 30 y fueron a sus clases a almorzar.
¿En cuántas clases había 30 estudiantes? ¿Cuántos
estudiantes había en la clase que no estaba llena?

2. Por la tarde, los estudiantes fueron divididos en 28
equipos para limpiar la escuela y el área de juego.
¿Cuántos estudiantes había en cada equipo?

Problemas de dos partes

Cada uno de los siguientes problemas tiene
dos partes. Resuelve la primera parte de
cada problema para resolver la segunda.

> **NOTA** Los estudiantes usan la
> multiplicación y la división para resolver
> problemas verbales, algunos de los
> cuales incluyen residuos.
>
> **MME** 30–32, 38–39

1. PARTE 1 Supón que una tienda vende bolsas
de 48 globos cada una. Si compras 10 bolsas,
¿cuántos globos comprarás? _____

PARTE 2 Hay 37 niños que vienen a tu fiesta.
¿Cuántos globos recibirá cada uno? _____

2. PARTE 1 Una fábrica hizo 1,800 botones amarillos
y puso cuatro botones en pequeñas tarjetas de cartón.
¿Cuántas tarjetas de botones empacaron? _____

PARTE 2 La fábrica empacó 24 tarjetas en
cada caja. ¿Cuántas cajas llenó? _____

3. PARTE 1 Tú y 8 amigos lavaron 57 carros.
Supón que cobraron $12 por lavar cada
carro. ¿Cuánto dinero ganaron? _____

PARTE 2 Si se reparten equitativamente el dinero
entre todos, ¿cuánto dinero recibirá cada uno? _____

Repaso continuo

4. ¿Cuál de las siguientes fracciones es equivalente a $\frac{1}{2}$?

A. $\frac{1}{4}$ **B.** $\frac{2}{8}$ **C.** $\frac{4}{16}$ **D.** $\frac{4}{8}$

5. ¿Cuál de las siguientes fracciones es equivalente a $\frac{3}{4}$?

A. $\frac{6}{6}$ **B.** $\frac{6}{8}$ **C.** $\frac{6}{12}$ **D.** $\frac{3}{9}$

Más práctica de multiplicación y de división

NOTA Los estudiantes practican la multiplicación y la división usando múltiplos de 10 ó de 100. Intentan resolver mentalmente los problemas.

Intenta resolver mentalmente los siguientes problemas. Si no resuelves mentalmente alguno de los problemas, muestra cómo lo resolviste.

1. $100 \times 23 =$ _____

2. $25 \times 700 =$ _____

3. $3 \times 400 =$ _____

4. 150
$\underline{\times\ 8}$

5. $1,600 \times 5 =$ _____

6. $1,800 \div 900 =$ _____

7. $2,600 \div 13 =$ _____

8. $3,500 \div 70 =$ _____

9. $25\overline{)900}$

10. $6,000 \div 12 =$ _____

Problemas sobre deportes

Resuelve los siguientes problemas y muestra tu trabajo.

1. Para una fiesta estudiantil, el director de la escuela necesitaba comprar 8 bolsas de globos. En cada bolsa había 175 globos y costaba $2.49.

¿Cuántos globos compró el director de la escuela? _____

¿Cuánto dinero gastó el director en globos? _____

2. El director necesita comprar 50 batones para la carrera de relevos. Los batones se pueden ordenar en paquetes de 6. Cada paquete cuesta $4.99.

¿Cuántos paquetes de batones necesita ordenar el director de la escuela? _____

¿Cuánto dinero gastará el director en batones? _____

3. El director de la Escuela Hancock necesita ordenar 348 cintas para los juegos escolares. Cada paquete de 20 cintas cuesta $2.89.

¿Cuántos paquetes necesita ordenar el director de la escuela? _____

¿Cuánto dinero gastará el director en cintas? _____

¿Cuántas personas? ¿Cuántos equipos?

Multiplicar y dividir números grandes (página 1 de 2)

Resuelve los siguientes problemas. Expresa tus respuestas con anotaciones claras y precisas.

1.   748
   × 64
  —————

2. $657 \times 93 =$ _____

3. $2,401 \times 27 =$ _____

4. Escribe un problema-cuento que represente uno de los problemas de multiplicación que aparecen arriba.

Multiplicar y dividir
números grandes (página 2 de 2)

5. 7,899 ÷ 84 = _____

6. 75)‾4,856‾

7. 10,000 ÷ 68 = _____

8. Escribe un problema-cuento que represente uno
de los problemas de división que aparecen arriba.

Multiplicar y dividir números grandes

> **NOTA** Los estudiantes resuelven problemas de multiplicación y de división con números grandes y muestran sus soluciones.
>
> **MME** **30–32, 38–39**

1. $1{,}522 \times 21 =$ _____

2. $8{,}425 \div 25 =$ _____

3. $2{,}734 \times 35 =$ _____

Repaso continuo

4. ¿Cuál de las siguientes ecuaciones de división está relacionada con $126 \times 18 = 2{,}268$?

A. $2{,}268 \div 18 = 126$ **C.** $126 \div 2{,}268 = 18$

B. $126 \div 18 = 2{,}268$ **D.** $126 \div 6 = 21$

Jugo y naranjas

Resuelve los siguientes problemas.
Expresa tus soluciones con anotaciones
claras y precisas.

> **NOTA** Los estudiantes resuelven problemas relacionados en el contexto de un problema-cuento. Deben intentar usar la respuesta de un problema como ayuda para resolver el siguiente.
>
> **MME** 30–32

1. Una tienda ordenó 75 cajas de jugos. En cada caja había 24 envases de jugo. ¿Cuántos envases de jugo ordenó la tienda?

2. La siguiente semana, la tienda ordenó 125 cajas de jugo. ¿Cuántos envases de jugo ordenó la tienda?

3. La misma tienda ordenó 80 cajas de naranjas. En cada caja había 18 naranjas. ¿Cuántas naranjas ordenó la tienda?

4. La siguiente semana, la tienda ordenó 150 cajas de naranjas. ¿Cuántas naranjas ordenó la tienda?

Multiplicar y dividir de dos maneras

NOTA Los estudiantes resuelven problemas de multiplicación y de división con números grandes de dos maneras distintas.

MME 30–32, 38–39

Resuelve los siguientes problemas de dos maneras. Muestra tus soluciones con claridad.

1. 267 × 48 = _____

Primera manera:

Segunda manera:

2. 7,302 ÷ 51 = _____

Primera manera:

Segunda manera:

Repaso continuo

3. 646 × 52 = _____

A. 305,293   **B.** 35,921   **C.** 33,592   **D.** 5,529

Envases de leche

Resuelve los siguientes problemas. Expresa tu solución con anotaciones claras y precisas.

En una caja de leche hay 48 envases.

NOTA Los estudiantes resuelven problemas relacionados en el contexto de un problema-cuento. Deben intentar usar la respuesta de un problema como ayuda para resolver el siguiente.

MME 38–39

1. Si hay 960 envases de leche en la cafetería, ¿cuántas cajas hay?

2. Si hay 1,920 envases de leche en la cafetería, ¿cuántas cajas hay?

3. Si hay 2,880 envases de leche en la cafetería, ¿cuántas cajas hay?

Vuelo supersónico

Resuelve los siguientes problemas. Muestra
tu trabajo en una hoja de papel aparte.

NOTA Los estudiantes
practican la multiplicación
en el contexto de un
problema-cuento.

MME 30–32, 38–39

Un avión que vuela a una velocidad de Mach 1 viaja
a la velocidad del sonido. Mach 2 es dos veces la
velocidad del sonido, Mach 3 es tres veces la velocidad
del sonido, y así sucesivamente. (La velocidad de un avión
jumbo de pasajeros es menor que Mach 1.)

1. Completa la tabla de abajo con sus correspondientes
velocidades en millas por hora.

2. Si un avión vuela a Mach 5, ¿qué distancia recorre
por *minuto*? _____

Velocidades Mach*	
Mach 1	680 mph
Mach 2	1,360 mph
Mach 3	
Mach 4	
Mach 5	

*basada en la velocidad del
sonido: 680 mph en la estratosfera

El X-43, un avión supersónico pilotado por
control remoto, puede alcanzar una velocidad
cercana a Mach 10. Un avión que volase a esa
velocidad podría viajar entre Los Ángeles, CA
y Roma, Italia en menos de dos horas.

3. a. Halla la velocidad en millas por hora del X-43. _____

b. ¿Qué distancia recorre el X-43 por *minuto*? _____

"Rather than zoom into the fractal you can zoom into the edge of it and continually find the same pattern repeating itself much like the shoreline of a lake viewed from a plane."– **Kris Northern**

Investigations

IN NUMBER, DATA, AND SPACE®
en español

Patrones de crecimiento

Investigación 1

Investigación 2

Cuentos de crecimiento: Tara y Nat (página 1 de 2)

Lee los siguientes cuentos sobre cómo crecieron Tara y Nat
y completa la tabla y la gráfica. Puedes comenzar con
la gráfica o con la tabla.

Cuento sobre Tara

Tara medía 80 centímetros de estatura cuando cumplió 2 años. Desde entonces,
creció a un ritmo constante hasta que cumplió los 10 años de edad.

Cuento sobre Nat

Nat medía 85 centímetros de estatura cuando cumplió 2 años. Desde
entonces, creció rápidamente hasta que cumplió los 4 años de edad.
Luego, continuó creciendo a un ritmo más lento, pero constante.

Edad (en años)	Estatura de Tara (en cm)	Estatura de Nat (en cm)
2		
3		
4		
5		
6		
7		
8		
9		
10		

Patrones de crecimiento

Cuentos de crecimiento: Tara y Nat (página 2 de 2)

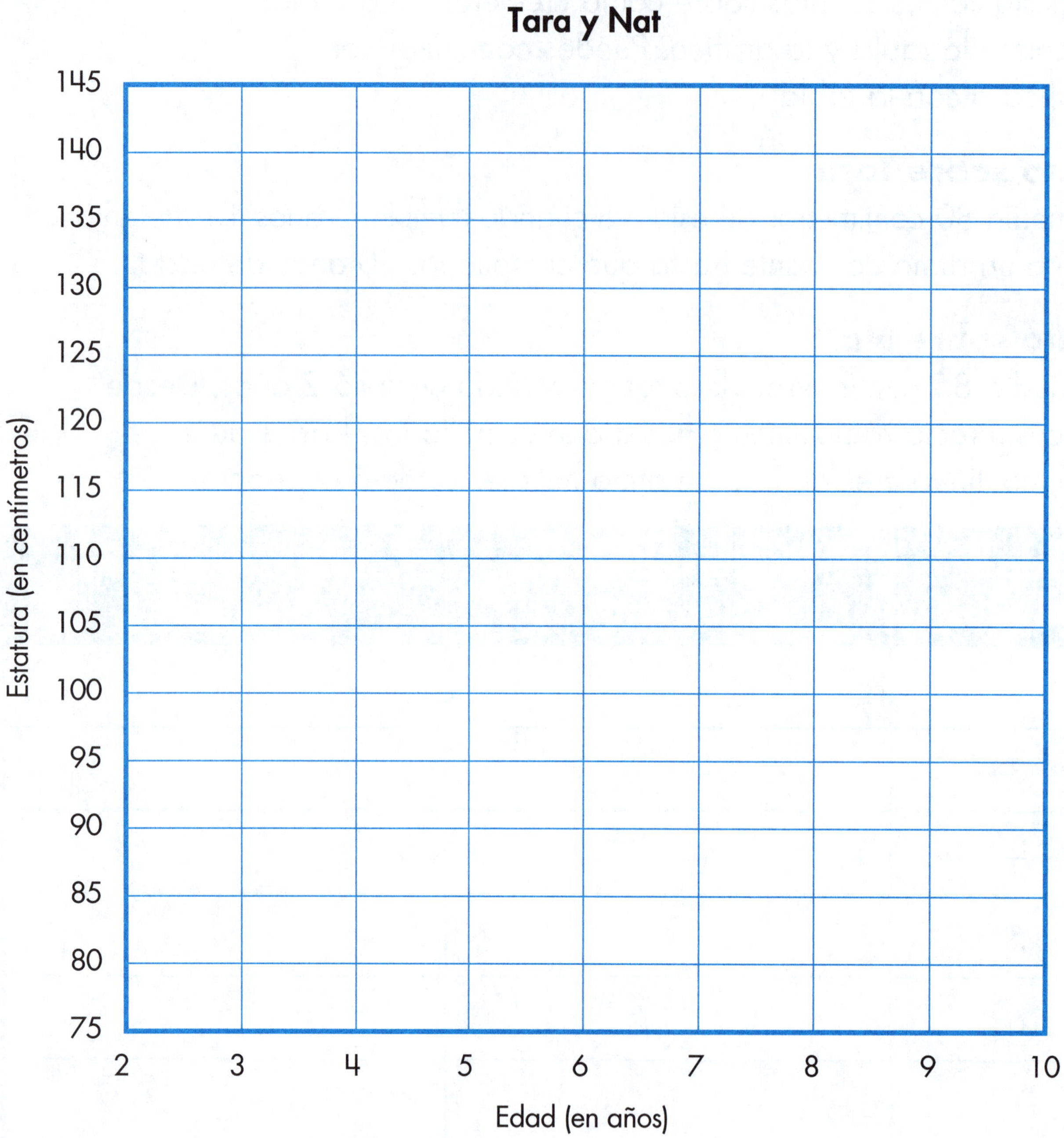

Tara y Nat

Gráfica con eje vertical "Estatura (en centímetros)" con valores 75, 80, 85, 90, 95, 100, 105, 110, 115, 120, 125, 130, 135, 140, 145. Eje horizontal "Edad (en años)" con valores 2, 3, 4, 5, 6, 7, 8, 9, 10.

Patrones de crecimiento

Representar cuentos de crecimiento: Tony, Maya y Susie (página 1 de 3)

Lee los siguientes cuentos sobre cómo crecieron Tony, Maya y Susie y completa la tabla de la página 6. Luego, representa en la gráfica de la página 7 el crecimiento de cada uno de los tres estudiantes desde los 2 hasta los 10 años de edad. Cuando creas que tu representación es correcta, haz la representación final. Usa diferentes colores para cada estudiante y haz una clave para mostrar qué color representa a cada uno de los tres.

1. Cuento sobre Tony

Tony medía 85 centímetros de estatura cuando cumplió 2 años. Desde entonces, creció a un ritmo constante hasta que cumplió los 10 años de edad. Al cumplir los 10 años, Tony medía 135 centímetros de estatura.

2. Cuento sobre Maya

Maya medía 90 centímetros de estatura cuando cumplió 2 años. Desde entonces, creció rápidamente hasta que cumplió los 7 años de edad. Luego, continuó creciendo, pero a un ritmo mucho más lento, hasta que cumplió 10 años. Cuando cumplió 10 años, Maya medía 145 centímetros de estatura.

3. Cuento sobre Susie

Susie medía 80 centímetros de estatura cuando cumplió 2 años. Desde entonces, creció a un ritmo constante hasta los 6 años de edad. Entre los 6 y los 8 años, Susie creció un poco más rápido y a los 8 años medía 115 centímetros de estatura. Luego, continuó creciendo, pero más lentamente hasta que cumplió los 10 años de edad. Cuando cumplió 10 años, medía 120 centímetros de estatura.

Representar cuentos de crecimiento: Tony, Maya y Susie (página 2 de 3)

Edad (en años)	Estatura de Tony (en cm)	Estatura de Maya (en cm)	Estatura de Susie (en cm)
2			
3			
4			
5			
6			
7			
8			
9			
10			

Representar cuentos de crecimiento: Tony, Maya y Susie (página 3 de 3)

Tony, Maya y Susie

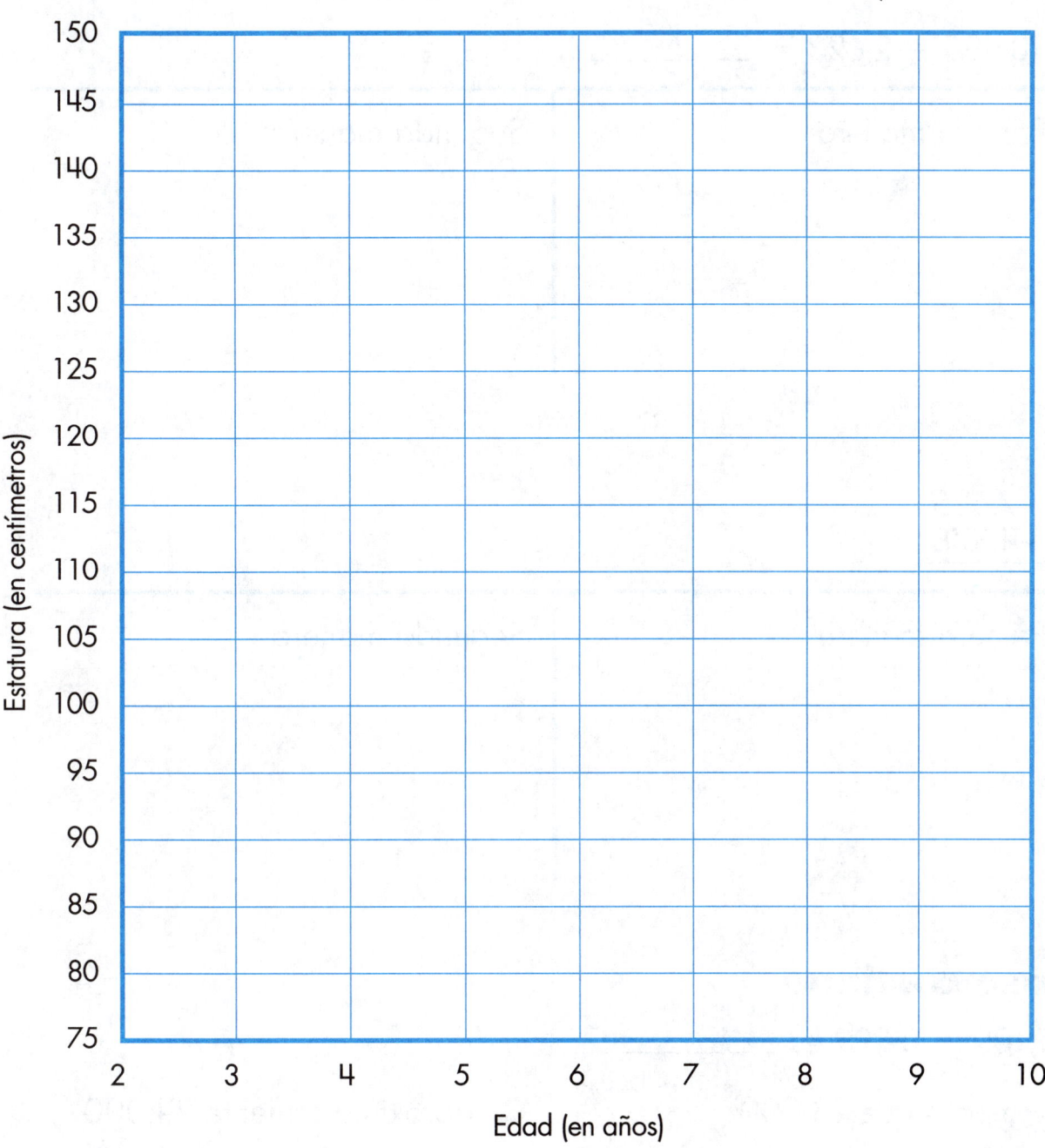

Estatura (en centímetros)

Edad (en años)

Resolver sumas de dos maneras

Resuelve cada uno de los siguientes problemas
de dos maneras distintas. Expresa tus soluciones
con anotaciones claras y precisas.

> **NOTA** Los estudiantes practican cómo resolver problemas de suma.
>
>  **MME** 8–9

1.   13,495 + 2,623 = _____

Primera manera:	Segunda manera:

2.   7,625
       +4,378
       ――――――

Primera manera:	Segunda manera:

Repaso continuo

3. 15,109 + 8,099 es _____ .

  A. menos que 23,000   **C.** aproximadamente 24,000

  B. aproximadamente 23,000   **D.** más que 24,000

Crecimiento del picopuntero (página 1 de 3)

El picopuntero es un ave que mide 4 centímetros de altura cuando nace. Cada año, crece 3 centímetros. Completa la tabla de crecimiento del picopuntero.

Edad (en años)	Altura (en cm)
0 (nacimiento)	4
1	7
2	10
3	
4	
5	
6	
7	
8	
9	
10	
15	
100	

Crecimiento del picopuntero (página 2 de 3)

Responde las siguientes preguntas sobre el crecimiento del picopuntero.

1. ¿Cómo hallaste la altura del picopuntero a los 15 años de edad?

2. ¿Cómo hallaste la altura del picopuntero a los 100 años de edad?

Patrones de crecimiento

Crecimiento del picopuntero (página 3 de 3)

Completa la siguiente gráfica sobre el crecimiento
del picopuntero hasta los 10 años de edad.

Gráfica de crecimiento del picopuntero

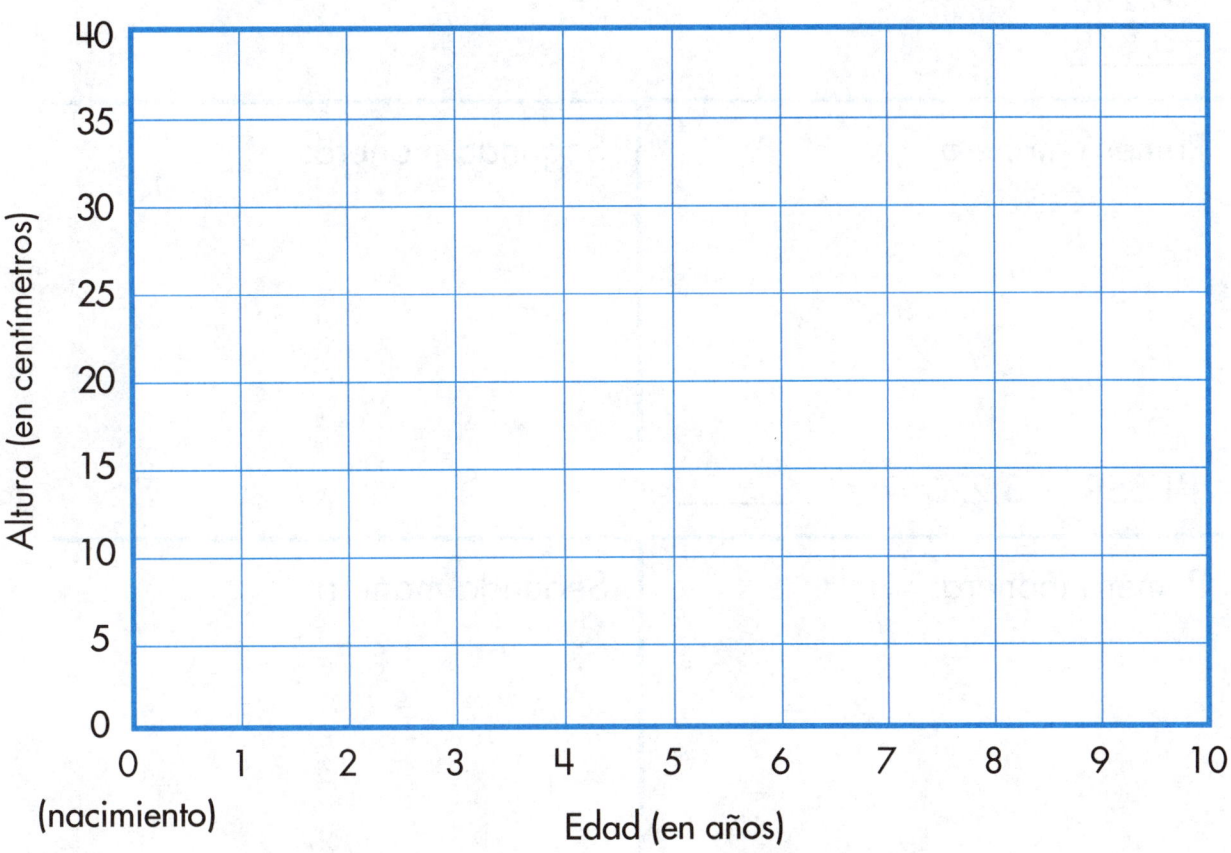

Resolver restas de dos maneras

Resuelve cada uno de los siguientes problemas
de dos maneras distintas. Expresa tus soluciones
con anotaciones claras y precisas.

NOTA Los estudiantes
practican cómo resolver
problemas de resta.

 **10–13**

1.
$$\begin{array}{r} 6{,}248 \\ -5{,}574 \\ \hline \end{array}$$

Primera manera:	Segunda manera:

2. $14{,}559 - 8{,}276 = $ _____

Primera manera:	Segunda manera:

Repaso continuo

3. ¿Cuál de los siguientes enunciados es **verdadero?**

    A. $10{,}890 + 5{,}012 < 7{,}200 + 6{,}848$

    B. $13{,}992 + 2{,}004 < 17{,}073 - 7{,}106$

    C. $16{,}010 - 8{,}449 > 12{,}107 - 5{,}991$

    D. $4{,}160 + 9{,}040 > 7{,}150 + 7{,}217$

Gráfica de crecimiento de Ricardo y de Myriam (página 1 de 2)

NOTA Los estudiantes practican cómo usar gráficas lineales para analizar información.

MME 69

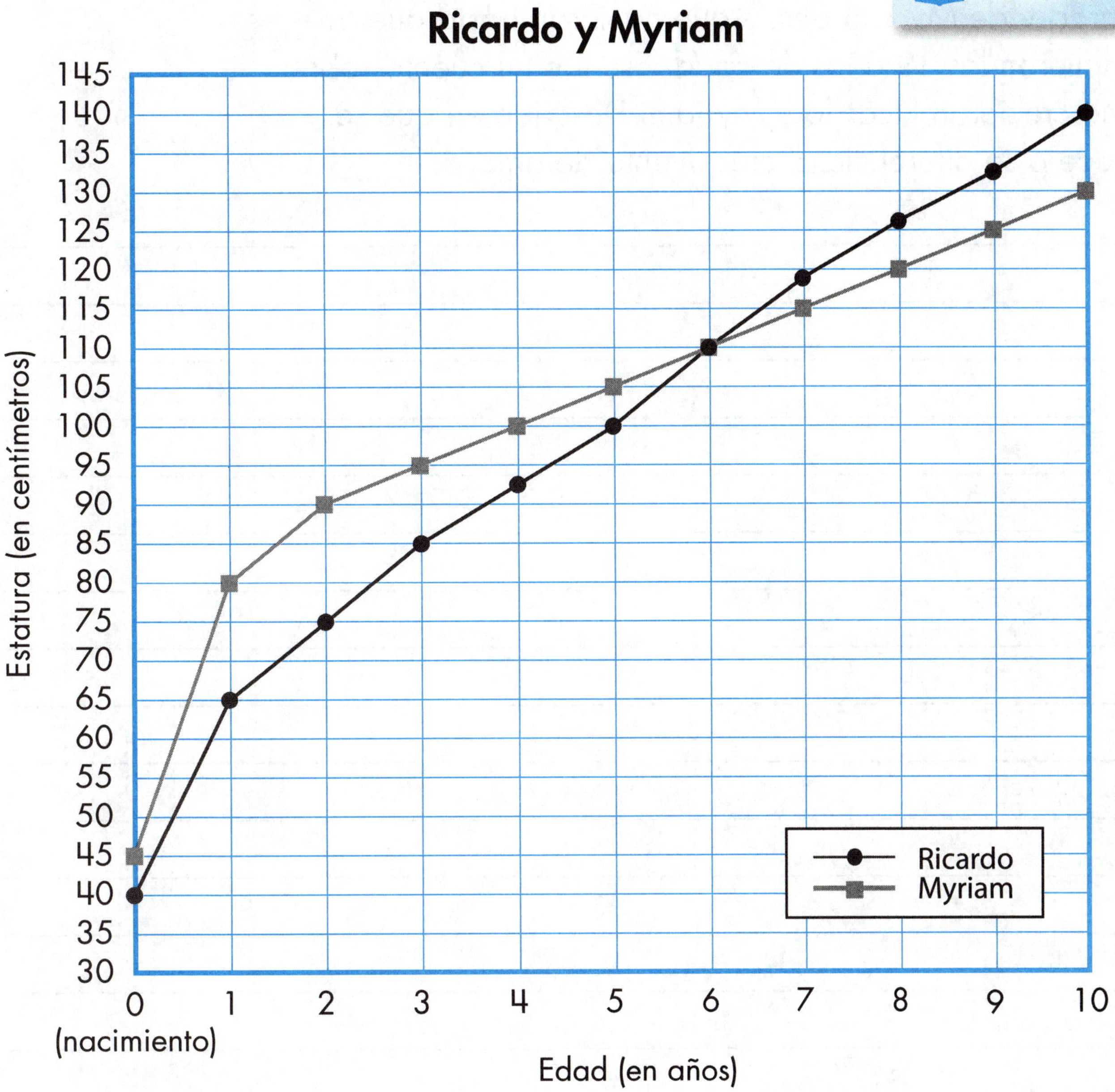

Ricardo y Myriam

Estatura (en centímetros)

145
140
135
130
125
120
115
110
105
100
95
90
85
80
75
70
65
60
55
50
45
40
35
30

0 (nacimiento) 1 2 3 4 5 6 7 8 9 10

Edad (en años)

— ● — Ricardo
— ■ — Myriam

Gráfica de crecimiento de
Ricardo y de Myriam (página 2 de 2)

La gráfica de la página 13 muestra el crecimiento de
Ricardo y de Myriam desde que nacieron hasta que
cumplieron los 10 años de edad. Escribe un cuento sobre
cómo crecieron Ricardo y Myriam. Describe en qué se
parece o se diferencia el crecimiento de ambos.

_____

_____

_____

_____

_____

_____

_____

_____

_____

_____

_____

_____

_____

_____

_____

_____

_____

_____

Patrones de crecimiento

La araña romaria, el trespiés y la comadreja acuática (página 1 de 2)

Cada uno de estos tres animales del planeta Rhomary crecen la misma cantidad de centímetros cada año. Completa la siguiente tabla.

Edad (en años)	Altura (en cm)		
	Araña romaria	Trespiés	Comadreja acuática
0 (nacimiento)	1	15	15
1	6	17	20
2	11	19	25
3	16	21	30
4			
5			
6			
7			
8			
9			
10			
15			
100			

La araña romaria, el trespiés y la comadreja acuática (página 2 de 2)

Usa los valores de la tabla de la página 15 para representar en la gráfica la altura de los tres animales desde su nacimiento hasta los 10 años de edad.

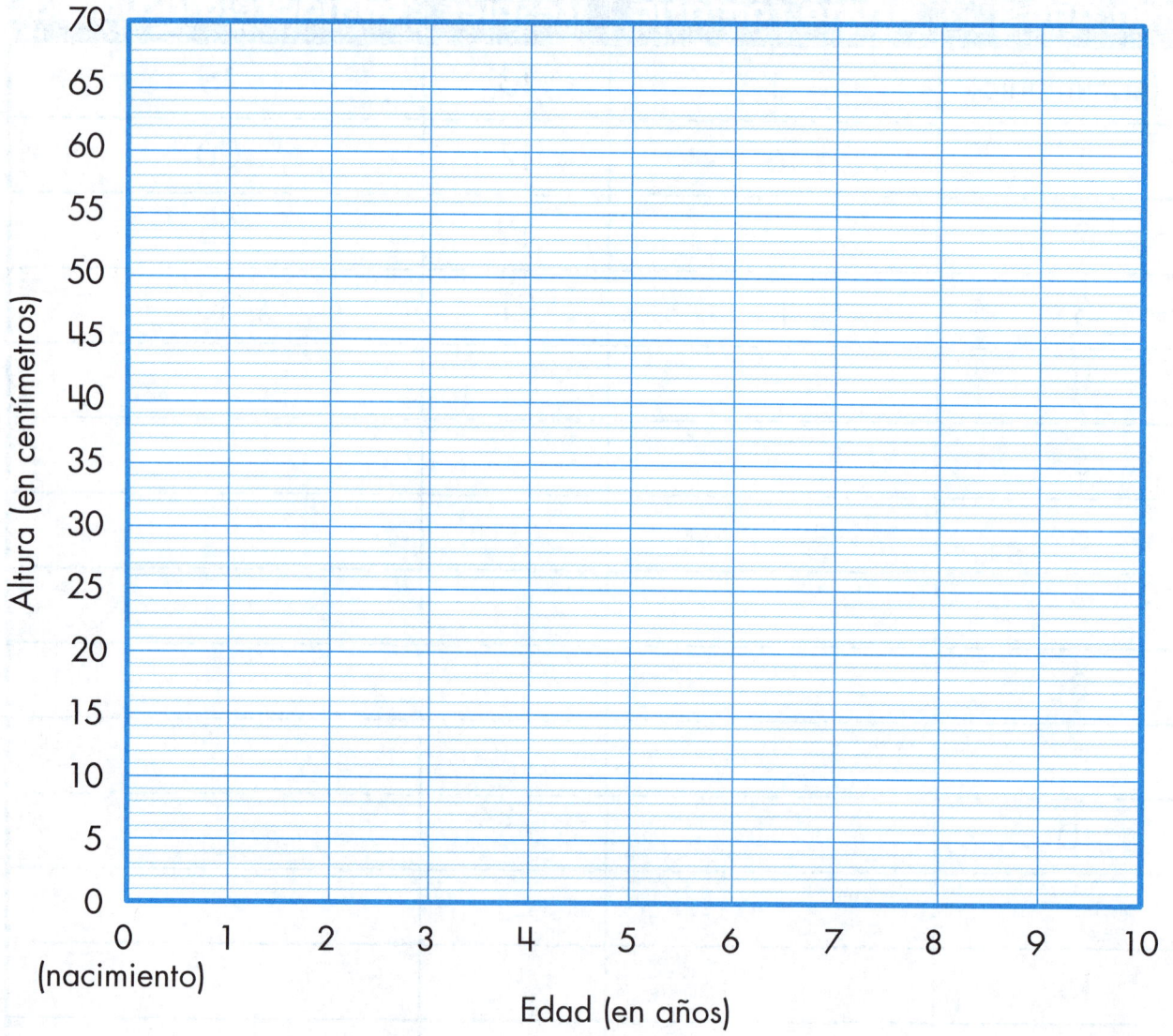

Animales de Rhomary

Patrones de crecimiento   **Práctica diaria**

Problemas relacionados

Resuelve los problemas relacionados de cada
uno de los siguientes conjuntos. Mientras
los resuelves, piensa cómo resolver el primer
problema de cada conjunto te puede servir
de ayuda para resolver los demás.

> **NOTA** Los estudiantes practican
> cómo resolver problemas de suma y
> de resta en conjuntos relacionados y
> explican los patrones que reconocen
> en cada conjunto.

1. $9{,}474 - 400 = $ _____

$9{,}474 - 500 = $ _____

$9{,}474 - 550 = $ _____

2. $5{,}160 + 435 = $ _____

$5{,}160 + 445 = $ _____

$5{,}160 + 455 = $ _____

3. $14{,}698 + 3{,}000 = $ _____

$14{,}698 + 3{,}200 = $ _____

$14{,}698 + 3{,}202 = $ _____

4. $21{,}738 + 300 = $ _____

$21{,}738 + 4{,}300 = $ _____

$21{,}738 + 4{,}305 = $ _____

5. $6{,}000 - 1{,}020 = $ _____

$5{,}900 - 1{,}020 = $ _____

$5{,}910 - 1{,}020 = $ _____

6. $42{,}536 - 20{,}000 = $ _____

$42{,}536 - 18{,}000 = $ _____

$42{,}536 - 18{,}200 = $ _____

Patrones de crecimiento

Pasorrápido (página 1 de 3)

El pasorrápido crece bajo una regla especial. Este animal es diferente a los otros animales que los científicos han estudiado hasta ahora en el planeta Rhomary. Mira si puedes averiguar el patrón de crecimiento de este animal. Luego, completa el resto de la tabla de crecimiento del pasorrápido.

Edad (en años)	Altura (en cm)
0 (nacimiento)	1
1	2
2	4
3	7
4	11
5	16
6	
7	
8	
9	
10	

Pasorrápido (página 2 de 3)

Representa gráficamente el crecimiento del pasorrápido usando los valores de la tabla de la página 18.

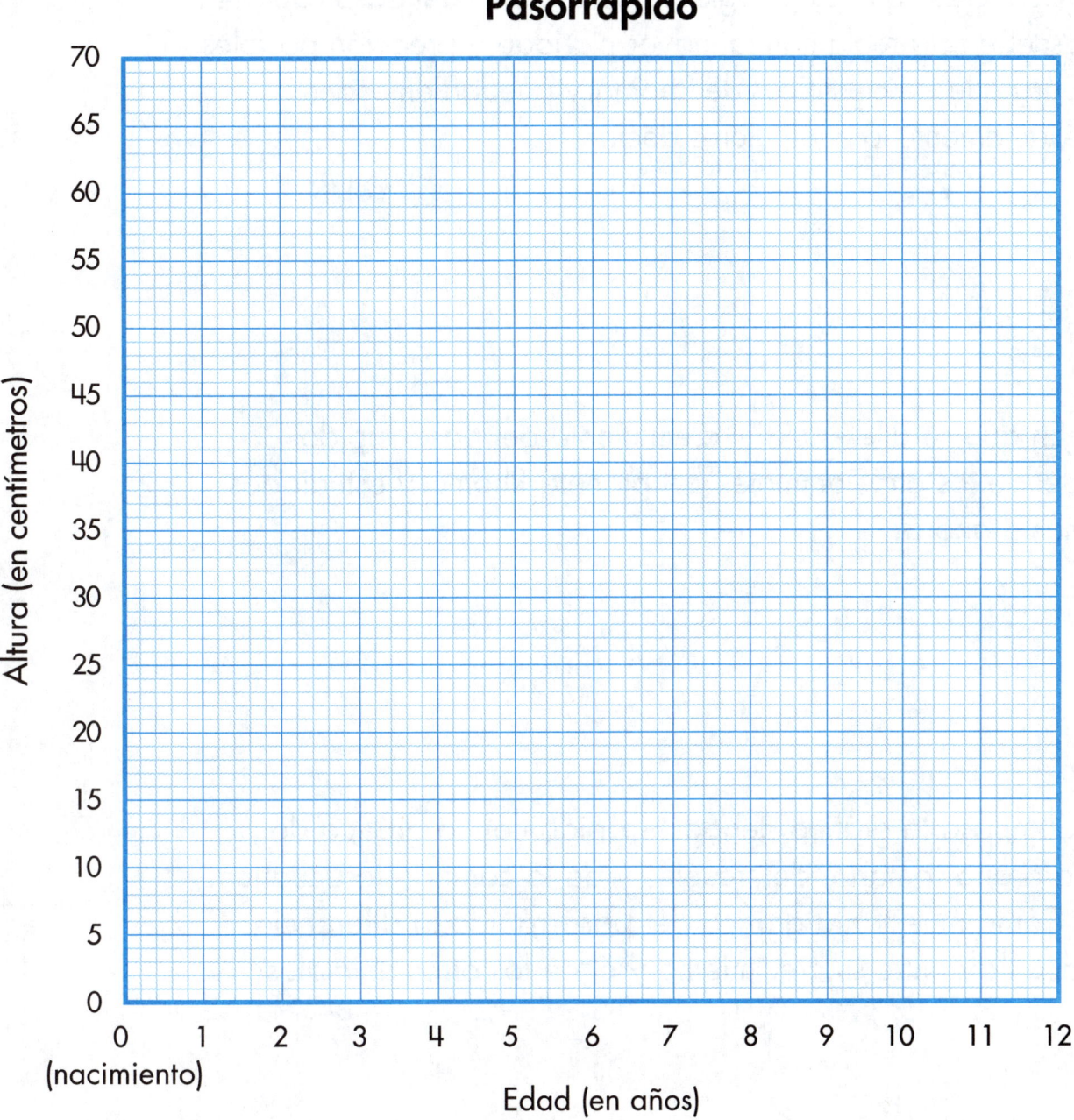

Pasorrápido

Patrones de crecimiento

Pasorrápido (página 3 de 3)

Mira la tabla y la gráfica de crecimiento del pasorrápido y úsalas para responder las siguientes preguntas.

1. ¿Cuál crees que es la regla de crecimiento del pasorrápido? Escribe esta regla con la mayor claridad y precisión posibles para que los científicos de Rhomary puedan entender exactamente lo que quieres decir.

2. ¿En qué se diferencia el crecimiento del pasorrápido del de los otros animales del planeta Rhomary estudiados hasta ahora?

3. Compara la gráfica del pasorrápido con la gráfica de la araña romaria, del trespiés y de la comadreja acuática. ¿Cómo muestra la gráfica del pasorrápido la diferencia que hay entre su crecimiento y el de los otros animales?

Problemas de suma

Resuelve los siguientes problemas. Haz anotaciones claras y precisas para mostrar cómo resolviste cada problema.

NOTA Los estudiantes practican cómo resolver problemas de suma.

MME 8–9

1. $42.45
    + 17.68

2. $7,598 + 8,264 =$ _____

3. $25,222 + 5,194 =$ _____

4.   33,180
      +25,872

Repaso continuo

5. ¿Cuál de los siguientes números es 44,771 más siete mil?

A. 52,771   **B.** 51,771   **C.** 50,771   **D.** 45,471

Patrones de crecimiento

Tabla de crecimiento del colacaracol y de la serpientetinta

NOTA Los estudiantes anotan datos en una tabla.

MME **66–67, 70–71**

El colacaracol y la serpientetinta crecen la misma cantidad de centímetros cada año. Completa la tabla de crecimiento del colacaracol y de la serpientetinta.

Edad (en años)	Altura (en cm)	
	Colacaracol	**Serpientetinta**
0 (nacimiento)	2.5	15
1	5	16.5
2	7.5	18
3	10	19.5
4		
5		
6		
7		
8		
9		
10		

Patrones de crecimiento

3 fichas cuadradas horizontales: cantidad total de fichas (página 1 de 2)

Aquí hay una fila de
3 fichas cuadradas.

Ahora, haz otra fila de 3 fichas cuadradas.
Para formar 2 filas se necesitan 6 fichas.

1. Continúa añadiendo filas de 3 fichas cuadradas.
   Completa la siguiente tabla.

Número de filas	Cantidad total de fichas
1	3
2	6
3	
4	
5	
6	
10	
15	
20	
100	
n	

3 fichas cuadradas horizontales: cantidad total de fichas (página 2 de 2)

2. ¿Cómo hallaste la cantidad de fichas cuadradas que hay en 100 filas?

3. Escribe una regla o una fórmula para hallar la cantidad total de fichas cuadradas que hay en cualquier número de filas.

3 fichas cuadradas horizontales: perímetro (página 1 de 2)

Aquí hay una fila de 3 fichas cuadradas. Las fichas miden 1 centímetro por 1 centímetro. El perímetro del rectángulo que forman mide 8 centímetros.

Haz un rectángulo con 2 filas de 3 fichas cuadradas. ¿Cuánto mide el perímetro de este rectángulo?

1. Continúa añadiendo filas de fichas cuadradas. Halla el perímetro de cada rectángulo. Completa la siguiente tabla.

Número de filas	Perímetro (en cm)	Expresión aritmética
1	8	
2		
3		
4		
5		
6		
10		
15		
20		
100		
n		

3 fichas cuadradas horizontales: perímetro (página 2 de 2)

2. ¿Cómo cambia el perímetro cada vez que añades una fila de fichas cuadradas?

3. ¿Cómo hallaste el perímetro de 100 filas?

4. Escribe una regla o una fórmula para hallar el perímetro de cualquier número de filas.

Problemas de resta

Resuelve los siguientes problemas. Haz anotaciones claras y precisas para mostrar cómo resolviste cada problema.

NOTA Los estudiantes practican cómo resolver problemas de resta.

MME **10–13**

1. 100,000
   − 1,327

2. 31,413 − 8,772 = _____

3. 12,495 − 3,637 = _____

4. $845.59
   − 82.76

Repaso continuo

5. Los estudiantes de quinto grado de la Escuela Lake recaudaron 91,070 monedas de 1¢ para obras de caridad. La meta de los estudiantes era recaudar 100,000 monedas de 1¢. ¿Cuántas monedas de 1¢ necesitarán recaudar para lograr su meta?

A. 8,930 **B.** 9,030 **C.** 9,130 **D.** 9,930

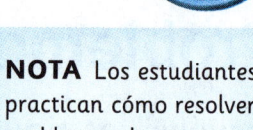

Más problemas de suma

Resuelve los siguientes problemas. Haz anotaciones claras y precisas para mostrar cómo resolviste cada problema.

NOTA Los estudiantes practican cómo resolver problemas de suma.

MME **8–9**

1. $37{,}090 + 15{,}662 =$

2. $\begin{array}{r} 40{,}009 \\ +21{,}993 \\ \hline \end{array}$

3. $\begin{array}{r} 29{,}989 \\ +15{,}114 \\ \hline \end{array}$

4. $\begin{array}{r} 52{,}006 \\ +\ 8{,}985 \\ \hline \end{array}$

La hora del concierto

Números compuestos tocó en el Estadio Gopherdome, que tiene capacidad para 40,000 personas. Se vendieron todas las entradas. El concierto comenzó a las 8:00 P.M. Responde las siguientes preguntas y muestra tu trabajo con claridad.

> **NOTA** Los estudiantes practican cómo resolver problemas de suma y de resta en el contexto de problemas-cuento.
>
> **MME** 8–9, 10–13

1. A las 7:00 P.M., 24,725 espectadores ya estaban en el estadio. ¿Cuántos espectadores no habían llegado todavía?

2. a. Aproximadamente a las 7:30 P.M. llegaron 9,590 espectadores más. ¿Cuántos espectadores había entonces en el estadio?

b. ¿Cuántos espectadores no habían llegado todavía?

3. Aproximadamente a las 8:00 P.M., 38,638 personas ya estaban en el estadio. ¿Cuántos espectadores no habían llegado todavía?

Patrones de crecimiento

_____ fichas cuadradas horizontales: cantidad total de fichas (página 1 de 3)

Haz una fila de fichas cuadradas con el número asignado a tu grupo. Añade filas hasta que tengas una idea clara de cómo aumenta la cantidad de fichas cuadradas.

1. Completa la siguiente tabla.

Número de filas	Cantidad total de fichas	Expresión aritmética
1		
2		
3		
4		
5		
6		
10		
15		
20		
100		
n		

_____ fichas cuadradas horizontales: cantidad total de fichas (página 2 de 3)

2. ¿Cómo cambia la cantidad total de fichas cuadradas cada vez que añades una fila?

3. ¿Cómo hallaste la cantidad de fichas cuadradas de 100 filas?

4. Escribe una regla o una fórmula para hallar la cantidad total de fichas cuadradas de cualquier número de filas.

_____ fichas cuadradas horizontales: cantidad total de fichas (página 3 de 3)

5. Representa gráficamente _____ fichas cuadradas horizontales: cantidad total de fichas.

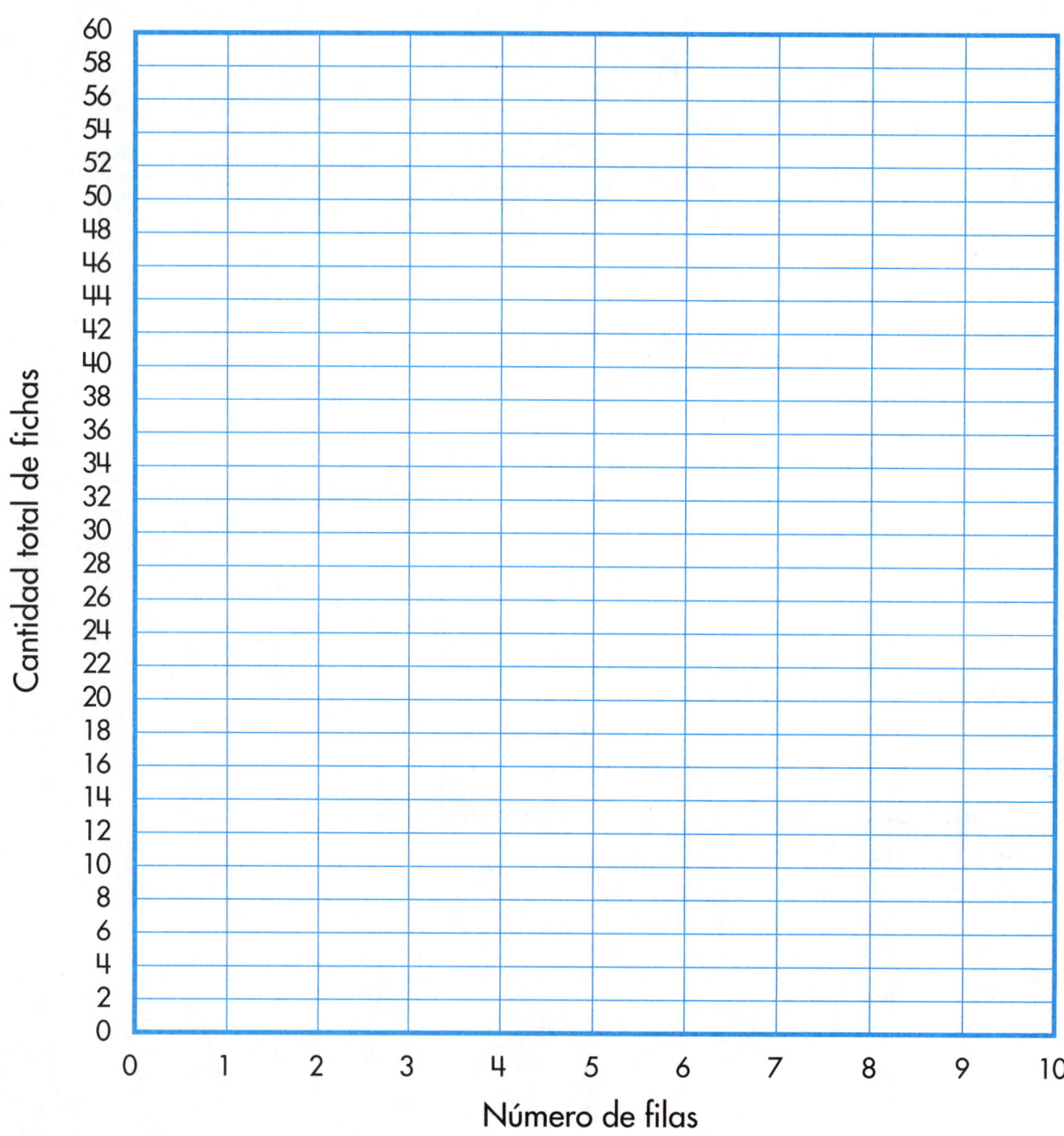

6. ¿Qué observas en la gráfica? Escribe tus observaciones en una hoja de papel aparte.

Patrones de crecimiento

_____ fichas cuadradas horizontales: perímetro (página 1 de 3)

Haz una fila de fichas cuadradas con el número asignado a tu grupo. Añade filas hasta que tengas una idea clara de cómo aumenta el perímetro.

1. Completa la siguiente tabla.

Número de filas	Perímetro (en cm)	Expresión aritmética
1		
2		
3		
4		
5		
6		
10		
15		
20		
100		
n		

_____ fichas cuadradas
horizontales: perímetro (página 2 de 3)

2. ¿Cómo cambia el perímetro cada vez que añades
una fila?

3. ¿Cómo hallaste el perímetro de 100 filas?

4. Escribe una regla o una fórmula para hallar
el perímetro de cualquier número de filas.

_____ fichas cuadradas horizontales: perímetro (página 3 de 3)

5. Representa gráficamente _____ fichas cuadradas horizontales: perímetro.

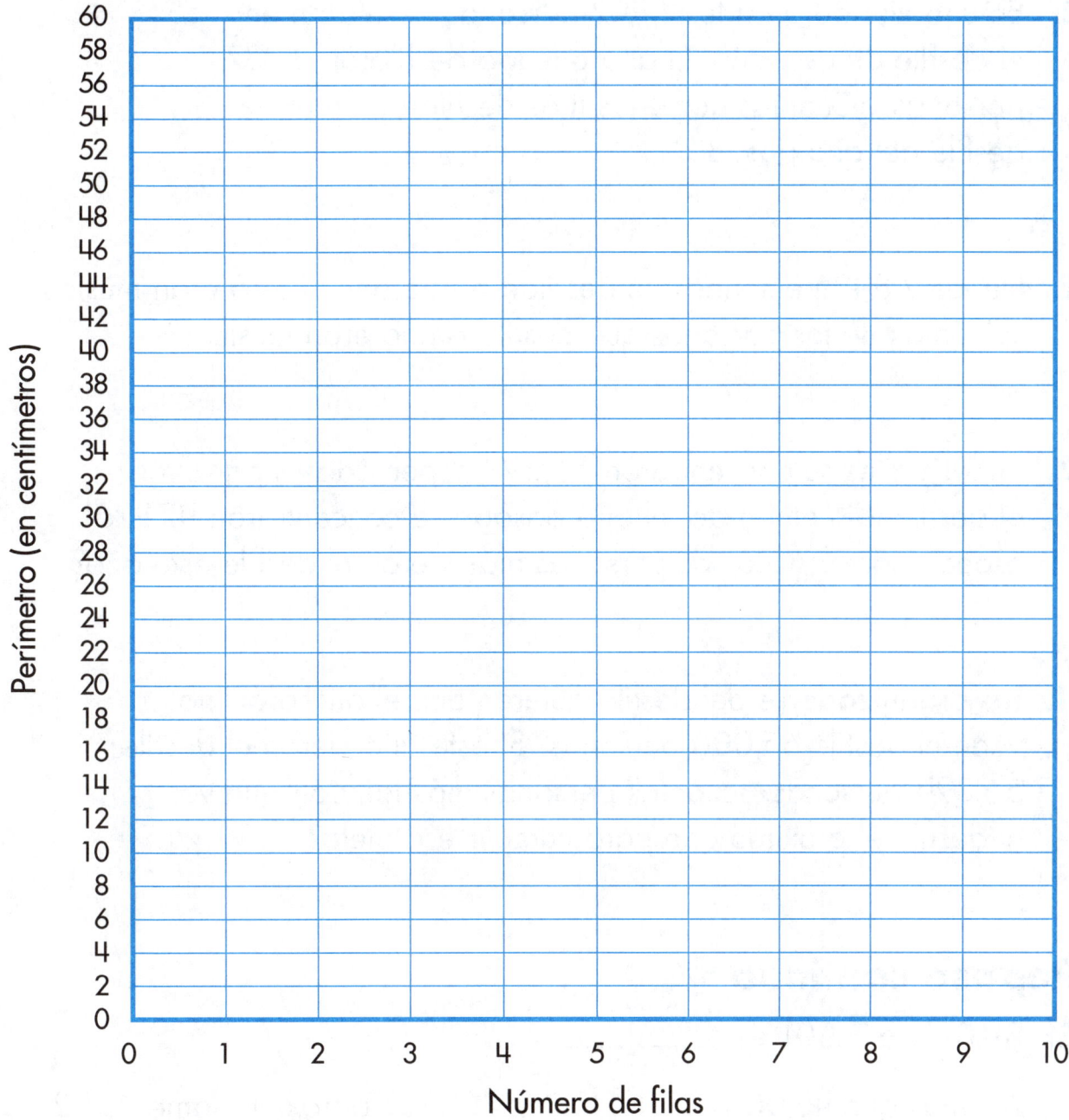

6. ¿Qué observas en la gráfica? Escribe tus observaciones en una hoja de papel aparte.

Desfile

Resuelve los siguientes problemas. Muestra tu trabajo con claridad. Asegúrate de responder la pregunta del contexto del problema-cuento.

NOTA Los estudiantes practican cómo resolver problemas de suma y de resta en el contexto de problemas-cuento.

MME 8–9, 10–13

1. En una ciudad grande, 2,842 personas desfilaron en el desfile de este año. El año pasado desfilaron 3,237 personas. ¿Cuántas personas más desfilaron en el desfile del año pasado?

2. De las 2,842 personas que desfilaron este año, 1,276 eran músicos. ¿Cuántas de las personas que desfilaron no eran músicos?

3. En las calles se concentraron 56,394 espectadores para ver el desfile. Sin embargo, el año pasado se concentraron 47,826 espectadores. ¿Cuántas personas más vieron el desfile este año?

4. Los organizadores del desfile quieren que el año próximo vean el desfile 65,000 personas. Si este año vieron el desfile 56,394 personas, ¿cuántas personas más tendrán que ver el desfile el próximo año para cumplir esa meta?

Repaso continuo

5. 34,079 + 8,001 es _____.

A. más que 43,000

C. aproximadamente 42,000

B. aproximadamente 43,000

D. menos que 42,000

Más problemas de resta

Resuelve los siguientes problemas. Haz anotaciones claras y precisas para mostrar cómo resolviste cada problema.

NOTA Los estudiantes practican cómo resolver problemas de resta.

MME 10–13

1. $\begin{array}{r} 53{,}000 \\ -19{,}815 \end{array}$

2. $\begin{array}{r} 60{,}500 \\ -\ 9{,}750 \end{array}$

3. $71{,}050 - 69{,}185 =$

4. $48{,}771 - 15{,}964 =$

Patrones de crecimiento

10 fichas cuadradas horizontales: cantidad total de fichas (página 1 de 3)

Haz una fila de 10 fichas cuadradas en tu grupo. Añade filas hasta que tengas una idea clara de cómo aumenta la cantidad de fichas.

1. Completa la siguiente tabla.

Número de filas	Cantidad total de fichas	Expresión aritmética
1		
2		
3		
4		
5		
6		
10		
15		
20		
100		
n		

10 fichas cuadradas horizontales: cantidad total de fichas (página 2 de 3)

2. ¿Cómo cambia la cantidad total de fichas cuadradas cada vez que añades una fila?

3. ¿Cómo hallaste la cantidad de fichas cuadradas de 100 filas?

4. Escribe una regla o una fórmula para hallar la cantidad total de fichas cuadradas de cualquier número de filas.

Patrones de crecimiento

10 fichas cuadradas horizontales: cantidad total de fichas (página 3 de 3)

5. Representa gráficamente 10 fichas cuadradas horizontales: cantidad total de fichas.

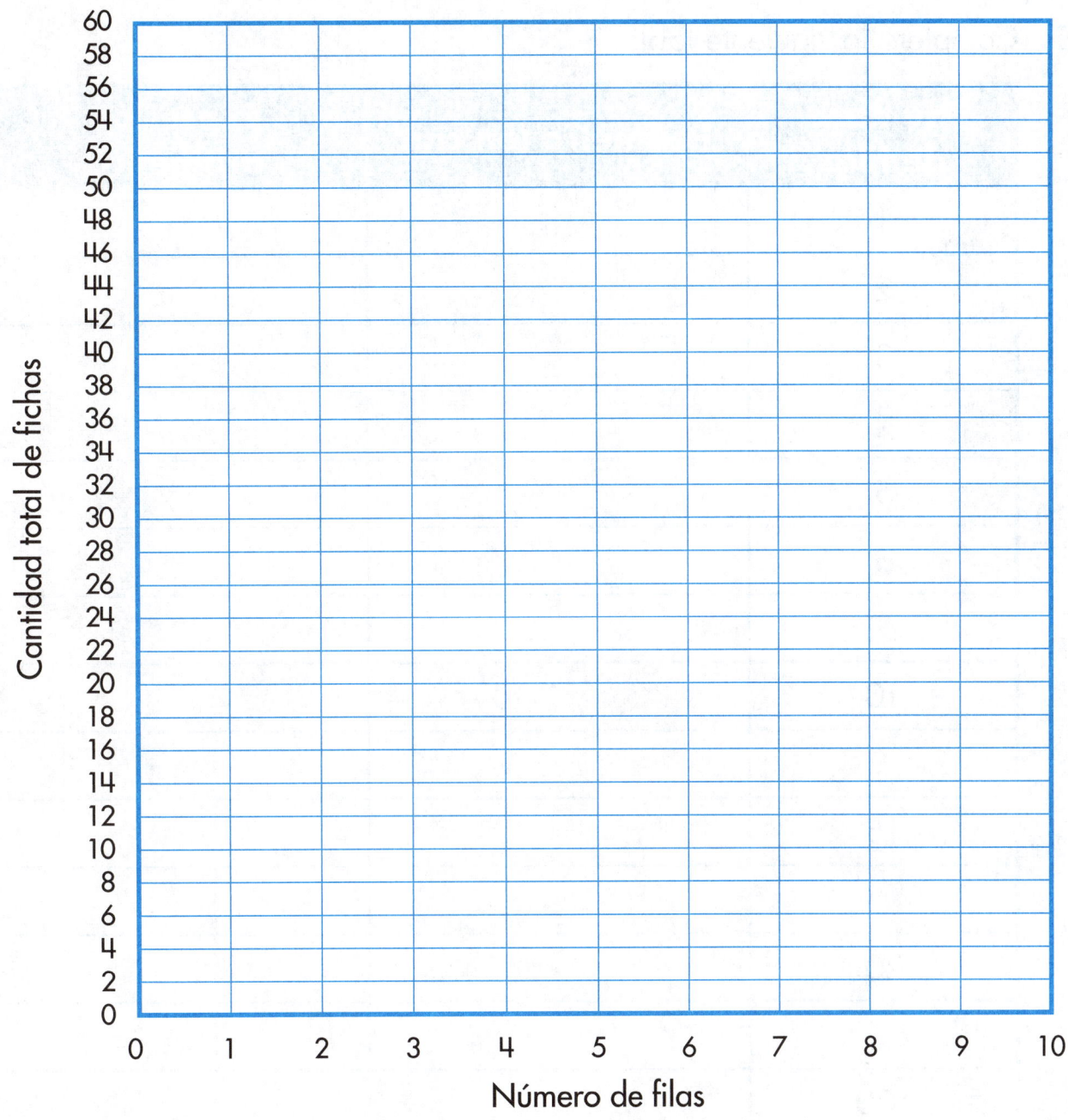

6. ¿Qué observas en la gráfica? Escribe tus observaciones en una hoja de papel aparte.

Patrones de crecimiento

10 fichas cuadradas horizontales: perímetro (página 1 de 3)

Haz una fila de 10 fichas cuadradas en tu grupo. Añade filas hasta que tengas una idea clara de cómo aumenta el perímetro.

1. Completa la siguiente tabla.

Número de filas	Perímetro (en cm)	Expresión aritmética
1		
2		
3		
4		
5		
6		
10		
15		
20		
100		
n		

10 fichas cuadradas horizontales: perímetro (página 2 de 3)

2. ¿Cómo cambia el perímetro cada vez que añades una fila?

3. ¿Cómo hallaste el perímetro de 100 filas?

4. Escribe una regla o una fórmula para hallar el perímetro de cualquier número de filas.

Patrones de crecimiento

10 fichas cuadradas horizontales: perímetro (página 3 de 3)

5. Representa gráficamente 10 fichas cuadradas horizontales: perímetro.

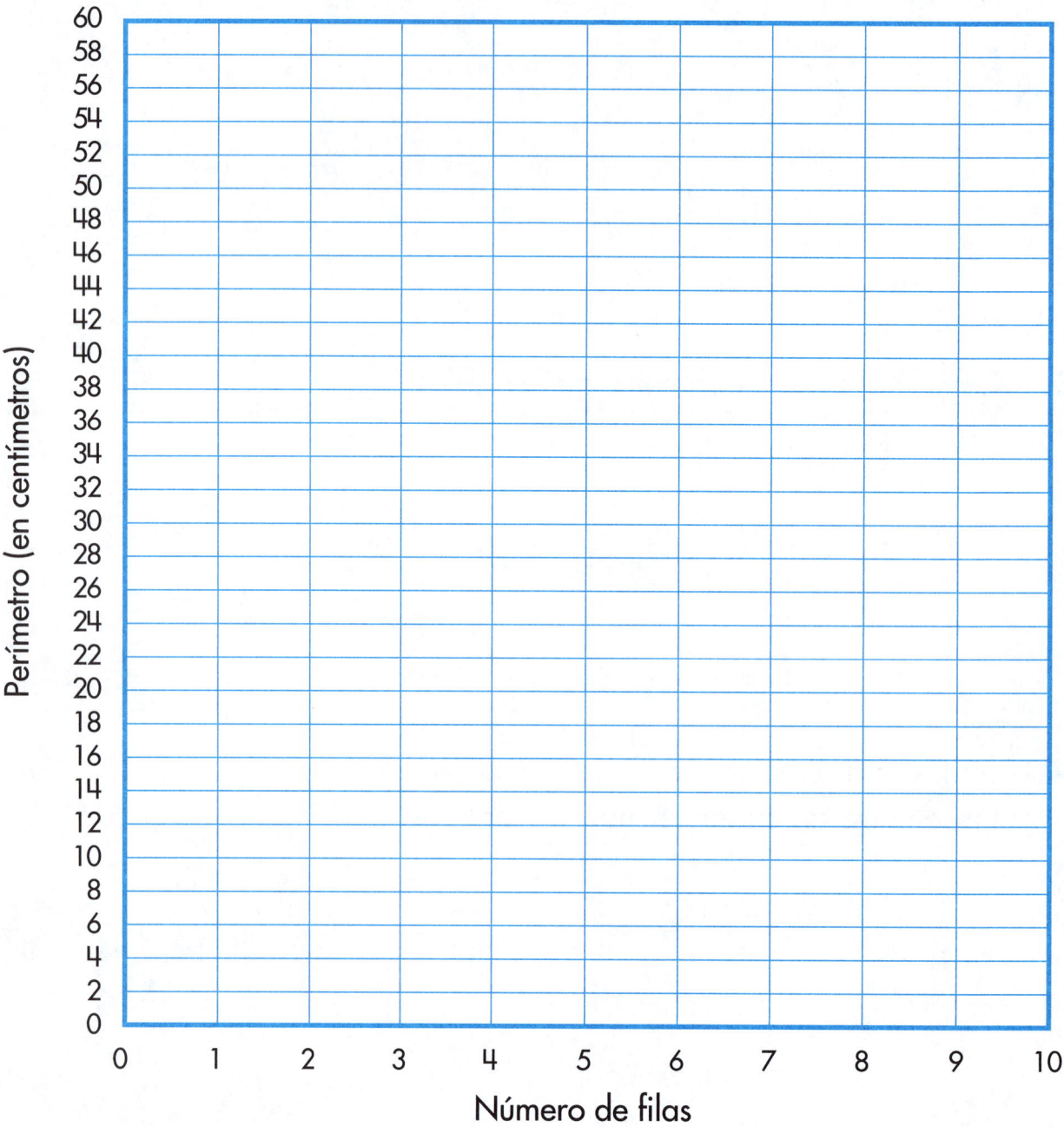

Perímetro (en centímetros)

Número de filas

6. ¿Qué observas en la gráfica? Escribe tus observaciones en una hoja de papel aparte.

Ir de compras

Resuelve los siguientes problemas. Muestra tu
trabajo con claridad. Asegúrate de responder
la pregunta del contexto del problema-cuento.

> **NOTA** Los estudiantes practican cómo
> resolver problemas de suma y de resta
> en el contexto de problemas-cuento.
>
> **MME** 8–9, 10–13

1. Renaldo fue a la tienda y compró artículos que
costaron $23.59, $12.47 y $15.68. ¿Cuánto dinero
en total gastó Renaldo?

2. Olivia también fue de compras y gastó un total de
$61.78. Compró 3 artículos. En uno de los artículos
gastó $24.79 y $33.34 en otro. ¿Cuánto costó
el tercer artículo?

3. Walter fue de compras y gastó un total de $73.34.
Pagó con un billete de $100. ¿Cuánto cambio recibió
Walter?

4. Escribe y resuelve tu propio problema-cuento usando
los siguientes números: $14.58 + $27.17 + $29.85 = _____

Repaso continuo

5. La suma de $46.95 y $34.06 es _____.

A. aproximadamente $70.00

C. aproximadamente $80.00

B. aproximadamente $75.00

D. aproximadamente $85.00

¿A qué distancia de 75,000?

Para resolver los siguientes problemas, averigua qué distancia hay entre el número dado y 75,000 en la tabla de 100,000. Para los problemas 4 y 5, escoge el número en el que quieres comenzar y escríbelo en el espacio en blanco.

NOTA Los estudiantes hallan la diferencia entre un número dado y 75,000.

MME 10–13

1. Comienza en 2,006. ¿Qué distancia hay hasta 75,000? _____

2. Comienza en 28,031. ¿Qué distancia hay hasta 75,000? _____

3. Comienza en 46,608. ¿Qué distancia hay hasta 75,000? _____

4. Comienza en _____. ¿Qué distancia hay hasta 75,000? _____

5. Comienza en _____. ¿Qué distancia hay hasta 75,000? _____

Sumar 2 a un frasco
para centavos (página 1 de 3)

Imagina que hay 2 monedas de 1¢ en un frasco para centavos
y que se añaden 2 monedas después de completar cada vuelta.

1. Completa la siguiente tabla.

Vuelta	Cantidad total de monedas de 1¢	Expresión aritmética
Comienza con	2	
1		
2		
3		
4		
5		
6		
10		
15		
20		
100		
n		

Sumar 2 a un frasco para centavos (página 2 de 3)

2. ¿Cómo cambia la cantidad total de monedas de 1¢ en cada vuelta?

3. ¿Cómo hallaste la cantidad total de monedas de 1¢ de 100 vueltas?

4. Escribe una regla o una fórmula para hallar la cantidad total de monedas de 1¢ de cualquier número de vueltas. Explica por qué tu regla o fórmula funciona.

Patrones de crecimiento

Sumar 2 a un frasco
para centavos (página 3 de 3)

5. Representa gráficamente este frasco para centavos.

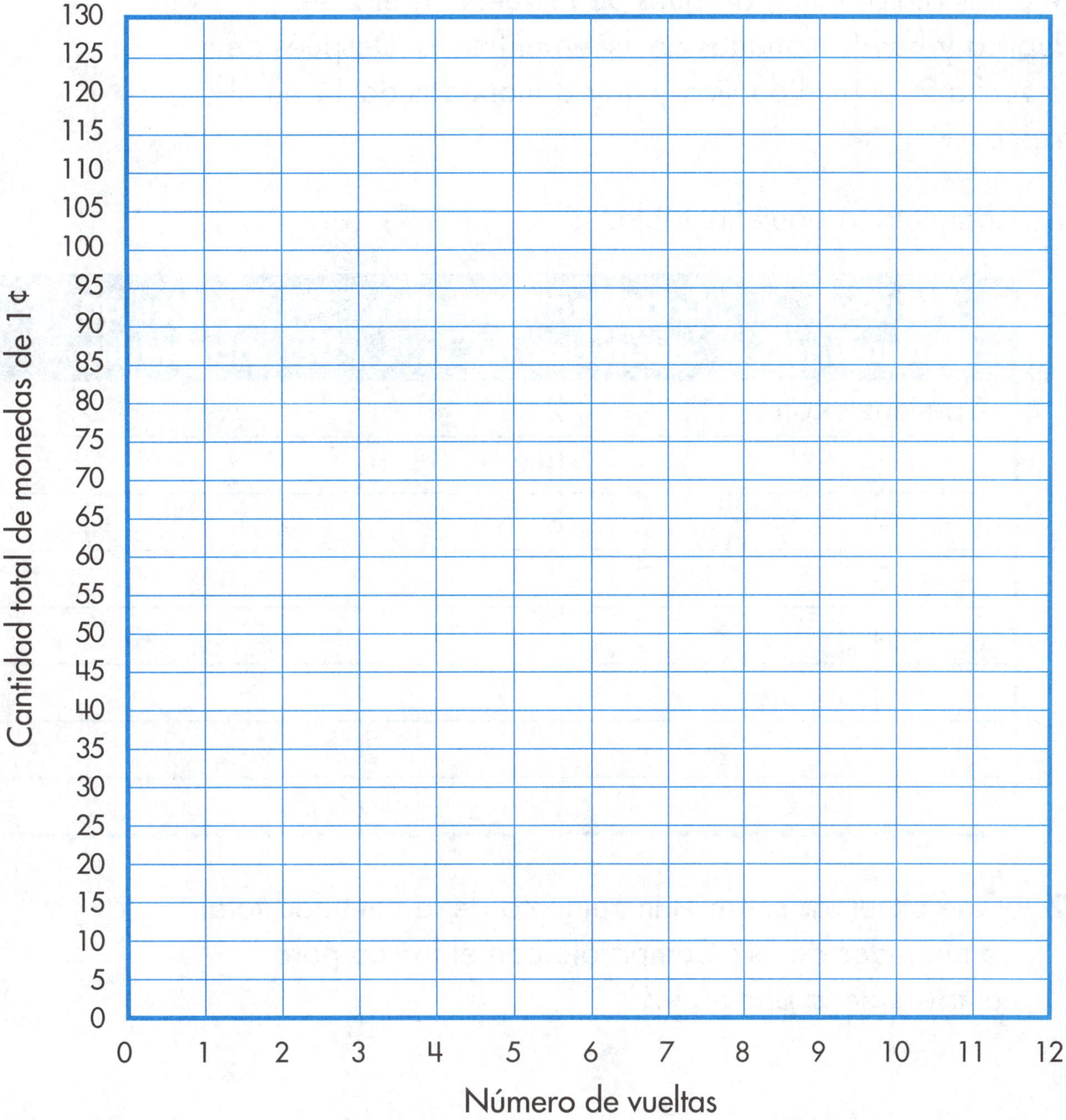

Cantidad total de monedas de 1 ¢

130
125
120
115
110
105
100
95
90
85
80
75
70
65
60
55
50
45
40
35
30
25
20
15
10
5
0

0   1   2   3   4   5   6   7   8   9   10   11   12

Número de vueltas

6. ¿Qué observas en la gráfica? Escribe tus observaciones
en una hoja de papel aparte.

Patrones de crecimiento

Frasco para duplicar centavos (página 1 de 2)

Ahora, imagina un frasco para centavos totalmente diferente. Comienza con 2 monedas de 1¢. Después de terminar cada vuelta, el número de monedas en el frasco se duplica. Por tanto, después de la vuelta 1, el 2 se duplica y hay 4 monedas de 1¢ en el frasco. Después de la vuelta 2, el 4 se duplica y hay 8 monedas de 1¢ en el frasco.

1. Completa la siguiente tabla.

Número de vueltas	Cantidad total de monedas de 1¢	Expresión aritmética
Comienza con	2	
1	4	
2	8	
3		
4		
5		
6		
7		

2. ¿Qué observas sobre el incremento de la cantidad total de monedas de 1¢? Compáralo con el frasco para centavos de la página 47.

Patrones de crecimiento

Frasco para duplicar centavos (página 2 de 2)

3. Representa gráficamente el frasco para duplicar centavos.

Cantidad total de monedas de 1¢

(gráfica con eje vertical numerado de 0 a 130 en intervalos de 5, y eje horizontal "Número de vueltas" numerado de 0 a 6)

Número de vueltas

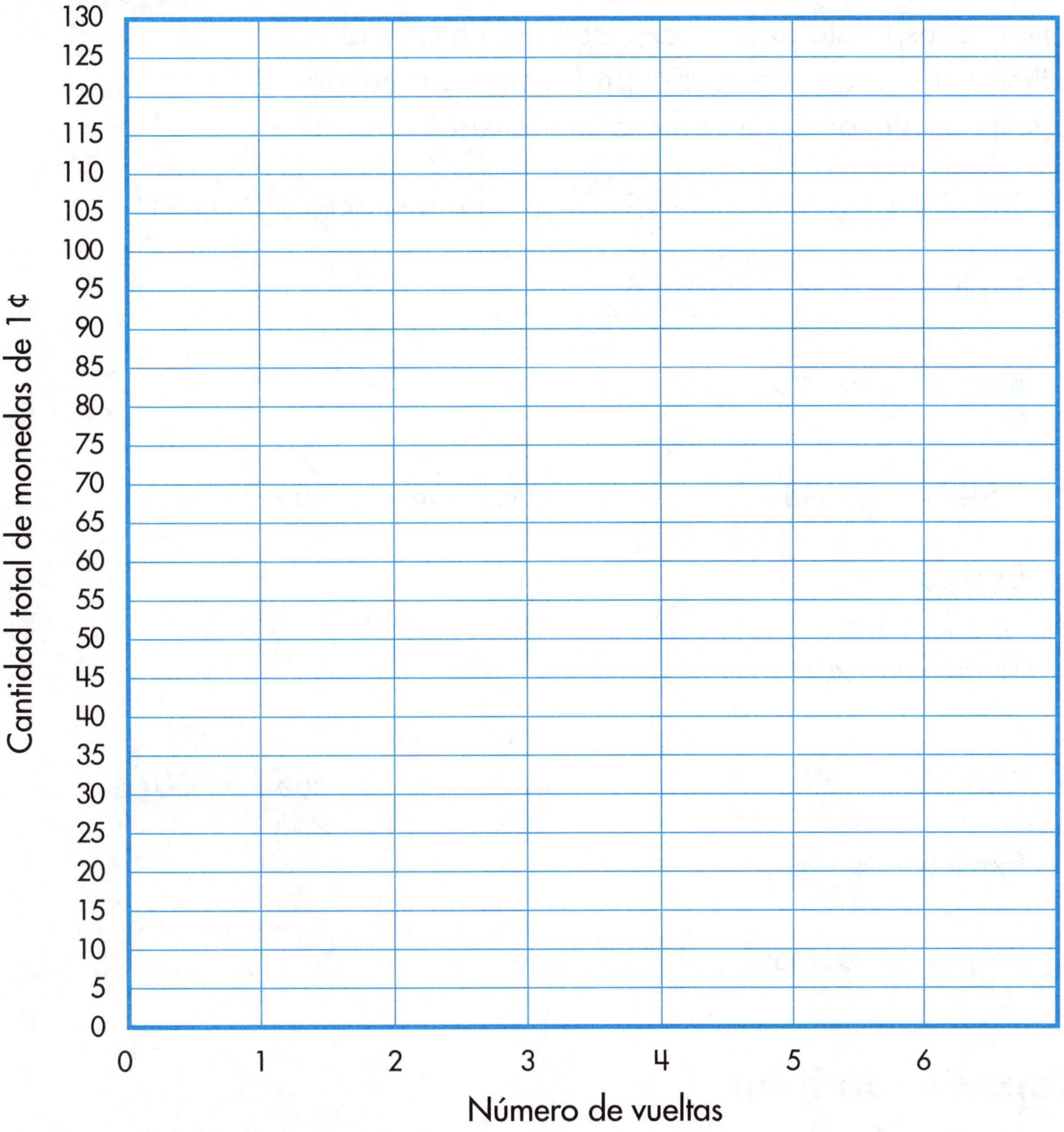

4. ¿Qué observas en la gráfica? Compárala con la gráfica
que representa el frasco para centavos de la página 49.
Escribe tus observaciones en una hoja de papel aparte.

¿Más o menos que 75,000?

Para resolver cada uno de los siguientes problemas, estima si la respuesta es más o menos que 75,000 sin hallar la respuesta exacta. Explica cómo hiciste tu estimación. Luego, resuelve el problema para hallar la respuesta exacta y muestra cómo lo resolviste.

NOTA Los estudiantes estiman las sumas de problemas de suma.

MME 8–9

1. 21,355 + 45,572 + 7,745   ¿Más o menos que 75,000? _____

Explica.

Respuesta exacta: _____

2. 95,471 − 20,435   ¿Más o menos que 75,000? _____

Explica.

Respuesta exacta: _____

3. 100,500 − 24,800   ¿Más o menos que 75,000? _____

Explica.

Respuesta exacta: _____

Repaso continuo

4. ¿Cuál de las siguientes ecuaciones es **mayor que** 91,006 − 71,130?

A. 36,211 − 18,400   **C.** 66,117 − 49,003

B. 25,000 − 9,907   **D.** 49,902 − 28,884

Crecimiento de cuadrados (página 1 de 2)

Comienza con un cuadrado de 1 × 1. Añade fichas cuadradas hasta formar un cuadrado de 2 × 2.

Añade fichas cuadradas hasta formar un cuadrado de 3 × 3. Averigua la cantidad de fichas cuadradas que necesitas a medida que el cuadrado va creciendo.

1. Completa la siguiente tabla.

Longitud de un lado del cuadrado (en cm)	Cantidad de fichas	Expresión aritmética
1		
2		
3		
4		
5		
6		
10		
15		
20		

2. ¿Qué observas sobre el incremento de la cantidad de fichas cuadradas? Escribe tus observaciones en una hoja de papel aparte.

Patrones de crecimiento

Crecimiento de cuadrados (página 2 de 2)

3. Representa gráficamente el crecimiento de los cuadrados.

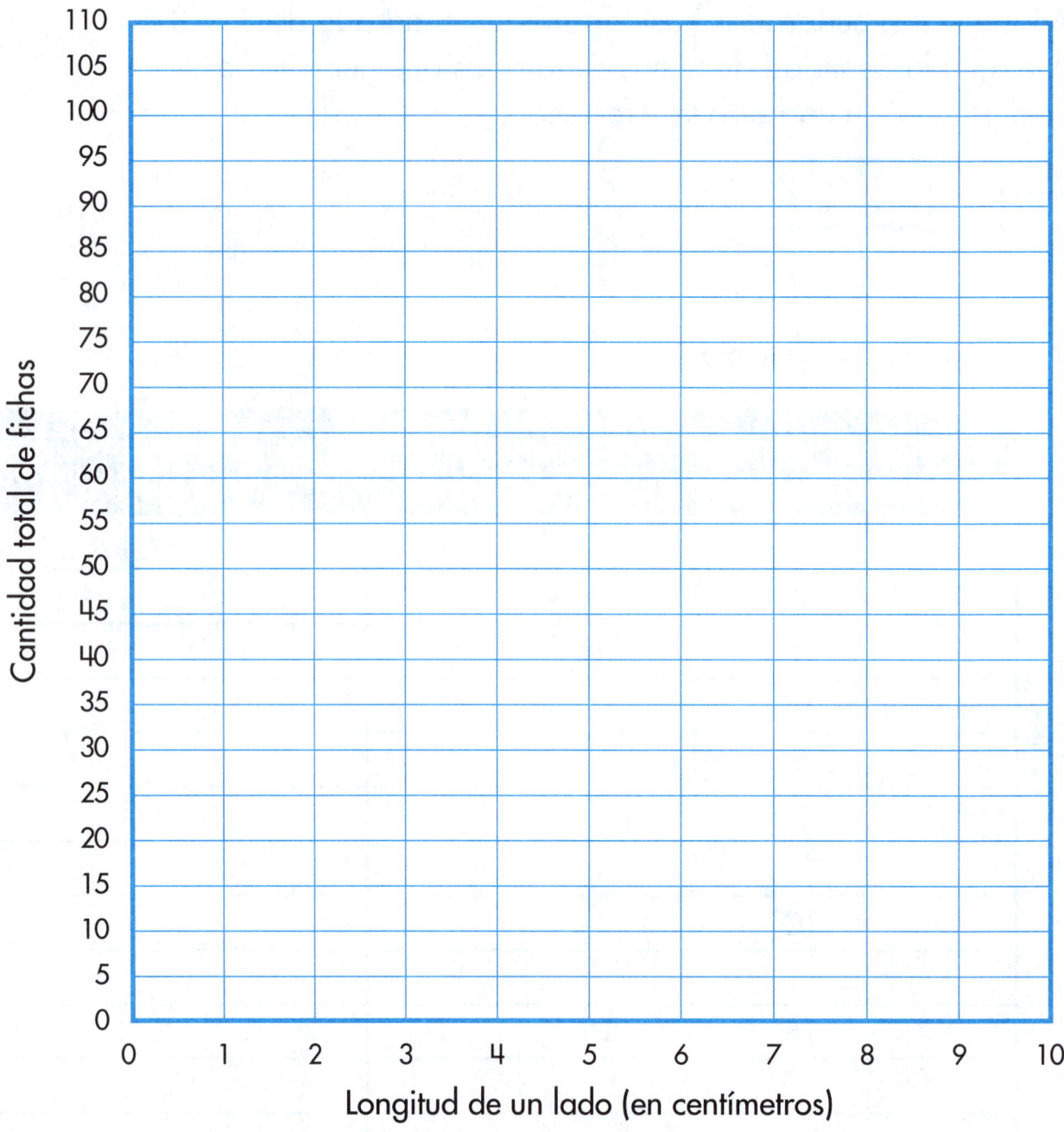

4. ¿Qué observas en la gráfica? Escribe tus observaciones en una hoja de papel aparte.

Resolver problemas de suma

Resuelve los siguientes problemas. Haz anotaciones claras y precisas para mostrar cómo resolviste cada problema.

> **NOTA** Los estudiantes practican cómo resolver problemas de suma.
>
> **MME** 8–9

1.   24,199
       +61,431
       ‾‾‾‾‾‾‾

2. $18{,}264 + 39{,}247 = $ _____

3. $3{,}155 + 21{,}052 = $ _____

4.   19,050
       +39,241
       ‾‾‾‾‾‾‾

Repaso continuo

5. ¿Cuál de los siguientes números es el más cercano a 28,835?

A. 28,800   **B.** 28,900   **C.** 28,090   **D.** 29,000

Precio de entrada

El Parque de Diversiones *Fun Times* es un lugar muy popular. En la siguiente tabla se muestran los precios de las entradas al parque.

NOTA Los estudiantes practican cómo resolver problemas de suma y de resta en el contexto de problemas-cuento.

MME **8–9, 10–13**

Categorías	Precio
Adultos	$53.75
Adolescentes (12–17 años)	$49.25
Niños (2–11 años)	$45.35
Niños (menores de 2 años)	Gratis

Resuelve los siguientes problemas. Haz anotaciones claras y precisas para mostrar cómo resolviste cada problema.

1. ¿Cuánto cuestan las entradas para 2 adultos y 1 niño?

2. ¿Cuánto cuestan las entradas para 1 adulto y 3 adolescentes?

3. ¿Cuánto cuestan las entradas para 1 adulto, 2 adolescentes y 2 niños?

4. ¿Cuánto cuestan las entradas para 4 adultos, 1 adolescente y 1 niño?

5. ¿Es $150 una cantidad suficiente para pagar las entradas de 2 adultos y 1 adolescente? _____

Patrones de crecimiento

Torres escalonadas: saltos de 1 (página 1 de 3)

Comienza con un cuadrado de 1 × 1. Añade fichas
cuadradas para formar una escalera con saltos de 1 en 1
como se muestra en la ilustración:

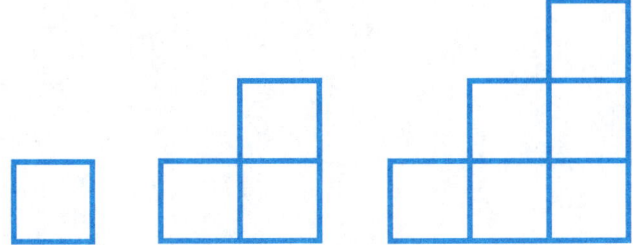

1. Completa la siguiente tabla de las torres escalonadas: saltos de 1.

Longitud de la arista de la base (en cm)	Cantidad de fichas	Expresión aritmética
1	1	
2	3	
3	6	
4		
5		
6		
7		
8		
9		
10		

Torres escalonadas: saltos de 1 (página 2 de 3)

2. ¿Qué patrones observas en la tabla?

3. ¿Cómo crees que será la gráfica? ¿Por qué?

Torres escalonadas: saltos de 1 (página 3 de 3)

4. Representa gráficamente las torres escalonadas: saltos de 1.

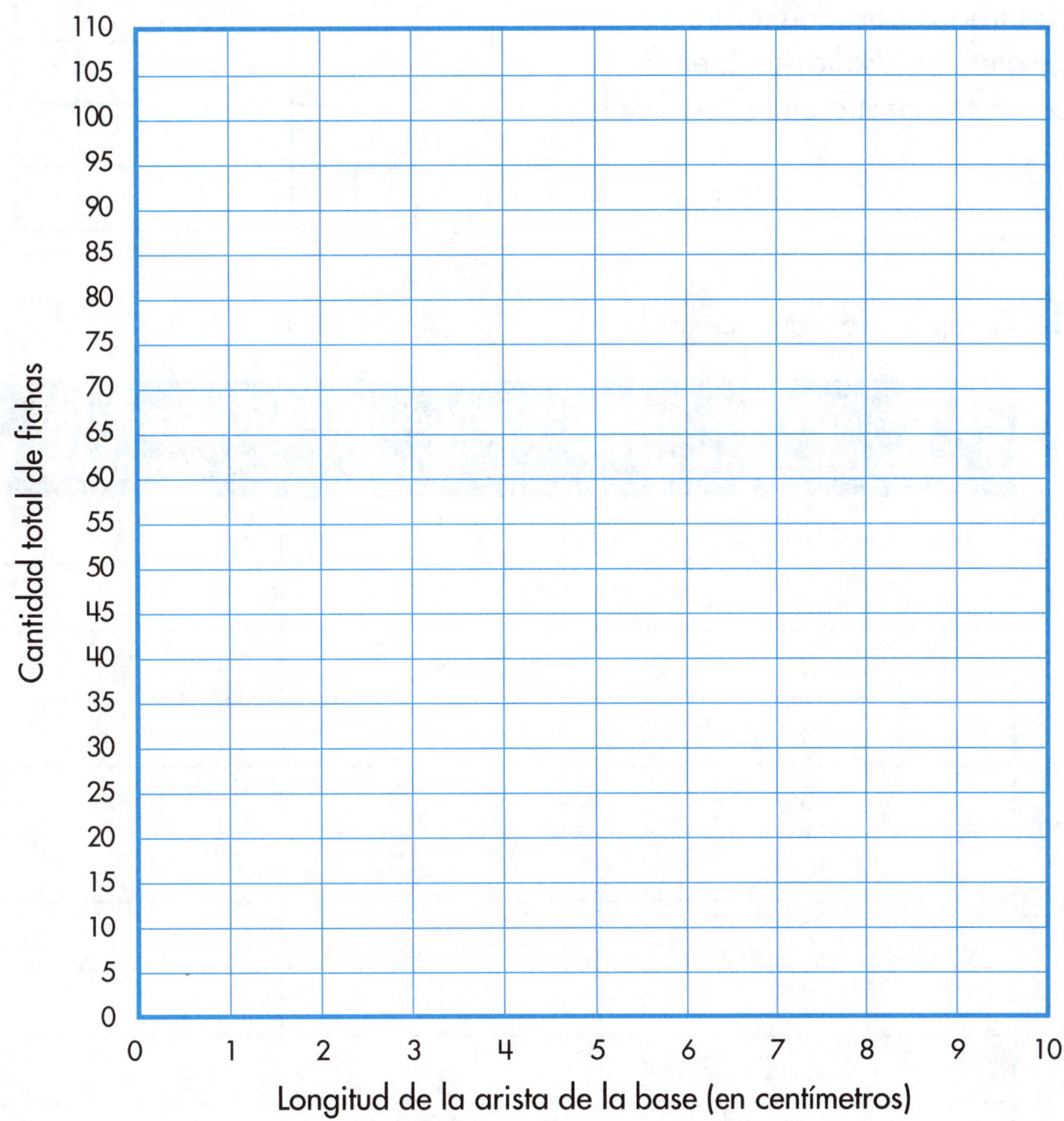

5. ¿Qué observas en la gráfica? Escribe tus observaciones en una hoja de papel aparte.

Torres escalonadas: saltos de 2 (página 1 de 3)

Comienza con un cuadrado
de 1 × 1. Añade fichas
cuadradas para formar una
escalera con saltos de 2 en 2
como se muestra en la ilustración:

1. Completa la siguiente tabla.

Longitud de la arista de la base (en cm)	Cantidad de fichas	Expresión aritmética
1	1	
2	4	
3	9	
4		
5		
6		
7		
8		
9		
10		

Patrones de crecimiento

Torres escalonadas: saltos de 2 (página 2 de 3)

2. ¿Qué patrones observas en la tabla?

3. ¿Cómo crees que será la gráfica? ¿Por qué?

Patrones de crecimiento

Torres escalonadas: saltos de 2 (página 3 de 3)

4. Representa gráficamente las torres escalonadas: saltos de 2.

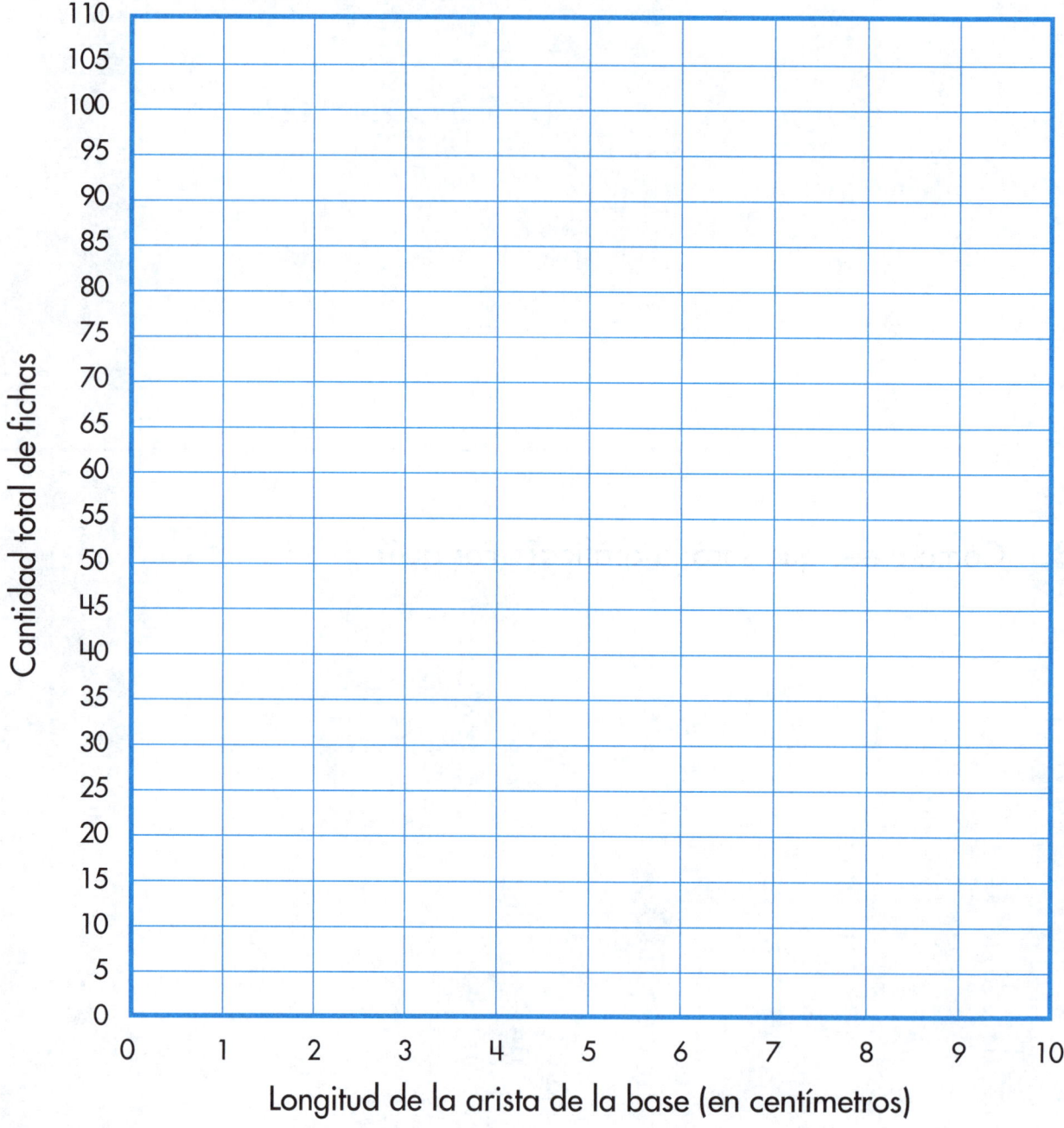

Cantidad total de fichas

Longitud de la arista de la base (en centímetros)

5. ¿Qué observas en la gráfica? Escribe tus observaciones en una hoja de papel aparte.

Visitantes al parque de diversiones

NOTA Los estudiantes practican cómo resolver problemas de suma y de resta.

MME 8–9, 10–13

El Parque de Diversiones *Fun Times* es un lugar muy popular. En la siguiente tabla se muestra el número de personas que visitó el parque durante el fin de semana del Día de los Presidentes.

Días	Número de personas
Sábado	45,464
Domingo	31,295
Lunes	23,091

Resuelve los siguientes problemas. Haz anotaciones claras y precisas para mostrar cómo resolviste cada problema.

1. ¿Cuántas personas visitaron el Parque de Diversiones durante el fin de semana del Día de los Presidentes?

2. ¿Cuántas personas más visitaron el parque el sábado que el lunes?

3. Durante el fin de semana del Día de los Caídos, 75,306 personas visitaron el Parque de Diversiones. ¿Cuántas personas más visitaron el parque durante el fin de semana del Día de los Presidentes que durante el fin de semana del Día de los Caídos?

Repaso continuo

4. ¿Cuál es la estimación más cercana de 17,000 + 49,000 + 8,000?

A. 70,000   **B.** 75,000   **C.** 80,000   **D.** 90,000

Manos caritativas (página 1 de 2)

NOTA Los estudiantes resuelven problemas de la vida diaria relacionados con el contenido de las matemáticas de esta unidad.

MME 72–73

1. Vince, Marta y Paula quieren donar por lo menos $30 cada uno para obras de caridad. Vince quiere donar $6 ahora y $2 cada semana. Marta quiere donar $10 ahora y $1 cada semana. Paula no puede donar dinero en estos momentos, pero quiere donar $3 cada semana. Completa la siguiente tabla.

Semana	Donación total de Vince ($)	Donación total de Marta ($)	Donación total de Paula ($)
Comienza con	6	10	0
1	8	11	3
2			
3			
4			
5			
10			
15			
20			

Manos caritativas (página 2 de 2)

2. Representa gráficamente las donaciones de cada persona.

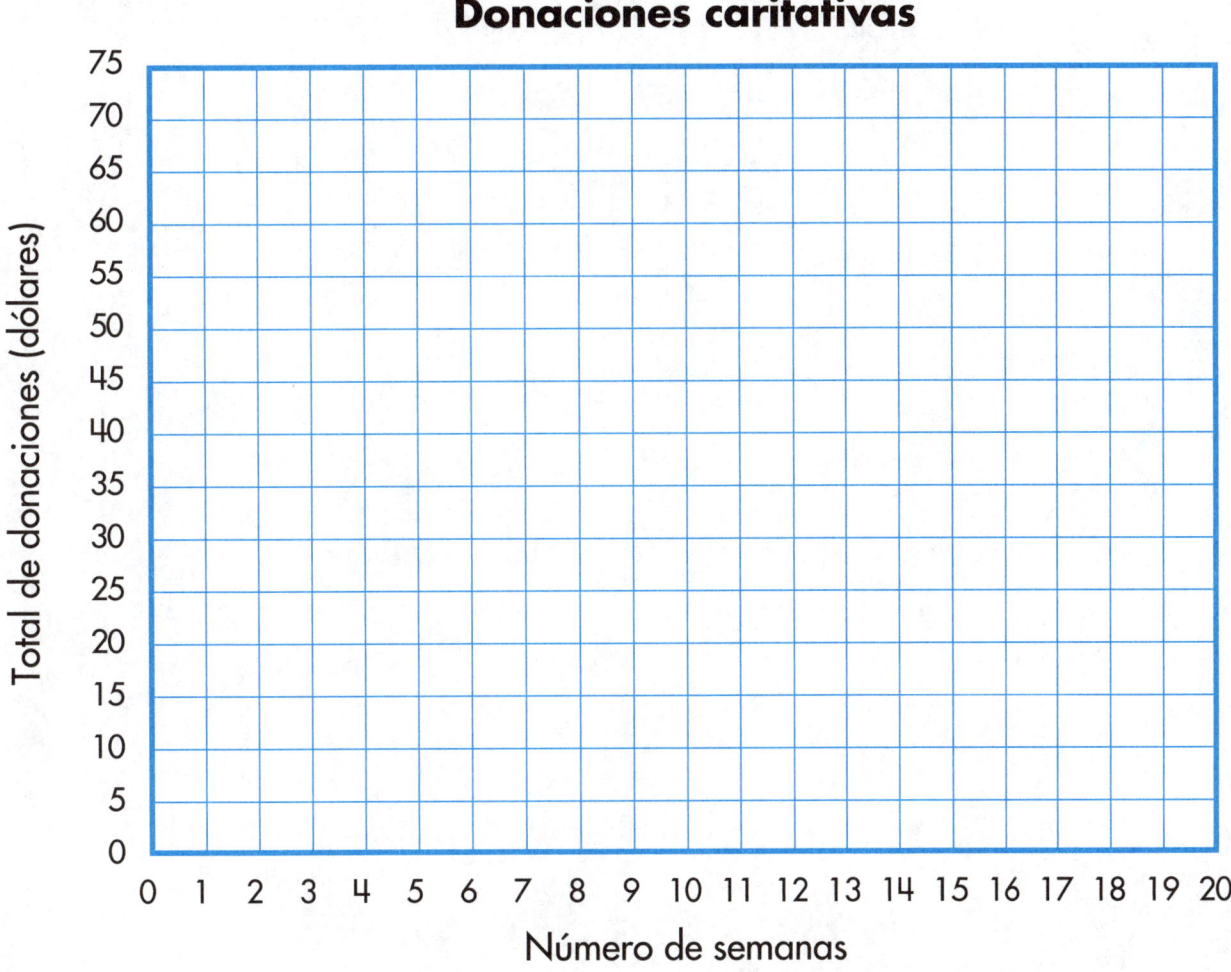

Donaciones caritativas

a. ¿Quién de los tres será el primero en donar un total de $30?

b. ¿Cuántas semanas le tomará a Vince donar $30? ¿Y a Marta? ¿Y a Paula?

c. Si Vince, Marta y Paula continúan haciendo donaciones al mismo ritmo, ¿cuánto dinero habrá donado cada uno después de 1 año?

Parrot Fire Kris Northern

"Rather than zoom into the fractal you can zoom into the edge of it and continually find the same pattern repeating itself much like the shoreline of a lake viewed from a plane." – **Kris Northern**

Investigations
IN NUMBER, DATA, AND SPACE®
en español

¿Cuánto tiempo puedes mantenerte en un pie?

¿Cuánto tiempo puedes mantenerte en un pie?

Recopilar datos de equilibrios

Usa la siguiente información para recopilar datos sobre el equilibrio de tus compañeros de clase.

1. Deja que el estudiante se sienta cómodo en un pie antes de cerrar sus ojos.

2. Comienza a contar el tiempo cuando el estudiante cierre sus ojos y diga "ya".

3. El estudiante puede moverse, pero no puede saltar o dar vueltas. Una parte del pie con el cual está parado siempre tiene que tocar el piso.

4. El pie alzado se tiene que mantener en el aire (no puede tocar el piso, la pared o un mueble para encontrar equilibrio).

5. La prueba termina cuando:
   a. el estudiante baja el pie alzado y toca el piso.
   b. el estudiante abre sus ojos.
   c. el estudiante salta o toca un objeto buscando equilibrio.
   d. el estudiante mantiene el equilibrio durante 3 minutos.

6. El estudiante tiene la oportunidad de practicar su equilibrio una vez con cada pie.

7. Si el estudiante aún mantiene el equilibrio después de los 3 minutos, para la prueba y anota un tiempo de 180 segundos (3 minutos). Cuando recopiles los datos, procura fijarte atentamente en el reloj antes que el estudiante diga "ya".

Tus propios datos de equilibrio (en segundos):

Pie izquierdo: _____   Pie derecho: _____

Días de inasistencia

En diciembre, el subdirector de la escuela dio a conocer el número de días que algunos estudiantes no asistieron a la escuela durante los últimos cuatro meses. La siguiente gráfica de barras representa los datos del quinto grado.

NOTA Los estudiantes describen y resumen un conjunto de datos.

MME 82

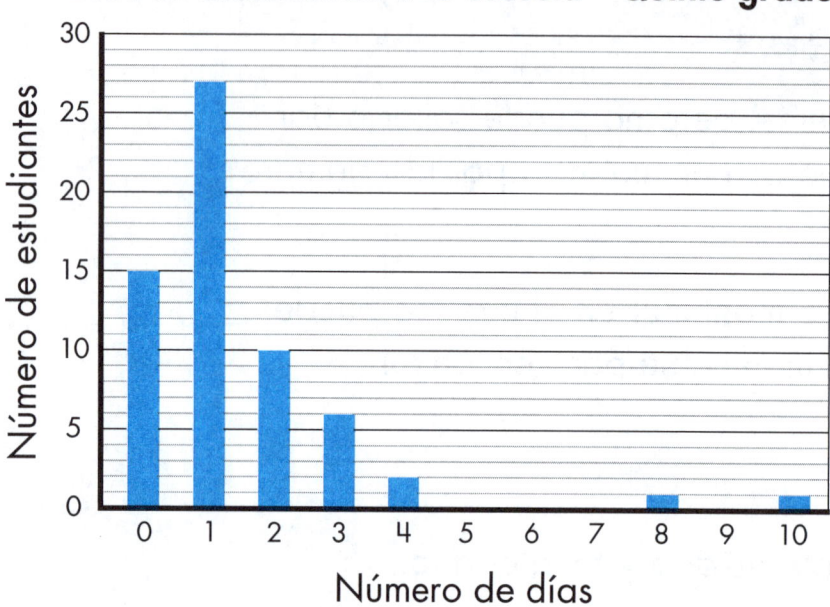

Días de inasistencia a la escuela—Quinto grado

1. Describe al menos dos cosas que hayas notado sobre los datos de la gráfica.

2. ¿Cuál es el rango de datos de esta gráfica?

Repaso continuo

3. ¿Cuántos estudiantes tuvieron 3 inasistencias?

   A. 0   **B.** 3   **C.** 5   **D.** 6

¿Cuánto tiempo mantiene un adulto el equilibrio?

(página 1 de 2)

> **NOTA** Los estudiantes recopilan datos sobre el tiempo que un adulto puede mantenerse en un pie. Luego, comparan estos datos con los datos recopilados anteriormente en la clase. Ayude a los estudiantes a recopilar los datos de equilibrio de uno o más adultos.

Recopilar datos de equilibrio

1. Deja que el estudiante se sienta cómodo en un pie antes de cerrar sus ojos.

2. Comienza a contar el tiempo cuando el estudiante cierre sus ojos y diga "ya".

3. El estudiante puede moverse, pero no puede saltar o dar vueltas. Una parte del pie con el cual está parado siempre tiene que tocar el piso.

4. El pie alzado se tiene que mantener en el aire (no puede tocar el piso, la pared o un mueble para encontrar equilibrio).

5. La prueba termina cuando:

    a. el estudiante baja el pie alzado y toca el piso.

    b. el estudiante abre sus ojos.

    c. el estudiante salta o toca un objeto buscando equilibrio.

    d. el estudiante mantiene el equilibrio durante 3 minutos.

6. El estudiante tiene la oportunidad de practicar su equilibrio una vez con cada pie.

7. Si el estudiante aún mantiene el equilibrio después de los 3 minutos, para la prueba y anota un tiempo de 180 segundos (3 minutos).

Cuando recopiles los datos, procura fijarte atentamente en el reloj antes que el estudiante diga "ya".

¿Cuánto tiempo mantiene un adulto el equilibrio? (página 2 de 2)

¿Cuánto tiempo puede mantener el equilibrio una persona adulta con sus ojos cerrados? Hazle la prueba a dos o más adultos y anota los resultados. Sigue las mismas reglas que usaste en la escuela. La persona puede practicar primero, pero sólo una vez con cada pie. Recuerda que 3 minutos es el tiempo máximo que puedes anotar.

Nombre del adulto	Tiempo de equilibrio con el pie derecho (en segundos)	Tiempo de equilibrio con el pie izquierdo (en segundos)

¿Crees que los resultados del grupo de adultos serán diferentes o iguales que los tuyos y los de tus compañeros de clase? ¿En qué pueden parecerse o diferenciarse? Escribe dos predicciones.

1.

2.

Datos de equilibristas misteriosos

Equilibristas misteriosos A

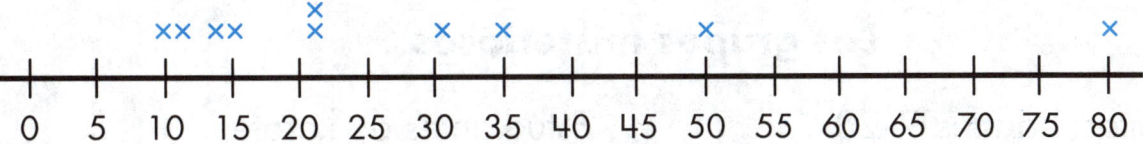

Equilibristas misteriosos B

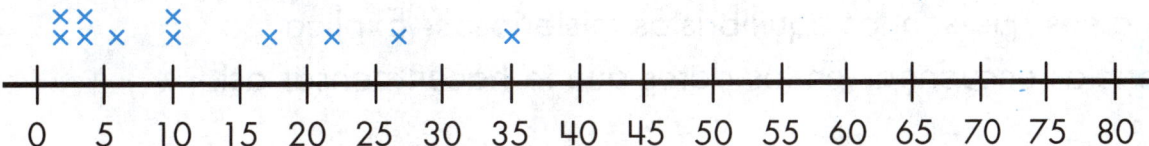

Equilibristas misteriosos C

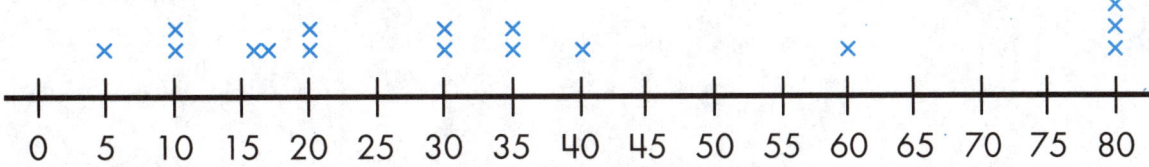

Equilibristas misteriosos D

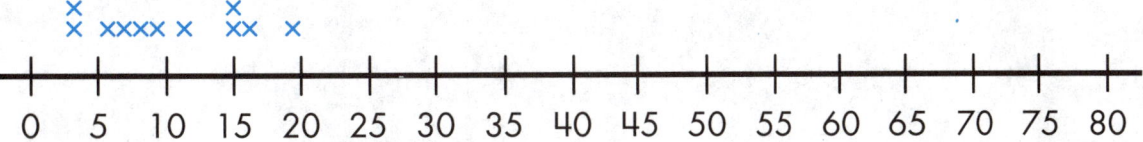

¿Quiénes son los equilibristas misteriosos?

Los grupos misteriosos

Gimnastas: edades 9–20

Estudiantes de primero y
segundo grado: edades 6–8

Estudiantes de kárate,
edades 16–49

Personas mayores de 50 años

¿Quiénes crees que son los equilibristas misteriosos? Explica
qué evidencias encuentras en los datos que te hacen pensar así.

Grupo A:

Grupo B:

Grupo C:

Grupo D:

Resolver de dos maneras

Resuelve los siguientes problemas de dos
maneras distintas. Expresa tus soluciones
con anotaciones claras y precisas.

> **NOTA** Los estudiantes practican la
> multiplicación resolviendo problemas
> de dos maneras.
>
>  30–32

1. $148 \times 35 =$ _____

Primera manera:	Segunda manera:

2. $\begin{array}{r} 268 \\ \times\ 43 \\ \hline \end{array}$

Primera manera:	Segunda manera:

Nombre _____ Fecha _____

¿Cuánto tiempo puedes mantenerte en un pie?   Tarea

Práctica de división

Escoge dos de los siguientes problemas y resuélvelos de dos maneras diferentes.

> **NOTA** Los estudiantes resuelven problemas de división de dos maneras.
>
> **MME** 38–39

$$1{,}554 \div 75 \qquad 79\overline{)3{,}164} \qquad 8{,}904 \div 21 \qquad 6{,}478 \div 42$$

1. Problema: _____

Primera manera:	Segunda manera:

2. Problema: _____

Primera manera:	Segunda manera:

¿Cuánto tiempo puedes mantenerte en un pie?

Tablas de comparación (página 1 de 2)

Comparación de datos de adultos y de estudiantes: pie izquierdo				
¿Qué comparas?	Adultos	Estudiantes	¿Quién es mejor?	¿Estás de acuerdo?

¿Cuánto tiempo puedes mantenerte en un pie?

Tablas de comparación (página 2 de 2)

Comparación de datos de adultos y de estudiantes: pie derecho				
¿Qué comparas?	Adultos	Estudiantes	¿Quién es mejor?	¿Estás de acuerdo?

Nombre _____ Fecha _____

¿Cuánto tiempo puedes mantenerte en un pie?   Práctica diaria

Problemas equivalentes

> **NOTA** Los estudiantes resuelven problemas equivalentes de multiplicación y de división y buscan patrones y relaciones entre las ecuaciones.
>
> **MME** 33–34

1. Escribe el número que falta para hacer que estas ecuaciones sean verdaderas.

   $16 \times 16 =$ _____ $\times 32$

   $24 \times 12 = 8 \times$ _____

   $40 \times$ _____ $= 20 \times 18$

2. Escribe el número que falta para hacer que esta ecuación sea verdadera.

   $48 \times 12 =$

3. Escribe el número que falta para hacer que estas ecuaciones sean verdaderas.

   $120 \div 4 = 240 \div$ _____ $144 \div 12 =$ _____ $\div 6$

4. Halla todas las maneras que puedas para hacer que esta ecuación sea verdadera.

   $500 \div 50 =$

Conclusiones sobre datos de equilibrio ✎

1. Según las comparaciones de los datos de equilibrio en un pie entre los estudiantes y los adultos, ¿quiénes dirías mantienen mejor el equilibrio en un pie, los adultos o los estudiantes de quinto grado?

   _____

   ¿Por qué lo crees? Incluye evidencias sacadas de los datos.

2. ¿Por qué crees que los estudiantes de quinto grado o los adultos mantienen mejor el equilibrio en un pie?

3. ¿Qué otros experimentos podrías hacer para aprender más sobre este tema?

Nombre _____ Fecha _____

¿Cuánto tiempo puedes mantenerte en un pie?　　　　Práctica diaria

Comparar datos

Estudia los dos conjuntos de datos.
Luego, completa los enunciados.

> **NOTA** Los estudiantes comparan dos conjuntos de datos.
>
> **MME** 85–88

Clase de Joshua: tiempo de equilibrio en segundos (pie izquierdo)

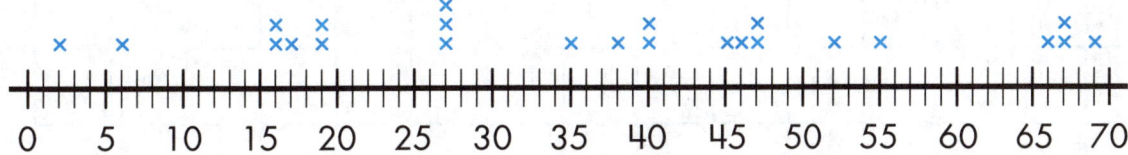

Clase de Talisha: tiempo de equilibrio en segundos (pie izquierdo)

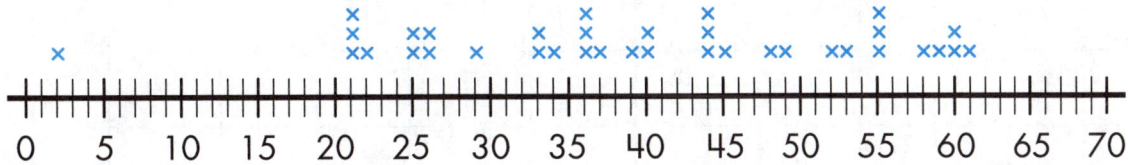

1. La mitad de la clase de Joshua mantuvo el equilibrio durante más de _____ segundos.

2. La mitad de la clase de Talisha mantuvo el equilibrio durante más de _____ segundos.

3. En una hoja de papel aparte, escribe qué clase mantuvo mejor el equilibrio. Justifica tu opinión con razones.

Repaso continuo

4. Ben quiere representar en una gráfica los siguientes números:
26, 30, 28, 28, 30, 27.

¿Cuál de los siguientes diagramas de puntos debería usar?

A. 0　1　2　3　4

B. 26　　27　　28

C. 26　27　28　29

D. 26　28　30　32　34

¿Cuánto tiempo han vivido los estudiantes de quinto grado en sus casas? (página 1 de 2)

NOTA Los estudiantes comparan dos conjuntos de datos representados en gráficas de barras.

MME 85–88

A los estudiantes de quinto grado de la Escuela Bartley de Pineville y a los estudiantes de quinto grado de la Escuela #3 de la ciudad de Maple les hicieron la siguiente pregunta: ¿cuánto tiempo llevas viviendo en la casa que vives ahora?

Cantidad de tiempo que los estudiantes de quinto grado de la Escuela Bartley llevan viviendo en sus casas

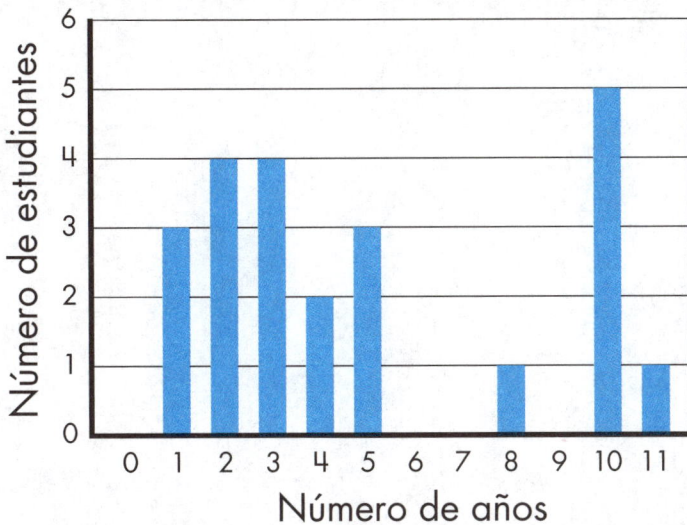

Cantidad de tiempo que los estudiantes de quinto grado de la Escuela #3 llevan viviendo en sus casas

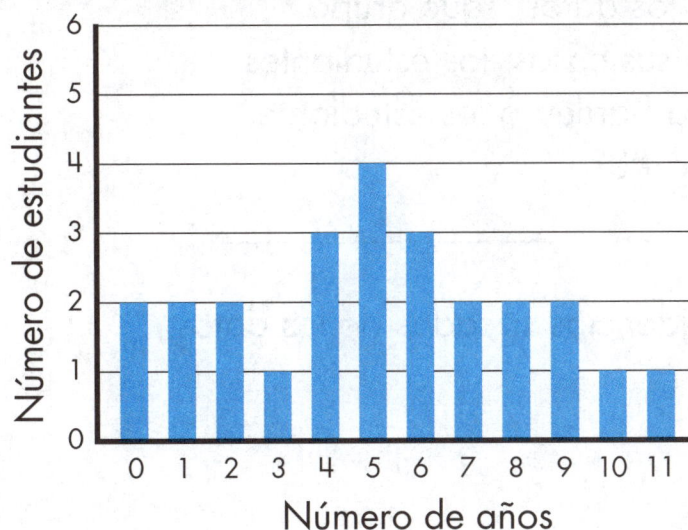

¿Cuánto tiempo han vivido los estudiantes de quinto grado en sus casas? (página 2 de 2)

1. Compara el tiempo que llevan viviendo los estudiantes de quinto grado de la Escuela Bartley en las casas donde viven ahora con el tiempo que llevan viviendo los estudiantes de quinto grado de la Escuela #3 en las suyas. Escribe tres enunciados de comparación entre ambos grupos.

a.

b.

c.

2. Según tus comparaciones de los datos, ¿qué grupo lleva viviendo más tiempo en sus casas: los estudiantes de quinto grado de la Escuela Bartley o los estudiantes de quinto grado de la Escuela #3?

_____

¿Por qué lo crees? Incluye evidencias sacadas de los datos.

Escoger un experimento

Responde las siguientes preguntas para planear tu experimento.

1. ¿Qué pregunta intentarás responder al hacer tu experimento?

2. ¿Qué compararás?

3. ¿Qué materiales necesitarás?

4. ¿Cuál predices que será el resultado de tu experimento?

Planear un experimento

1. Explica detalladamente el procedimiento de tu experimento. Piensa qué necesitas determinar para que tu experimento sea el mismo cada vez que lo repitas y para obtener la información deseada.

2. Muéstrale el procedimiento de tu experimento a otra pareja de estudiantes. Haz una prueba para que puedan observar cómo realizas tu experimento. Deben decirte todo lo que crean que pueda crear confusión y otras cosas que crean que debes incluir en tu procedimiento. Haz todos los cambios necesarios en tu procedimiento del Problema 1 después de escuchar la opinión de tus compañeros de clase.

3. ¿Cómo llevarás la cuenta y anotarás los resultados de tu experimento?

Problemas iniciales de división

NOTA Los estudiantes practican cómo resolver problemas de multiplicación y de división basándose en los pasos iniciales que se proporcionan.

MME 38–39

Usa estos primeros pasos para resolver los siguientes problemas de dos maneras diferentes. Expresa tus soluciones con anotaciones claras y precisas.

1. $2,000 \div 42 =$ _____

Comienza resolviendo $840 \div 42 =$	Comienza resolviendo $40 \times 42 =$

2. $30\overline{)2,554}$

Comienza resolviendo $80 \times 30 =$	Comienza resolviendo $1,200 \div 30 =$

¿Cuánto tiempo puedes mantenerte en un pie?   **Tarea**

Equipos

Resuelve los siguientes problemas. Expresa tus soluciones con anotaciones claras y precisas.

NOTA Los estudiantes resuelven problemas de multiplicación y de división en el contexto de un problema-cuento.

MME 33–34, 38–39

1. En el torneo de básquetbol participan 112 equipos. En cada equipo hay 14 jugadores. ¿Cuántos jugadores de básquetbol participan en el torneo?

2. En un torneo de futbol local participan 85 equipos. En cada equipo hay 32 jugadores. ¿Cuántos jugadores de futbol participan en el torneo?

3. Los 680 estudiantes de la escuela quieren formar equipos de 24 estudiantes para recaudar fondos. ¿Cuántos equipos formarán?

4. En un concurso de matemáticas participan 400 estudiantes. Cada escuela envió un equipo de 16 estudiantes al concurso. ¿Cuántos equipos participan en el concurso?

Práctica de multiplicación y de división

NOTA Los estudiantes practican la multiplicación y la división con múltiplos de 10 y de 100 y cómo resolver problemas mentalmente.

Intenta resolver los siguientes problemas mentalmente. Si no resuelves uno de los problemas mentalmente, muestra cómo lo resolviste.

1. $5 \times 600 =$ _____

2.
$$\begin{array}{r} 80 \\ \times\ 9 \\ \hline \end{array}$$

3. $70 \times 60 =$ _____

4. $120 \times 12 =$ _____

5. $350 \times 20 =$ _____

6. $630 \div 9 =$ _____

7. $6\overline{)900}$

8. $75\overline{)300}$

9. $240 \div 8 =$ _____

10. $4{,}200 \div 30 =$ _____

Datos de voluntarios misteriosos (página 1 de 2)

> **NOTA** Los estudiantes analizan datos para desarrollar hipótesis sobre la identidad de diferentes grupos de voluntarios.
>
> **MME** 82

Tres grupos de personas se presentaron como voluntarios para ayudar a sus comunidades. Algunos se presentaron para trabajar en hospitales, en escuelas o en bibliotecas. A cada persona le preguntaron cuántas horas trabajó el año pasado como voluntario.

Uno de los grupos de voluntarios estaba formado por personas retiradas. Otro grupo estaba formado por madres con niños pequeños y otro estaba formado por adolescentes. Mira los datos y busca ideas que te permitan identificar cada grupo.

Los grupos misteriosos		
Personas retiradas	Adolescentes	Madres de niños pequeños

Grupo A: horas que trabajaron como voluntarios el año pasado

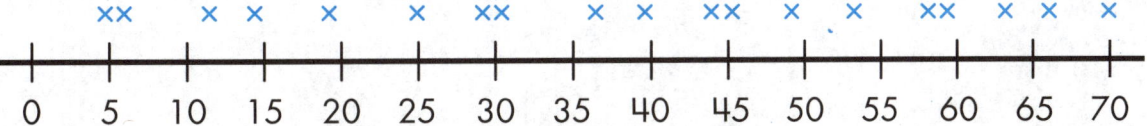

Grupo B: horas que trabajaron como voluntarios el año pasado

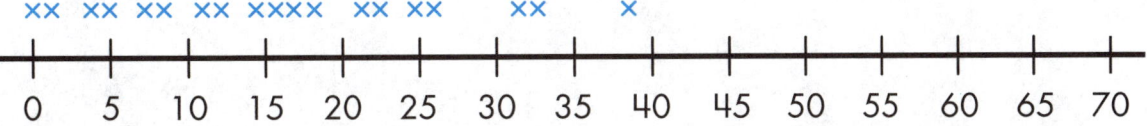

Grupo C: horas que trabajaron como voluntarios el año pasado

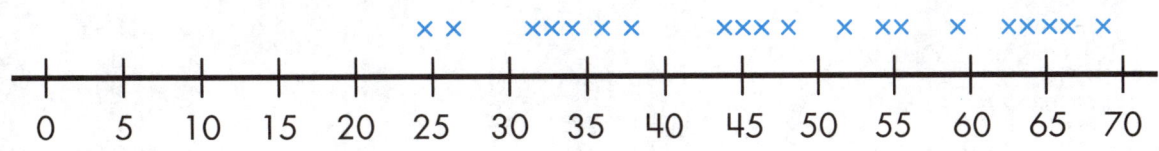

Nombre   Fecha

¿Cuánto tiempo puedes mantenerte en un pie?   Tarea

Datos de voluntarios misteriosos (página 2 de 2)

¿Quiénes crees que son los grupos de voluntarios? Explica qué evidencia encuentras en los datos que te hace pensar así.

Grupo A:

Grupo B:

Grupo C:

Comparar datos de muchas maneras

NOTA Los estudiantes comparan dos conjuntos de datos de muchas maneras.

 MME 85–88

Estudia los dos conjuntos de datos. Luego, completa la tabla.

Niñas: tiempo de equilibrio en segundos

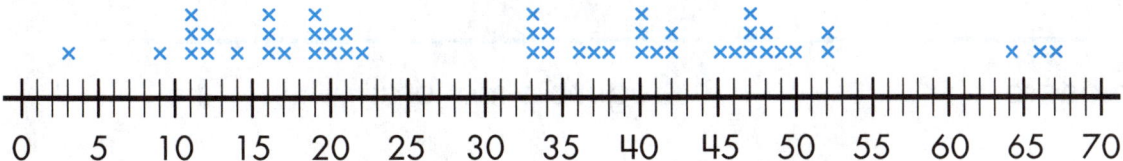

Niños: tiempo de equilibrio en segundos

¿Qué comparas?	Niñas	Niños	¿Quién es mejor?
1. Mediana			
2. El mayor valor			
3. $\frac{1}{2}$ durante más de ___ segundos			
4. $\frac{1}{4}$ durante más de ___ segundos			

5. En una hoja de papel aparte, explica qué grupo mantiene mejor el equilibrio.

Repaso continuo

6. El rango de tiempo del equilibrio de las niñas es _____.

A. 70   **B.** 64   **C.** 61   **D.** 3

Práctica de multiplicación

Escoge dos de los siguientes problemas y resuélvelos
de dos maneras diferentes.

237×76 55×168 901×49 813×28

NOTA Los estudiantes
practican la
multiplicación
resolviendo problemas
de dos maneras.

 30–32

1. Problema:

Primera manera: Segunda manera:

2. Problema:

Primera manera: Segunda manera:

Problemas de división

Resuelve los siguientes problemas. Expresa tus soluciones con anotaciones claras y precisas.

> **NOTA** Los estudiantes practican cómo resolver problemas de división.
>
>  **38–39**

1. $345 \div 18 =$ _____

2. $684 \div 48 =$ _____

3. $859 \div 63 =$ _____

4. $1,572 \div 34 =$ _____

¿Qué aprendiste de tu experimento? (página 1 de 2)

1. ¿Qué pregunta intentaste responder en tu experimento?

2. Compara los dos conjuntos de datos y los resultados de tu experimento. Escribe al menos tres cosas que hayas observado.

   a.

   b.

   c.

3. ¿Qué conclusiones puedes sacar de tu experimento? ¿Cuál crees que es la respuesta a tu pregunta? ¿Qué evidencias hay en los datos que apoye tus conclusiones?

¿Qué aprendiste de tu experimento? (página 2 de 2)

4. Si repitieras tu experimento 100 veces más, ¿crees que tus conclusiones cambiarían? ¿Por qué?

5. Si repitieras este experimento, ¿hay algo que cambiarías o intentarías mejorar?

6. En una hoja de papel aparte, escribe un breve resumen de lo que hiciste. Asegúrate de incluir lo siguiente:

- ¿Cuál fue tu pregunta?
- ¿Cómo responderías la pregunta basándote en los datos dados?
- ¿Qué evidencias apoyan tu conclusión?

Puedes usar algo de lo que escribiste en los problemas 1, 2 y 3. Pon tu resumen y tu representación en un cartel.

Emparejar información sobre viajeros (página 1 de 3)

NOTA Los estudiantes analizan datos para desarrollar hipótesis sobre la identidad de diferentes grupos de viajeros.

 82

Un grupo de estudiantes tenía la curiosidad de saber cuántas veces ha viajado la gente en avión. Para obtener información, hicieron una encuesta a los estudiantes de la clase de primer grado, a los de la clase de quinto grado y a los maestros. Luego, el grupo representó sus datos en la siguiente gráfica de barras.

Grupo A

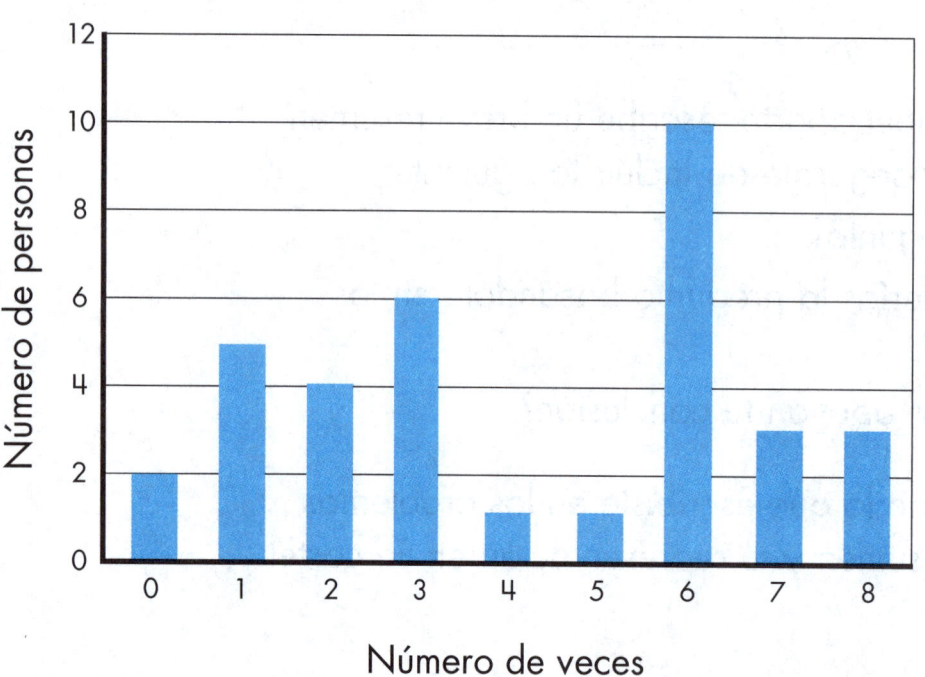

¿Cuántas veces han viajado en avión?

Emparejar información sobre viajeros (página 2 de 3)

Grupo B

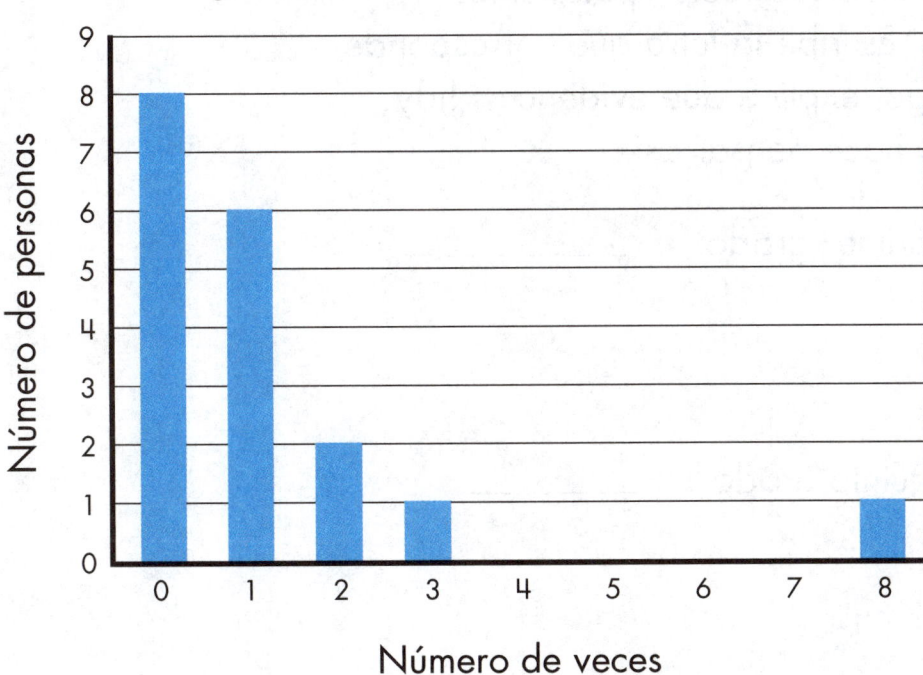

¿Cuántas veces han viajado en avión?

Grupo C

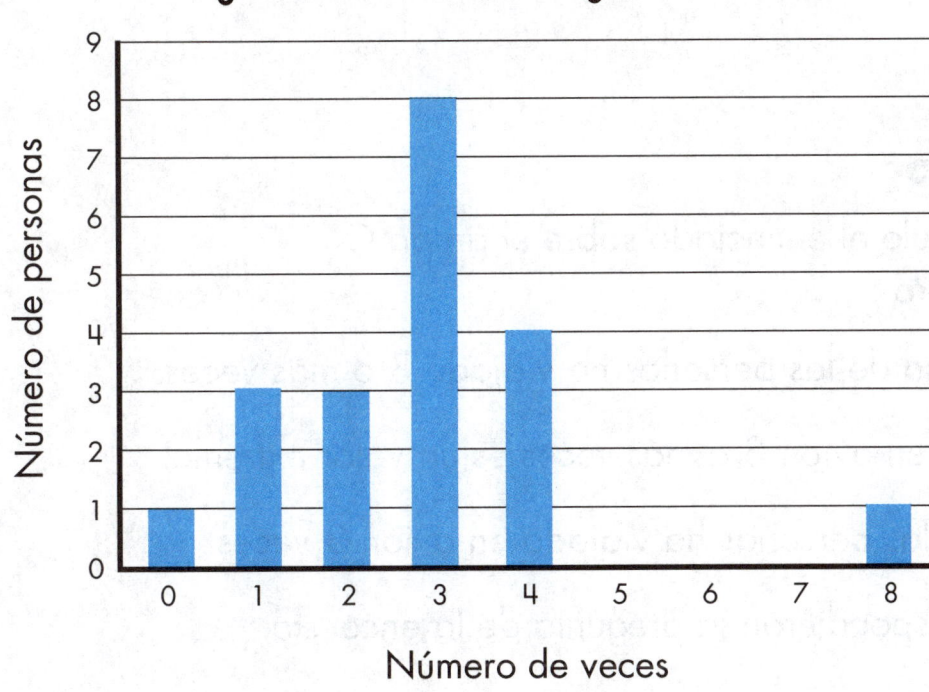

¿Cuántas veces han viajado en avión?

Emparejar información sobre viajeros (página 3 de 3)

1. Empareja los grupos con sus correspondientes
conjuntos de datos. Escribe la letra que corresponde
a cada grupo. Luego, explica qué evidencias hay
en los datos que te hace pensar así.

a. Estudiantes de primer grado: _____

b. Estudiantes de quinto grado: _____

c. Maestros: _____

Repaso continuo

2. Encierra en un círculo el enunciado sobre el grupo C
que no es verdadero.

A. Más de la mitad de las personas ha viajado 3 o más veces.

B. Haber viajado en avión 8 o más veces es un valor extremo.

C. La mayoría de las personas ha viajado en avión 3 veces.

D. 20 personas respondieron la pregunta de la encuesta.

Nombre   Fecha

¿Cuánto tiempo puedes mantenerte en un pie?   Tarea

¿Quién mira más TV? (página 1 de 2)

NOTA Los estudiantes comparan dos conjuntos de datos representados en gráficas de barras.

MME 85–88

Alicia y Charles tenían una opinión diferente sobre quién mira más TV: los adultos o los estudiantes de quinto grado. Alicia dijo que los adultos miran más TV y Charles dijo que los estudiantes de quinto grado miran más TV. Decidieron hacer una encuesta. Alicia y Charles preguntaron a un grupo de estudiantes de quinto grado y a un grupo de adultos lo siguiente: ¿aproximadamente cuántas horas al día miras TV?

Reunieron los datos y luego hicieron una gráfica de barras para representarlos. Ésta es la gráfica:

¿Aproximadamente cuántas horas al día miras TV?

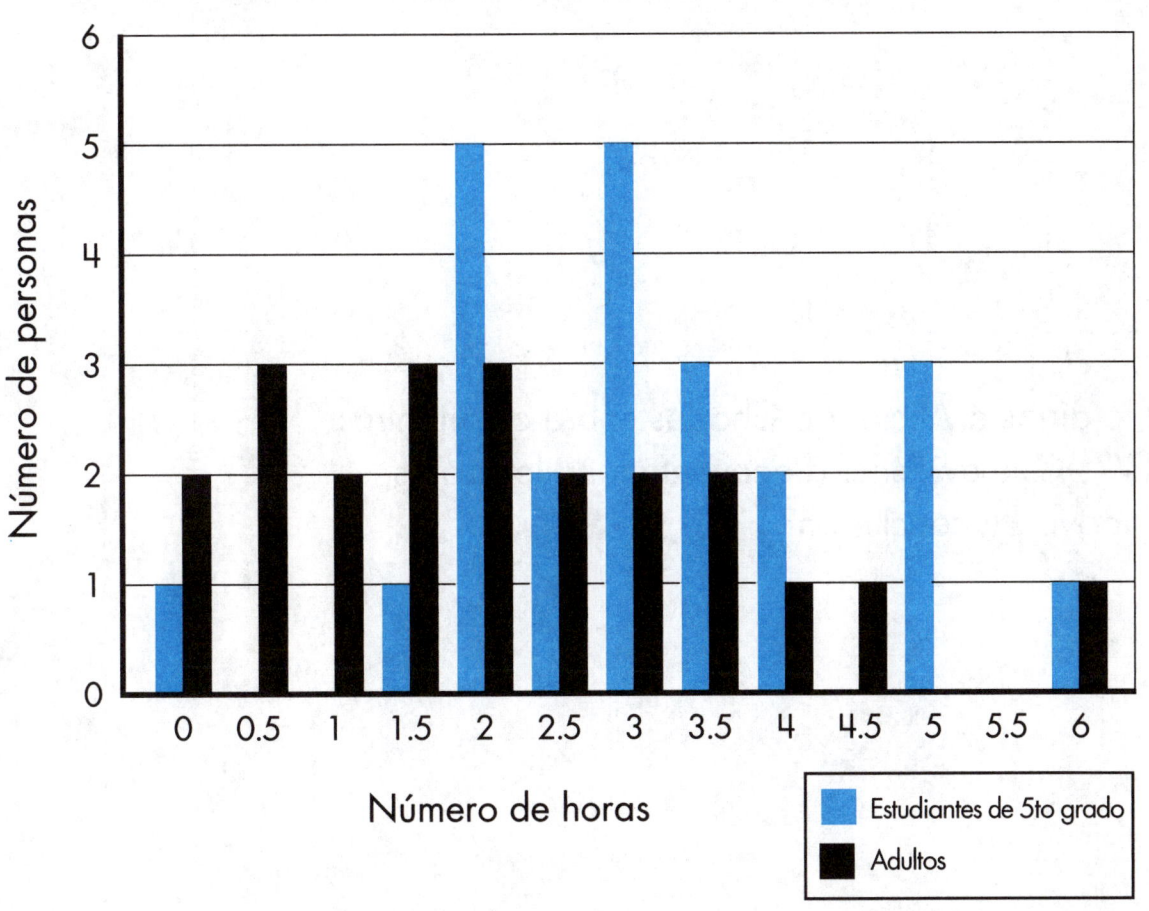

¿Quién mira más TV? (página 2 de 2)

1. Compara la cantidad de tiempo que los estudiantes de quinto grado miran TV con la cantidad de tiempo que los adultos miran TV. Escribe tres enunciados sobre tus observaciones.

a.

b.

c.

2. ¿Qué le dirías a Alicia y a Charles sobre quién mira más TV? ¿Qué evidencias encuentras en los datos para apoyar tu conclusión?

¿Cuánto tiempo puedes mantenerte en un pie?

Examinar los resultados de otro experimento

1. ¿Qué pregunta intentaron responder tus compañeros de clase en su experimento?

2. ¿Qué observas sobre los resultados de su experimento mirando su representación?

3. ¿Qué preguntas les harías sobre su representación, su comparación o sus conclusiones?

4. ¿Qué te pareció interesante sobre los resultados de su experimento? ¿Qué aprendiste de su experimento?

Útiles escolares

Resuelve los siguientes problemas. Expresa tus soluciones con anotaciones claras y precisas.

NOTA Los estudiantes practican cómo resolver problemas de multiplicación y de división en el contexto de un problema-cuento.

MME 33–34, 38–39

1. El Sr. Gómez tiene 126 paquetes de lápices. En cada paquete hay 18 lápices. ¿Cuántos lápices tiene el Sr. Gómez?

2. La Srta. Tran tiene 580 marcadores y quiere ponerlos en bolsas de 24. ¿Cuántas bolsas necesita?

3. La Sra. Pape quiere donar 485 libros a una biblioteca. Si caben 16 en una caja, ¿cuántas cajas necesita para poner todos sus libros?

4. La Sra. Canavan tiene 170 paquetes de pinceles. En cada paquete hay 24 pinceles. ¿Cuántos pinceles tiene la Sra. Canavan?

Problemas sobre la feria escolar

NOTA Los estudiantes resuelven problemas de división en el contexto de un problema-cuento.

MME 38–39

Resuelve los siguientes problemas. Expresa tus soluciones con anotaciones claras y precisas.

1. El comité de eventos estaba planeando una feria escolar. El comité compró entradas para las 2,500 personas que asistirían a la feria. Si las entradas se vendieron en rollos de 75, ¿cuántos rollos de entradas compró el comité de eventos?

2. El quiosco de refrigerios compró 3,500 vasos desechables. Si en una caja vienen 85 vasos, ¿cuántas cajas compró?

3. La clase del Sr. Simón vendió la mayor cantidad de boletos para la rifa: 871. Por cada 65 boletos que la clase vendió, ganaron un libro. ¿Cuántos libros ganó la clase del Sr. Simón?

4. La rueda de Chicago tenía capacidad para 48 personas. Si funcionó todo el día a capacidad completa y 1,872 personas montaron en ella una vez, ¿cuántas vueltas dio la rueda de Chicago?

Registro del experimento de la rueda

1. ¿Qué porción de tu rueda está coloreada de verde?

_____

2. ¿Cuál es la probabilidad de que la flecha se detenga en verde?

_____

3. En 50 vueltas, ¿cuál es la probabilidad de que la flecha se detenga en verde?

_____

4. Anota en qué color se detiene la flecha en cada una de las vueltas.

5. Anota el número total de veces que la flecha se detuvo en verde.

_____

Nombre   Fecha

¿Cuánto tiempo puedes mantenerte en un pie?   Práctica diaria

Rompecabezas de conteo

Resuelve los siguientes problemas. Expresa tus soluciones con anotaciones claras y precisas.

NOTA Los estudiantes resuelven problemas de multiplicación y de división en el contexto de un problema-cuento.

MME 30–32, 38–39

1. En la clase del Sr. Jackson hay 28 estudiantes y contaron de 35 en 35. Si el primer estudiante dijo 35, ¿qué número dijo el último estudiante?

2. La clase de la Sra. Bowker cuenta de 42 en 42. El primer estudiante dijo 42 y el último dijo 1,008. ¿Cuántos estudiantes hay en la clase de la Sra. Bowker?

3. En la clase de la Sra. Hendrick hay 26 estudiantes. Los estudiantes contaron salteado por un determinado número y el último dijo 1,560. ¿De cuánto en cuánto contaron los estudiantes?

4. En la clase de la Sra. Anderson hay 25 estudiantes y contaron de 99 en 99. Si el primer estudiante dijo 99, ¿qué número dijo el último estudiante?

Nombre _____ Fecha _____

¿Cuánto tiempo puedes mantenerte en un pie?   Práctica diaria

Rifa de dólares

> **NOTA** Los estudiantes repasan cómo ubicar eventos en una recta de probabilidad.
>
> **MME** 89, 90–91

1. Hannah ganó la oportunidad de sacar un certificado de regalo del tazón. Halla la probabilidad que Hannah tiene de sacar un certificado por la cantidad indicada en cada una de las siguientes letras. Escribe la letra debajo de la probabilidad.

   a. $100

   b. al menos $100

   c. $1,000

   d. menos que $50

   e. más que $25

   f. al menos $250

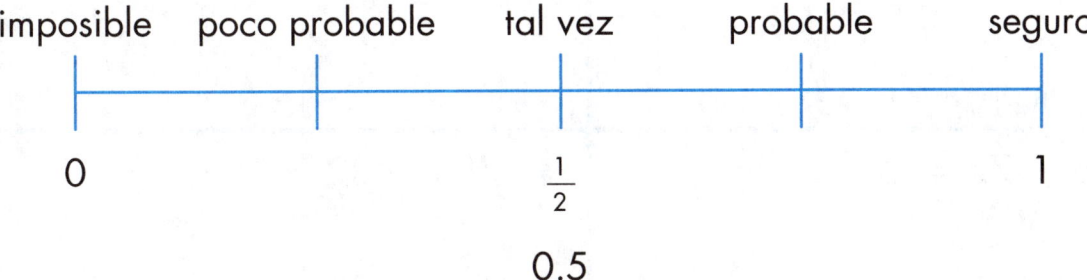

imposible   poco probable   tal vez   probable   seguro

0            $\frac{1}{2}$ 1

0.5

Repaso continuo

2. ¿Cuál es la probabilidad de sacar un certificado de regalo por $50 dólares?

   A. $\frac{1}{8}$ **B.** $\frac{1}{4}$ **C.** $\frac{3}{8}$ **D.** $\frac{1}{2}$

Multiplicar y dividir números más grandes

NOTA Los estudiantes practican cómo multiplicar y dividir.

MME 33–34, 38–39

Resuelve los siguientes problemas. Expresa tus soluciones con anotaciones claras y precisas.

1. 893
   $\times$ 4

2. $647 \times 13 = $ _____

3. $1{,}386 \div 77 = $ _____

4. $785 \div 32 = $ _____

¿Cuánto tiempo puedes mantenerte en un pie?

Compite hasta el final Hoja de anotaciones

Encierra en un círculo la versión del juego: Versión 1   Versión 2

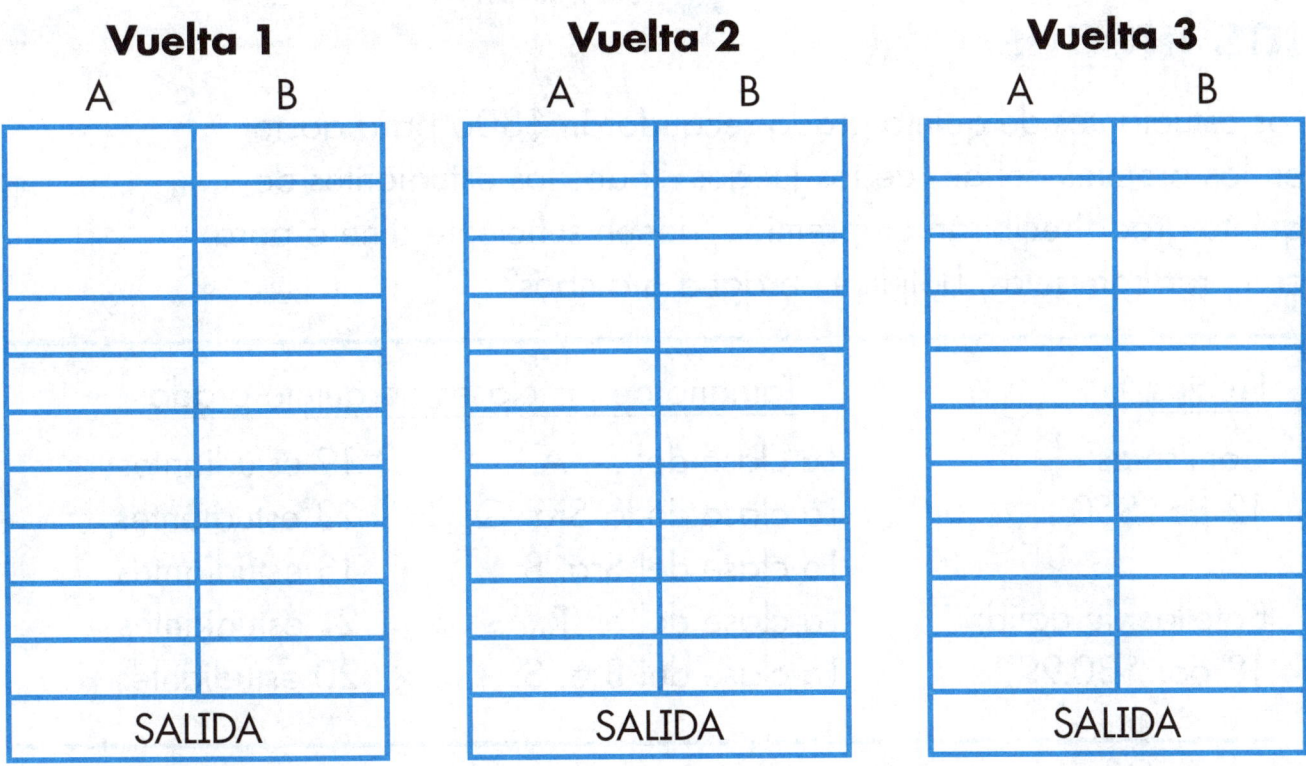

Vuelta 1

A	B
SALIDA	

Vuelta 2

A	B
SALIDA	

Vuelta 3

A	B
SALIDA	

Vuelta 4

A	B
SALIDA	

Vuelta 5

A	B
SALIDA	

Vuelta 6

A	B
SALIDA	

Premios para el día de los juegos

NOTA Los estudiantes usan múltiples operaciones (+, −, ×, ÷) para resolver un problema en el contexto de un problema-cuento.

MME 33–34, 38–39

Los estudiantes de quinto grado recaudaron $300 para gastar en los premios del día de los juegos. Todos los estudiantes de quinto grado recibirán un premio. ¿Tienen suficiente dinero para comprar camisetas, botellas de agua o ambos?

Precios	Tamaño de las clases de quinto grado	
Camisetas:	La clase del Sr. A:	19 estudiantes
12 por $50	La clase de la Sra. Q:	23 estudiantes
	La clase del Sra. B:	18 estudiantes
Botellas de agua:	La clase del Sr. R:	21 estudiantes
18 por $30.99	La clase del Sra. S:	20 estudiantes

Nombre   Fecha

¿Cuánto tiempo puedes mantenerte en un pie?   Tarea

Gira para ganar

El quiosco que representaba al quinto grado
en la feria escolar presentó esta rueda.

NOTA Los estudiantes comparan los resultados reales que obtuvieron al hacer girar la flecha de la rueda con los resultados que esperaban obtener.

MME 90–91

$\frac{1}{3}$ probabilidad de ganar un osito de peluche

1. Si haces girar la flecha 60 veces, ¿cuántas veces esperas que la flecha se detenga en el osito de peluche? _____

2. La tabla muestra los resultados de las últimas 60 vueltas. Compara los resultados obtenidos con los resultados que esperabas obtener.

Osito de peluche	22
Lo siento	38
Total	60

3. Compara los resultados de las primeras 60 vueltas con los resultados que esperas obtener en las próximas 60 vueltas.

Repaso continuo

4. Cuando alguien hace girar la rueda, ¿cuál es la probabilidad de que la flecha se detenga en "Lo siento"?

A. $\frac{3}{4}$ **B.** $\frac{2}{3}$ **C.** $\frac{1}{2}$ **D.** $\frac{1}{3}$

Instrucciones de Compite hasta el final (página 1 de 2) ✏️

Haz nuevas reglas para jugar Compite hasta el final: versión 2 para que sea un juego justo. Las siguientes reglas no se pueden cambiar.

- Tienes que usar la versión 2 de la rueda y no puedes cambiarla.
- Los jugadores deben lanzar una moneda al aire para determinar con qué letra (A o B) jugarán.
- Los jugadores no podrán cambiar su letra durante las 6 vueltas.

1. Escribe en el siguiente espacio en blanco las instrucciones para la versión nueva de Compite hasta el final: versión 2.

Instrucciones de Compite hasta el final (página 2 de 2) ✏️ Escritura

2. ¿Crees que este juego es justo ahora? Explica por qué crees que es justo. Si no estás seguro, explica por qué no estás seguro.

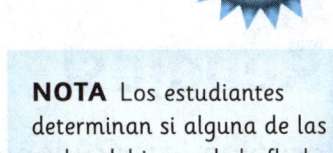
¿Justo o injusto?

$\frac{3}{4}$ de la rueda están sombreados. Supón que los jugadores toman turnos para hacer girar la flecha. Determina si cada juego es justo y explica por qué.

NOTA Los estudiantes determinan si alguna de las reglas del juego de la flecha giratoria es justa o injusta.

 MME 92

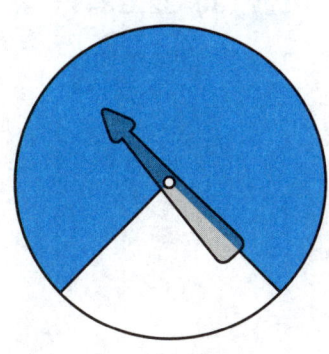

1. Juego 1: El jugador obtiene un punto si la flecha se detiene en el color blanco. Si la flecha se detiene en la parte sombreada, no obtiene ningún punto. Gana el primer jugador que llegue a 10 puntos.

2. Juego 2: El jugador 1 obtiene 3 puntos si la flecha se detiene en el color blanco y el jugador 2 obtiene un punto si la flecha se detiene en la parte sombreada. Gana el primer jugador que llegue a 12 puntos.

Repaso continuo

3. Supón que un jugador hace girar la flecha 100 veces. ¿Cuántas veces es más probable que la flecha se detenga en azul?

   A. 25   **B.** 50   **C.** 75   **D.** 90

Nombre   Fecha

¿Cuánto tiempo puedes mantenerte en un pie?   Tarea

¡Rebajas!

Resuelve los siguientes problemas. Expresa tus soluciones con anotaciones claras y precisas.

> **NOTA** Los estudiantes resuelven problemas de multiplicación y de división de múltiples pasos en el contexto de problemas-cuento.
>
> **MME** 30–32, 38–39

1. Una revista está ofreciendo una suscripción especial: $29 al año por 12 números. Cada número de la revista cuesta $3.99 en la tienda. Si te suscribes a la revista al precio especial, ¿cuánto dinero ahorrarás?

2. La Sra. Nelson necesita comprar 348 latas de pintura para su clase de arte. Esta semana, una tienda ofrece una caja de 12 latas de pintura por $16. ¿Cuántas cajas necesita comprar la Sra Nelson? ¿Cuánto gastará en la pintura?

3. ¿Cuál de las siguientes ofertas es mejor?

un paquete de 9 envases   o   una caja de 24 envases
   de jugos por $3.59   de jugos por $11.95

4. La meta de Toshiki es hacer ejercicios en el gimnasio 15 días al mes. ¿A qué gimnasio le convendría suscribirse?

Suscripción al gimnasio A: o   Suscripción al gimnasio B:
   $39 al mes $2.75 la visita

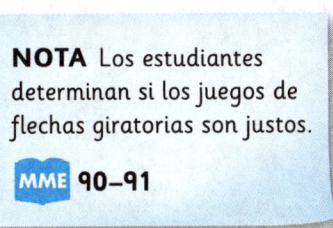

Juguetes en el ático

Todd encontró un juego de flecha giratoria en el ático. Como no encontró las reglas del juego, intentó hacer sus propias reglas. Escribió tres versiones distintas.

> **NOTA** Los estudiantes determinan si los juegos de flechas giratorias son justos.
>
> **MME** 90–91

1. Determina si cada versión es justa. Explica tu razonamiento en una hoja de papel aparte.

Versión A

El jugador A obtiene 1 punto si la flecha se detiene en una palabra escrita con letras mayúsculas.
El jugador B obtiene 1 punto si la flecha se detiene en una palabra escrita con letras minúsculas.

Versión B

El jugador A obtiene 1 punto si la flecha se detiene en un color.
El jugador B obtiene 1 punto si la flecha se detiene en alimento.

Versión C

El jugador A obtiene 1 punto si la flecha se detiene en una palabra que comienza con "a".
El jugador B obtiene 1 punto si la flecha se detiene en una palabra que comienza con "m".

2. Completa la siguiente regla para que el juego sea justo.
    El jugador A obtiene un punto si la flecha se detiene en una palabra que contenga la letra _____; de lo contrario, el jugador B obtiene un punto.